PASAJES

PASAJES

LITERATURA

Segunda edición

MARY LEE BRETZ
Rutgers University

TRISHA DVORAK
University of Michigan

CARL KIRSCHNER
Rutgers University

Random House  New York

This book was developed for Random House by ⊟B| Eirik Børve, Inc.

Second Edition

9 8 7 6 5 4

Library of Congress Cataloging in Publication Data
Bretz, Mary Lee.
    Pasajes, literatura.

    English and Spanish.
    1. Spanish language—Readers.   I. Dvorak, Trisha.
II. Kirschner, Carl, 1948—   . III. Title.
PC4117.B727   1987   468.6′421   86-26246
ISBN 0-394-35323-4

Manufactured in the United States of America

Text design by James Chadwick
Cover design by Dare Porter
Illustrations by Betty Beeby
Photo research by Judy Mason

Grateful acknowledgment is made for use of the following: *page 20* © Fritz Henle;   *40* © Peter Menzel;   *44* Neutrogena Corporation, Los Angeles;   *45* Advertisement courtesy of Fortunoff. Jewelry photography by Jerry Friedman.   *119* Photographie Giraudon, ©ARS/SPADEM, 1987;   *204* Prado Museum, © Photographie Giraudon/Art Resource;   *247* Collection, The Museum of Modern Art, New York. Given anonymously.

Credits

Chapter 1 *Sombras del pasado*, by A. Castilla Gascón, Publicaciones Heres, Barcelona.

Chapter 2 *Cuyana*, version by Carlos Villasís Endara, from *Narraciones Hispanoamericanas de tradición oral*, Instituto Nacional del Libro Español, Madrid.

Chapter 3 «Vida de un labrantín», by Azorín. Reprinted by permission of Editorial Espasa-Calpe, S.A., Buenos Aires.

«El niño al que se le murió el amigo», from *Los niños tontos*, by Ana María Matute. © Ana María Matute, 1956.

«Al niño enfermo», by Miguel de Unamuno. Reprinted by permission of Herederos de Miguel de Unamuno.

Chapter 4 «La arquitectura deportiva», an adaptation from *Almanaque Mundial 1980*. Reprinted by permission of Editorial América, 6355 NW 36th St., Virginia Gardens, FL 33166.

Excerpt from «Avanzan los desiertos», by Ronald Schiller. Reprinted by permission of *Selecciones del Reader's Digest*, October, 1978.

Chapters 4 and 5 *Sempronio*, by Agustín Cuzzani, Editorial Quetzal, Buenos Aires.

Chapter 6 *Rosamunda*, by Carmen Laforet, Editorial Planeta, Barcelona.

«Hombre pequeñito», by Alfonsina Storni. Reprinted by permission of Alejandro Alfonso Storni.

«Me gustas cuando callas», from *Veinte poemas de amor y una canción desesperada*, by Pablo Neruda. © Fundación Pablo Neruda; reprinted by permission.

Chapter 7 *El delantal blanco*, by Sergio Vodanović. Reprinted by permission of the author.

«La United Fruit Co.», by Pablo Neruda, from *Canto general*. © Fundación Pablo Neruda; reprinted by permission.

Chapter 8 Adaptation from "This is Baseball," by Robert Whiting. Reprinted courtesy of *Sports Illustrated*, Sept. 24, 1979. © 1979 Time Inc.

Excerpt from «La muerte disfrazada», by Miguel Delibes, from *USA y yo*. Reprinted by permission of the author.

«Los Funerales de La Mamá Grande», from *La siesta del martes*, by Gabriel García Márquez, © 1962. Reprinted by permission of the author.

«Padre nuestro», by Nicanor Parra, from *Poemas y antipoemas*.

Chapter 9 *Una caja de plomo que no se podía abrir*, by José Luis González, © 1973. Reprinted by permission of the author.

Excerpts from «Yo soy Joaquín», by Rodolfo «Corky» Gonzales, © 1967. Reprinted by permission of the author.

Chapter 10 *La gula*, by Fernando Díaz-Plaja, Alianza Editorial, Madrid. «Oración por Marilyn Monroe», by Ernesto Cardenal. Reprinted by permission of the author.

Chapter 11 *El indulto*, by Emilia Pardo Bazán.

Contents

To the Instructor

Pasajes: Literatura has been designed with several goals in mind. Because its content is *literature*, it aims to increase students' general familiarity with literature and literary devices, and to expand their knowledge of Hispanic literatures by exposure to a variety of authors and literary genres. As a *reader*, it is concerned with helping students to develop effective skills for reading, understanding, and interpreting literature. The writers included date from the late nineteenth century to contemporary authors, with a large majority drawn from the last fifty years. Spain and Latin America are about equally represented, and U.S. Hispanic authors are included as well.

The selections in the reader correspond to the same themes developed in the other texts in the series and are unedited originals. After the first two semesters of grammar study, college students are supposed to be ready for college level work in Spanish, which is usually defined as including literary material. While most students are eager to tackle more sophisticated readings, many will be unprepared for the abrupt switch from carefully controlled first-year materials to the intricacies of literary language. The enjoyable experience they were expecting too often becomes the tedious drudgery of constant translation. There are several ways in which the instructor can help students to read more effectively, but perhaps the most important is to teach them *how to get ready* to read. Whatever the student already knows or can learn about the plot or the context of the story, about its characters or its setting, *before* beginning to read will establish an important mental set, making the task of reading itself much easier and more effective. The **Antes de leer** sections with which each chapter of *Pasajes: Literatura* begins are designed to help students accomplish this goal.

Aspectos lingüísticos, the first part of **Antes de leer,** provides detailed strategies for dealing with unfamiliar words or structures. This section suggests techniques for guessing word meanings, locating the main parts of a sentence, breaking complex sentences into simpler ones, and interpreting pronouns and transition words. Every chapter includes exercises and every fourth chapter has timed readings. Exercises and controlled readings should be covered in class (see the *Instructor's Manual* for further discussion of time-controlled readings), without dictionary aids.

The second section within **Antes de leer** is **Aproximaciones al texto,** which deals with specific literary devices and teaches students how to recognize and respond to them. The section includes such topics as reader expectations, generic conventions, defamiliarization, theme vs. plot, characterization, the roles and types of narrators, and irony. Each **Aproximaciones al texto** section includes examples and exercises to familiarize the students with the devices discussed.

The final section of **Antes de leer** is the **Prelectura,** which prepares students for the particular reading that appears in each chapter. Exercises encourage students to think about the general topic addressed in the selection and to study the drawings and title of the story as a cue to its content. In many chapters, the opening paragraphs of the selection are used in a prereading exercise that should be done during class time, so that the students begin the reading with a solid grasp of the materials to be covered.

The core vocabulary (**Vocabulario activo**) is presented and practiced before each reading. Within readings in the first six chapters, graphic symbols are used to indicate the meaning of verb tenses that have not yet been presented in the grammar text, and unfamiliar vocabulary items are glossed in the margin. These glosses are generally in English in the earlier chapters, with an increasing use of Spanish glosses in subsequent chapters.

Each reading is followed by exercises that first test literal comprehension, then proceed to interpretive questions, and finally ask for a more general discussion, applying questions raised in the reading to students' own experiences and opinions. To hold students' interest, the exercises vary in format from chapter to chapter; they also increase in level of difficulty. Grammar points treated in the corresponding chapters of *Pasajes: Lengua* are incorporated into the comprehension and discussion sections of the literature text.

Major Changes in the Second Edition

- The total number of chapters has been reduced from 14 to 12. One new theme, **El trabajo y el ocio,** has been added.
- A number of new reading selections have been added, including two short plays, one of which is spread over two chapters.
- The number of drawings, illustrative of important points in the reading selections, has been increased as an aid to students' comprehension of the readings.
- The **Antes de leer** section, described in detail above, has been expanded from one to three parts and now appears in all chapters. The **Aproximaciones al texto** and **Prelectura** subsections, totally new to this edition, give students more opportunities to practice and develop a variety of reading skills. All of these sections lend themselves easily to creative classroom use.
- The **Después de leer** section has also been completely rewritten to allow for greater variety of exercises as well as better and more creative integration of grammar practice within the discussion format. The exercises always include further practice with the skills introduced in the **Antes de leer** section.

It is our hope that the methods used in *Pasajes: Literatura* will make both the teaching and the study of literature enjoyable and profitable.

To the Student

Pasajes: Literatura is a sample of essays, short stories, plays, and poetry from some of the best-known writers of the Hispanic world. One of the reasons often given for studying a foreign language is to be able to read, and appreciate in the original, the literature that has been written in that language. While this goal is a good one in theory, it is difficult to achieve in practice. For this reason, *Pasajes: Literatura* is not only a book *about* literature, but also a book about *how to read* literature, a skill you will certainly need if you continue to study Spanish or take advanced courses in any other language. *Pasajes: Literatura* includes several features that will help you approach literature with more understanding and enjoyment.

- **Antes de leer.** This section includes three parts that will help to make your reading more fluent and more enjoyable.
  - The section called **Aspectos lingüísticos** includes specific exercises that will help you to develop and strengthen your reading skills in order to read with minimal use of the dictionary and/or translation. Successful reading does not depend so much on having a large vocabulary as on your ability to recognize the structures that signal relationships among words. You have developed great skill at this in English; the exercises in the **Antes de leer** sections will show you how to apply those same skills to Spanish.
  - **Aproximaciones al texto** describes a specific literary device (for example, characterization, irony, theme) and provides exercises to help you recognize its use within the selection and appreciate its effect on you as the reader. In addition, the poetry sections have exercises in an **Aspectos textuales: poesía** section to help you become aware of the poet's craft—what he or she does to put a poem together—and to increase your ability to understand and interpret what is being said.
  - **Prelectura** encourages you to use certain strategies *before* you read: look at titles, subtitles, illustrations; read through the comprehension exercises; think about what you already know about a certain topic; and so on. These are all sources of information about the general context; the actual reading process simply fills in the details.
- **Vocabulario activo.** Before each selection you will find a list of vocabulary useful for comprehending and discussing the selection. These vocabulary items are practiced in various types of exercises, so that by the time you actually begin to read, much previously unknown vocabulary will have become familiar to you.

■ **Después de leer.** Following each selection are various comprehension questions. These move from true-false and content questions to discussion and analysis of the selection, and are designed to improve your understanding and expand your appreciation of what you read.

We hope you will enjoy the readings in *Pasajes: Literatura;* they touch upon themes universal to the human experience, but viewed from a particularly Hispanic perspective. We encourage you to be patient and to pursue carefully the reading strategies offered throughout the book (be honest: how long did it take you to learn to read in English?), in the hope that you will find yourself at the text's end eager and ready to continue reading Spanish literature.

Notes on the Glossing System

Words in the reading that are not in the chapter vocabulary and are not usually part of second-year college vocabulary are glossed in the margin. Single-word glosses are indicated by ° (**brisa**°). The definition will appear to the right on the same line.

Sentimos una brisa° suave.   *breeze*

If a single line of text contains more than one glossed word, the definitions will appear on the same line (if there is sufficient space) or run over to the next line. Glosses taken from the same line of the text are separated by a slash.

Una brisa° suave hizo virar° la flecha.   *breeze / to turn*

If more than one word requires glossing, the gloss symbol will appear after the last word in the phrase, and the first word will be reproduced in the margin.

Le dan las gracias por haberse dejado ver°.   haberse... *having let itself be seen*

When an entire sentence requires glossing, the gloss will generally appear in a footnote.

In the early chapters, glosses are in both English and Spanish. In later chapters, Spanish glosses predominate. When English is used, the gloss appears in italic type.

cargar°   *to load*

When Spanish is used, it appears in roman type.

miseria°   muy poca cantidad

The __?__ symbol in the margin indicates that you should be able to guess the meaning of the word.

PASAJES

CAPITULO UNO

TIPOS Y
ESTEREOTIPOS

ANTES DE LEER

Aspectos lingüísticos

Word Guessing from Context

Even though you do not know every word in the English language, you can probably read and understand almost anything in English without having to look up unfamiliar words. You can do this because you have learned to make intelligent guesses about word meanings, based on the meaning of the surrounding passage (the context).

You can develop the same guessing skill in Spanish. There are two techniques that will help you. The first is to examine unfamiliar words and see if they remind you of words in English or another language that you know. Such words are called *cognates* (for example, *nation* and **nación**). The second technique is the same one you already use in English, namely, scanning the context for possible meaning clues.

In the following sentences, the words in italics are cognates. The underlined words are those whose context reveals their meaning; try to guess what these words mean. The sentences in this exercise and others like it are taken—sometimes with minor modifications—from the reading text for the chapter. Reading the sentences here will not only improve your reading skills in general but will prepare you to read the text in the chapter.

1. La *escena* es como una de esas viejas *fotos familiares*.
2. Joan Casals está sentado en su <u>butaca</u> favorita, junto al *radiador*.
3. Llega al <u>portal</u> del edificio en que vive, va hasta el <u>ascensor</u>, entra en la *cabina* y *asciende* hasta la sexta <u>planta</u>.
4. La madre <u>abofetea</u> a su hija con crueldad. Una única <u>bofetada</u> que deja los cinco dedos marcados en la mejilla (*cheek*) de Leonor.

Word Guessing Using Suffixes

In addition to contextual cues, you can also use the ending of a word to guess its meaning. For example, you know that the suffix (ending) **-mente** corresponds to the English suffix *-ly;* this tells you that the word is probably an adverb. Similarly, the Spanish endings **-ar, -er,** and **-ir** often identify verbs. Knowledge of a number of other common suffixes and prefixes (parts added to the beginning of a word) can improve your ability to recognize and understand unfamiliar vocabulary.

SUFFIXES: **-ado, -ido, -dad, -tad**

The suffixes **-ado** and **-ido** are added to verbs to form adjectives. They correspond to the English past participle. In English these forms usually end in *-ed,* or *-en,* although there are a number of irregular forms as well.

sentar *to seat*   → sentado *seated*
desear *to desire* → deseado *desired*
marcar *to mark*   → marcado *marked*
conocer *to know* → conocido *known*

The suffixes **-tad** and **-dad** correspond to the English endings *-ness* and *-ty.*

severidad *severity*   felicidad *happiness*
seguridad *security*   lealtad *loyalty*

Can you guess what these words mean?

condenado	decidido	terminado
serenidad	amabilidad	complicidad
pintado	llamado	realidad

Aproximaciones al texto

Convenciones literarias (Parte 1)

Just as there are ethnic, geographical, religious, or sexual types or stereotypes, there are also literary types and stereotypes. Some characters in stories or novels reflect stereotypes that exist within a given culture: for example, the country bumpkin, the city street dude, the Hollywood sex symbol, the mafioso. In addition, many types of literature follow certain rules that lead to stereotypical or typical patterns in character or plot development. These rules are called *literary conventions*, and they occur in all types of artistic expression.

Genre or subgenre[1] is an important convention; it functions as a kind of contract between the author and the reader, establishing certain guidelines that will be followed in the production (writing) and consumption (reading) of the text. It is very important that the reader identify early in the work being read just what genre or subgenre it belongs to so that he or she knows what to expect. For example, we respond to a cowboy movie in a different way than we respond to a murder mystery. In each case, we expect certain types of characters **(personajes),** a certain kind of action or plot **(argumento),** a specific setting or atmosphere **(ambiente),** and often a rather specific ending **(final).**

---

[1] *Genre* refers to a class or category of literature. The major genres are the novel, poetry, drama, the short story, and the essay. Within a given genre there are many types of subgenres; for example, within the genre of the novel, there is the adventure story, the romance, science fiction, the murder mystery, and so on.

A. ¿Qué subgéneros de la segunda columna corresponden a los personajes o argumentos de la primera?

PERSONAJES

1. Un hombre que lleva un impermeable y fuma una pipa.
2. Un hombre en pantalones vaqueros que lleva un sombrero grande y una chaqueta de cuero (*leather*).
3. Una mujer muy bella, con muchas joyas, que lleva un vestido elegantísimo.
4. Un individuo con una cabeza muy grande cubierta de antenas emite unos sonidos extraños, como los de un transmisor de radio.

a. una telenovela (*soap opera*)
b. una película del oeste
c. una película de ciencia ficción
d. una novela de detectives

TIPOS DE ARGUMENTO

1. Un hombre se enamora de una mujer y tiene muchas dificultades en conquistarla, pero al fin lo hace y se casan.
2. Un hombre se enamora de una mujer, pero ella se casa con otro y el amante rechazado se suicida.
3. Un hombre se enamora de dos mujeres y no puede decidir a cuál de ellas ama más. Se casa con las dos (¡ellas no lo saben!) y se producen muchas complicaciones.
4. Un hombre se enamora de una mujer pero su amor queda subordinado a la búsqueda (*search*) de un tesoro (*treasure*).

a. una comedia
b. una novela rosa (*romance*)
c. un drama o una historia de amor trágico
d. una historia de aventuras

B. ◘ ¡Necesito compañero! ◘

1. Con dos o tres compañeros de clase, describan el final típico de las siguientes clases de película o novela.
   a. una película del oeste
   b. una película de horror
   c. un cuento de hadas (*fairy tale*)
   d. una telenovela

2. Comparen sus finales con los del resto de la clase. ¿Son semejantes? ¿Son muy distintos? ¿Qué indica esto sobre los géneros y subgéneros?

Some kinds of literature follow the rules of their genre more closely than others. "Popular literature," or literature that is aimed at a wider audience, is usually more bound by literary conventions than other kinds of literature. A well-known type of popular literature is the *romance* or, in Spanish, the **novela rosa.** It is similar to the Harlequin Romance novels or "pulp novels" that are currently popular in the United States.

1. ¿Qué sabe Ud. de este tipo de novela? ¿Cómo son sus personajes? ¿Cómo es su argumento? Generalmente, ¿cómo termina?
2. ¿Cuáles son algunos de los problemas tratados en esta clase de obra?
3. ¿Cómo es el lenguaje de estas obras? ¿popular? ¿serio? ¿difícil? ¿Refleja la forma de hablar de la clase baja? ¿de la clase media? ¿de los intelectuales?
4. ¿Cómo se mantiene el interés del lector?
5. ¿Contienen estas obras más descripciones o más acciones?

Prelectura

La siguiente lectura es de una novela rosa moderna. Cuando Ud. la lea, debe estar preparado/a para entender los distintos tipos de acciones, personajes y usos del lenguaje que suelen aparecer en esta clase de obra narrativa. Las siguientes preguntas le ayudarán a prepararse.

A. El título de la novela es *Sombras (Shadows) del pasado*. El título del primer capítulo, el que va a leer, es «La vida cotidiana (*daily*)». ¿Qué sugieren estos títulos? ¿Nos dan suficiente información para saber si son típicos del género de la novela rosa?

B. Estudie todos los dibujos (*drawings*). ¿Qué revela cada dibujo sobre los personajes (sus relaciones, el ambiente, los conflictos entre ellos)? ¿Le dan los dibujos alguna idea de cómo va a ser la historia?

Con estos detalles y con la ayuda de los ejercicios de **Prelectura**, Ud. podrá entender la mayor parte de la historia sin dificultad. Recuerde que el leer es como muchas otras actividades; requiere mucha práctica. Al principio Ud. no va a entender todas las palabras. Pero, a medida que (*as*) lea más, aprenderá más vocabulario y sabrá más gramática y comprenderá (*you will understand*) mejor las convenciones literarias. De momento, dedíquese a sacar las ideas principales, a reconocer las convenciones literarias de un subgénero conocido, a reconocer los cognados y a adivinar el significado de otras palabras por el contexto. Los ejercicios a continuación lo/la ayudarán a comprender unos pasajes claves (*key*) de las dos partes de la lectura.

Read the following passage quickly, trying to capture the main idea of the selection. (Cognates are indicated with italics. Guess words are underlined.) Then do the brief comprehension exercises.

La *escena* parece una de esas viejas *fotos familiares* amarillentas de tiempo <u>ido</u>, en las que el padre de bigote recio,° sentado en una silla tapizada de pana roja,° defiende su *severidad* tras un gesto adusto,° mientras su esposa, de pecho generoso y peinado alzado,° *custodiaba* sus espaldas <u>apoyando</u> una mano en el <u>hombro</u> recto del paterfamilias.

bigote... *thick mustache*
tapizada... *covered in red corduroy*
gesto... *harsh expression*
peinado... *high hairdo*

---

1. ¿Cuál es la idea principal de la lectura?
   a. la descripción de los muebles de una sala
   b. la descripción de una familia moderna
   c. la descripción de una familia que parece ser de otra época
   d. la descripción de un padre de varias familias

2. La palabra <u>ido</u> probablemente significa _____ .
   a. future b. past c. present d. always

3. La palabra <u>apoyando</u> probablemente significa _____ .
   a. resting b. hitting c. opposing d. raising

4. La palabra <u>hombro</u> probablemente significa _____ .
   a. knees b. chest c. shoulder d. hat

5. Dé los cognados de las siguientes palabras españolas.
   a. escena b. fotos c. familiares d. severidad e. custodiaba

Read the following passage quickly, trying to capture the main idea of the selection. (Cognates are indicated with italics. Guess words are underlined.) Then do the brief comprehension exercise. Past tense verb forms are indicated after the verb like this: **tomó** (←).

—Hasta ahora,° mamá.

    Leonor dejó (←) el <u>auricular</u> en la horquilla y permaneció° todavía un instante en la *cabina telefónica*, ajena° al <u>tamborileo</u> de la lluvia, al <u>sonido</u> del viento que se deslizaba por° la Avenida Diagonal como un viajero helado que *descendía* (←) del *norte* en busca de *territorios* más cálidos.°

    Salió (←) nuevamente a la *inclemencia* del anochecer,° levantó (←) las <u>solapas</u> del chubasquero° y *ajustó* (←) <u>el gorro de plástico</u> a la cabeza antes de comenzar a andar en dirección de Capitán Arenas.°

    Cruzó (←) la Diagonal bajo la *pincelada* blanquecina° de los coches que aguardaban (←) la <u>señal</u> del semáforo° y continuó (←) calle arriba con el paso° *indolente* y el pensamiento <u>enmarañado</u> en una red° de ideas *contradictorias*.

muy pronto
stayed
unaware
se... *slipped along*

calientes

nightfall
raincoat

Capitán... nombre de una calle
pincelada... *white lights*
traffic light
pace, step
net

---

1. ¿Cuál es la idea principal de la lectura?
   a. Una mujer habla por teléfono.

b. Una mujer acaba de hablar por teléfono y luego camina por la calle.
c. Una mujer viaja en coche.
d. Dos mujeres hablan del clima.

Now go through the passage a second time, reading more slowly and concentrating on the meaning of the underlined words. Remember that sometimes the meaning of these words will become clear if you keep reading. Then do these exercises.

2. ¿Cierto (**C**) o falso (**F**)? Si la lectura no contiene la información, ponga **ND** (no dice).
   _____ a. Leonor no habla con su madre desde su casa.
   _____ b. Leonor no lleva ropa adecuada para la lluvia.
   _____ c. Leonor piensa en muchas cosas mientras camina.

3. La palabra auricular quiere decir _____ .
   a. overcoat   b. umbrella   c. telephone receiver   d. sandwiches

4. La palabra tamborileo quiere decir _____ .
   a. wetness   b. pitter-patter   c. coldness   d. ugliness

5. La palabra sonido significa _____ .
   a. sound   b. smell   c. chill   d. sun

6. Las palabras las solapas se refieren a _____ .
   a. coat collar   b. pockets   c. buttons   d. sleeves

7. El gorro de plástico es probablemente _____ .
   a. plastic gloves   b. plastic boots   c. a plastic statue   d. a plastic hat

8. La frase aguardaban la señal revela que los coches _____ .
   a. were waiting   b. were parked   c. were moving   d. were being sold

9. La palabra enmarañado quiere decir _____ .
   a. uplifted   b. entangled   c. found   d. calmed

10. Dé los cognados de las siguientes palabras españolas.
    a. cabina telefónica   e. inclemencia
    b. descendía   f. ajustó
    c. norte   g. indolente
    d. territorios   h. contradictorias

LECTURA

Vocabulario activo

You will need to know the meaning of the following words and expressions in order to understand and discuss the reading easily.

el amante *lover*
el ascensor *elevator*
asistir (a) *to attend (a function)*
la butaca *armchair*
colgar (ue) *to hang*
comprensivo *(adj.) understanding*
contar (ue) con *to count on*
de pie *on foot*
delante de *in front of*
el dibujo *drawing*
la ducha *shower*
embarazada *pregnant*
la escena *scene*

el espejo *mirror*
las facciones *(facial) features*
la facultad *college, school (of a university)*
gritar *to scream*
(in)sensible *(in)sensitive*
llamar *to call*
la llamada *call*
la llovizna *light rain*
la máscara *mask*
la mascarada *masquerade*
el piso *floor; apartment*
propio *own*
repentinamente *suddenly*
el salón *living room*

se trata de *it deals with; it is a question of*
seguro *sure*
la seguridad *safety; assurance*
sentirse (ie, i) *to feel*
siento mucho *I regret*
sereno *serene, calm*
el siglo *century*
la soltera *single woman*
el sueño *dream*
tampoco *neither; nor that either*
todavía *still; yet*
la vergüenza *shame*

▢ VOCABULARIO PARA RECONOCER: LA ROPA; EL CUERPO

los calcetines *socks*
el chubasquero *raincoat*
la falda *skirt*
el gorro *cap*
el traje *suit*
(des)vestirse (i, i) *to get (un)dressed*

el bigote *mustache*
el hombro *shoulder*
el pecho *chest; breast*
la sangre *blood*
el vientre *womb; stomach*
la voz *voice*

A. Busque sinónimos en la lista del vocabulario.

1. el apartamento
2. de pronto
3. telefonear
4. la nariz, los ojos, la boca

B. Busque antónimos en la lista del vocabulario.

1. la esposa   2. furioso   3. la realidad   4. cruel

C. ¿Qué palabra de la segunda columna asocia Ud. con una de la primera?

1. la seguridad
2. el cuarto de baño
3. la facultad
4. el teléfono
5. embarazada
6. sentirse
7. cien años
8. la escena
9. las clases
10. la butaca

a. la universidad
b. la madre
c. la ducha
d. la policía
e. lamentar
f. la llamada
g. el drama
h. el siglo
i. el sofá
j. asistir a

D. Complete las oraciones en una forma lógica, usando la forma correcta de las palabras de la lista del vocabulario.

1. Mi madre no permite nunca que los niños entren en _____ . Dice que es para ocasiones especiales.
2. Para subir a las *Twin Towers* de Nueva York, es necesario usar _____ .
3. Cuando mis padres están furiosos conmigo, a veces empiezan a _____ .
4. En *Halloween* los niños salen con _____ : unos como monstruos y otros como príncipes.
5. Me gusta la historia; _____ de dos jóvenes que llegan a ser _____ .
6. —Yo no quiero tomar este examen. —Yo _____ .
7. Esa mujer no llora nunca; aun durante las películas muy sentimentales, es absolutamente _____ .
8. Ese niño tiene trece años pero _____ cree en Santa Claus.
9. Los niños saben que pueden _____ sus padres cuando hay problemas o dificultades.
10. _____ muchas bibliotecas, hay estatuas de personas famosas.
11. Ese niño insulta a todo el mundo... a sus _____ padres, a sus maestros, a sus amigos. No tiene _____ .
12. A la entrada de la oficina debemos poner unos ganchos (*hooks*) para _____ la ropa.

You might not immediately recognize some of the words and structures in the following selection. Make intelligent guesses whenever possible, and read for general understanding rather than for literal comprehension of every sentence. This symbol in the margin (_?_) means that you should be able to guess the meaning of the indicated word.

New grammatical structures and some unreviewed verb forms will be glossed in the margin. The past tenses, the future, and the present participle, however, will be indicated with these symbols, after the verb form:

future →   past ←   present participle (-ing) ∽

When a form is very irregular, its infinitive plus the appropriate symbol will appear: **fue (← ser)**. The infinitive for some irregular subjunctive forms will also be indicated: **digas (decir)**.

This exercise will help you to recognize the symbols and to associate them with the appropriate verb tense or form. Indicate the tense of each of the verbs marked with a symbol.

	FUTURE	PAST	-ING

1. Mi padre estuvo (← estar) en España.
2. Nadie lo verá (→).
3. Lo vendimos (←) por diez dólares.
4. Están hablando (∽) con ella ahora.
5. Ellos saben que vendremos (→).
6. Lo llevaré (→) conmigo.
7. Vivimos (←) allí un año.
8. Lo veo caminando (∽) a su casa.

⊓SOMBRAS DEL PASADO: Parte 1 ⊓

1. LA VIDA COTIDIANA

A. Castilla Gascón is the author of a number of romance novels published in Spain. Like that of other authors of this type of novel, the name Castilla Gascón is not well known. The name could be a pseudonym and the author could be either a man or a woman. For readers of the romance novel, the name and identity of the author are unimportant, since individual works vary little from the established conventions of the genre.

La escena parecía responder a° una de esas viejas fotos familiares, amarillentas de tiempo ido, en las que el padre de bigote recio, sentado en una silla tapizada de pana roja, defendía (←) su severidad tras un gesto adusto mientras la esposa, de pecho generoso y peinado alzado, custodiaba (←) sus espaldas apoyando (⋒) una mana en el hombro recto del paterfamilias.

parecía... seemed like

Leonor se dijo° que su llamada telefónica debía haber sido° más reveladora de lo que ella había deseado.°

se... told herself /
debía... must have been
había... had wanted

En la precaria soledad de la cabina telefónica, en la avenida batida por una persistente llovizna de otoño, se había sentido° la mujer más segura del mundo... y también la más desamparada.°

se... she had felt like

helpless

—¿Mamá?

—¿Eres tú, Leonor?

—Sí, mamá.

—¿Cómo estás, hija?

—Bien. Te llamo porque tengo que hablar contigo... contigo y con papá.

—¿Te ocurre algo? ¿Estás enferma?

—No, estoy muy bien.

—¡Ay, hija, por favor... !

Eso significaba (←) que su madre descalificaba su modo de alarmarla.°   *su... her mother was worried that something was wrong*

—¿Estaréis (→) esta noche en casa?

—Desde luego. Ven a cenar. Hace más de dos semanas que no tenemos señales° tuyas.   *?*

Ahora la voz de la madre era (← ser) más serena, ligeramente admonitoria, exhibiendo (∿) el reclamo° de la sangre ante la hija independizada.   *right, privilege*

—Voy para allá entonces, mamá.

—Hija, dime algo... ¿es importante?

—Muy importante.

—¡Dios mío!

—Mamá, hazme el favor de no inquietarte. En una hora estaré (→) contigo y podremos (→ poder) hablar. ¿De acuerdo?

—Le diré (→ decir) a tu padre que tienes un problema —dijo (← decir) la madre, buscando (∿) un indicio.°   *clue*

—Hasta ahora, mamá.

Leonor dejó (←) el auricular en la horquilla y permaneció (←) todavía un instante en la cabina telefónica, ajena al tamborileo de la llovizna, al sonido del viento que se deslizaba (←) por la Avenida Diagonal como un viajero helado que descendía (←) del norte en busca de territorios más cálidos.

Salió (←) nuevamente a la inclemencia del anochecer, levantó (←) las solapas del chubasquero y ajustó (←) el gorro de plástico a la cabeza antes de comenzar a andar en dirección a Capitán Arenas.

Cruzó (←) la Diagonal bajo la pincelada blanquecina de los coches que aguardaban (←) la señal del semáforo y continuó (←) calle arriba con el paso indolente y el pensamiento enmarañado en una red de ideas contradictorias.

A pesar de la confusión que sentía (←), más allá° del combate en que   *más... beyond*
se empeñaban sus reflexiones encontradas,° Leonor experimentaba (←)   *en... in which her thoughts were engaged*
una todopoderosa seguridad en sí misma;° como si la lucha interior fuese°   *una... an all-powerful self-assurance / were*
solamente un episodio innecesario, con un final que ella ya conocía (←) y
que, bueno o malo, era (← ser) el que había elegido° sin el menor asomo°   *había... she had chosen / bit*
de duda.

Repentinamente, con una intensidad imposible de describir, su cuerpo la maravillaba°.   *la... amazed her*

Llegó (←) al portal del edificio en que vivía (←), fue (← ir) hasta el ascensor, entró (←) en la cabina y se miró (←) en el espejo mientras ascendía (←) hasta la sexta planta.

Era (← ser) su rostro° de siempre, con sus grandes ojos almendrados;   *cara*
el cabello húmedo y castaño cayendo (∿) sobre la frente amplia;° la nariz   *frente... broad forehead*

recta y pequeña; la boca grande, de labios juguetones y rojos; los pómulos° *cheekbones*
marcados y ligeramente estirados hacia arriba y los lados,° confiriendo (∽) ligeramente... *slightly*
a sus facciones, verdaderamente hermosas, una fascinación particular, una *slanted*
inquietante apariencia oriental.

 —Aquí estamos, Leonor —se dijo° observándose (∽) uno y otro per- se... *she said to herself*
fil—, en la puerta de una etapa que va a cambiarnos la vida.

 Entró (←) en el piso, encendió (←) la lámpara de pantalla de pergamino
y reconoció (←) en la amarillenta luminosidad una compañía conocida y
amable.° una... *familiar and*
agreeable
 Se quitó (←) el chubasquero y el gorro, y los colgó (←) del antiguo *surroundings*
perchero° pintado de color ocre. Dejó (←) las botas de goma allí mismo y *coatrack*
avanzó (←) en calcetines hacia el dormitorio, cruzando el amplio salón. Se
desvistió (←) con urgencia, igual que lo hiciera° aquella mañana y aquella lo... *she had done*
tarde, poco antes de ir a clase, en la facultad de arquitectura; sólo que en
esta ocasión se desvestía (←) para ella, para observar su desnudez con una
complicidad inédita.° una... *special interest*
 El cuerpo era (← ser) cálido, de caderas° limpias y largas piernas, el *hips*
vientre hundido° de delgadez y ejercicio y los pechos plenos, duros y *flat*
erguidos, de pezones° generosos. erguidos... *uplifted,*
with nipples

Acarició (←) un instante los pechos antes de abrir el grifo° de la ducha *faucet*
y recuperar su calor perdido bajo la lluvia, en el viento, bajo la dudosa
caricia del otoño.

Media hora más tarde entraba (←) en el salón de la casa de sus padres
y les descubría (←) silenciosos, aguardándola (◠) como en una de aquellas
viejas fotografías: Joan Casals sentado en su butaca preferida, junto al
radiador, rodeado por las librerías° que cubrían (←) las paredes del salón; *rodeado... surrounded by bookshelves*
y su madre, Leticia Terranova, de pie a su lado, con la mano delicada
apoyada como un pájaro sobre el hombro del marido.

Había° algo, no obstante, que desmentía° la escenografía de las *There was / gave the lie to, contradicted*
fotografías de principios de siglo. Era (← ser) el atavío:° el traje gris perla, *clothing*
elegante y juvenil del padre, y la falda negra y la blusa blanca de la madre.
Ambos tenían (←) 45 años y llevaban (←) una vida ordenada, sobria y
moderna que rejuvenecía (←) los rasgos recios° del padre y confería (←) un *rasgos... stern features*
atractivo notable a las facciones de la madre, cuyo parecido° con Leonor era *cuyo... whose resemblance*
(← ser) sorprendente.

—Hola, mamá.

Leonor besó (←) a su madre y luego se inclinó,° miró (←) un instante *se... she bent over*
a su padre y le abrazó (←) con ternura.

—Tu madre me ha dicho (← decir) que deseabas (←) hablar con nosotros. Es algo nuevo en ti, cariño. Normalmente llegas a casa en cualquier° *any*
momento con un nuevo proyecto en tu loca cabecita. ¿A qué se debe° tanto *¿A... So why*
misterio? ¿Acaso° te has decidido (←) a presentarnos a tu novio definitivo? *Maybe*

Había (←) camaradería y buen humor en las palabras de Joan Casals y
su tono despreocupado y jocoso° relajaba (←) la tensión de la madre que no *tono... jovial, unworried tone*
podía extirpar de su ánimo.° *que... that she (the mother) couldn't get rid of*

—No —dijo (← decir) Leonor con voz serena—, no se trata de un
novio, papá. Estoy embarazada.

Y en la fracción de segundo que siguió (←) a su revelación, Leonor
recordó (←) ordenadamente cuánto había ocurrido° esa misma tarde, *había... had occurred*
cuando dijera° la misma frase a Miguel. *she had said*

—¡Hija! —exclamó (←) la madre—, ¿cómo puedes estar segura... ?

Pero no era (← ser) una pregunta, era (←) un modo de combatir aquella
locura imprevisible.° *unforeseen*

—¿Has ido (← ir) a ver a un médico? —preguntó Joan Casals, apretando las mandíbulas.° *apretando... clenching his jaws*

—Esta mañana. Estoy embarazada de diez semanas, aproximada-
mente.

—¿Conocemos al muchacho?

—No.

—¿Quién es?

—Un buen muchacho. Un compañero de estudios.

—¿Se lo has dicho?° *¿Se... Have you told him?*

—Desde luego, esta misma tarde.

—¿Y?

Comprensión

A. ¿Cierto (**C**) o falso (**F**)? Corrija las oraciones falsas.

_____1. Leonor llama a sus padres porque está enferma.
_____2. Leonor les llama desde un teléfono público.
_____3. Leonor tiene su propio piso.
_____4. Leonor ve a sus padres con mucha frecuencia.
_____5. Cuando Leonor llega a la casa de sus padres, ellos la están esperando con curiosidad.
_____6. Leonor trata de exponer su problema con mucho tacto para no sorprender a sus padres.
_____7. El novio de Leonor es un amigo de la familia.

B. Conteste las preguntas según la lectura.

1. ¿Qué sabemos de los personajes en este momento? ¿Quiénes son? ¿Cómo son? ¿Qué tipo de relación existe entre ellos?
2. ¿Hay alguna indicación de conflicto entre ellos? Piense en lo que (*what*) Ud. sabe de esta clase de historias y luego diga lo que cree que va a pasar ahora. ¿Cómo va a reaccionar el padre? ¿la madre? ¿Qué van a sugerir como solución? ¿Qué va a sugerir Leonor?

▣SOMBRAS DEL PASADO: Parte 2 ▣

La madre asistía (←) al interrogatorio con la convicción de que aquello no estaba ocurriéndole a ella° y, mucho menos, a su única hija. Siempre había dado por sentado° que Leonor era (← ser) una muchacha madura y poco amiga de las tonterías.° Se había negado (←) sistemáticamente a pensar que Leonor tenía (←) una vida sexual como la mayoría° de las chicas de su edad porque aquella idea no era (← ser) compatible con la niña que ella había parido, criado,° educado y... recriminado cuando decidió (←) marcharse de la casa paterna para vivir sola.

aquello... that was not happening to her
Siempre... She had always been sure
silliness
majority

había... had borne, brought up

—¿Qué es lo que quieres saber, papá?

Joan Casals se puso (← poner) de pie, encendió (←) un cigarrillo, se frotó (←) las manos y respiró (←) profundamente.

—Escúchame, Leonor. No eres una muñequita° estúpida, de modo que no eludas° el tema...

doll
de... so don't avoid

—No estoy eludiendo (ⁿ) nada. He venido (← venir) a deciros que estoy embarazada y estoy dispuesta° a responder a todo lo que vosotros deseéis saber —dijo (← decir), conservando (ⁿ) la serenidad.

ready

—¿Cómo crees que nos sentimos nosotros? —bramó° el padre, deteniéndose (ⁿ) ante ella y abriendo (ⁿ) las manos en una actitud teatral; pero se controló (←) rápidamente, caminó (←) algunos pasos en dirección a su esposa, se detuvo, giró° y miró fijamente° a su hija.

roared

se... stopped, turned / straight

—¿Se casará (→) contigo? —preguntó.

—No.

—¡Un cretino,° un verdadero cretino... ! —bramó Leticia Terranova,   *idiot*
yendo (ᴎ) rápidamente a abrazar a su hija, víctima de las andanzas de un
psicópata.°   *?*

—No es un cretino, mamá. Es un chico estupendo y le quiero
muchísimo. Los dos nos queremos, pero no vamos a casarnos.

—¿Os iréis (→) a vivir juntos? —preguntó el padre.

—Tampoco.

—¿Por qué no?

—Miguel se va becado° a los Estados Unidos dos años. Es el sueño de   *with a scholarship*
su vida.

—¿Y tú, maldita sea°? —gritó (←) ahora Joan.   *maldita... be damned*

—Yo le comprendo.

—¿Por qué, hija mía? Dime por qué...

—Porque hicimos (← hacer) el amor y me descuidé.° Eso es todo—   *me... I was careless*
replicó (←) Leonor, todavía de pie en medio de la habitación.

La madre se plantó (←) frente a ella y la abofeteó° con crueldad. Una   *la... slapped her*
única bofetada que dejó (←) los cinco dedos marcados en la mejilla° de   *?*
Leonor.

—¡Leticia! —gritó (←) el padre, llevándose (ᴎ) a su mujer hasta el sofá
y obligándola (ᴎ) a sentarse, envuelta en sollozos.°   *envuelta... sobbing*

—Creo que es mejor que me vaya,° papá.   *que... that I go away*

—¿Qué piensas hacer? —preguntó (←), permaneciendo (ᴎ) junto a su
esposa, con un tono helado° en la voz.   *icy*

—¿Tú qué crees?

—Tu madre puede acompañarte... adonde sea.° Todavía eres muy   *adonde... wherever*
joven y aún no has terminado (←) tus estudios.

—No —dijo (← decir) Leonor.

—No nos precipitemos,° querida. Sé que ahora parece muy duro, pero   *No... Let's not rush*
es la única solución. ¿Es que no lo comprendes?

—No he venido (←) a pediros ayuda ni a crearos problema alguno. Sólo
quería (←) que supierais° que estoy embarazada y que voy a tener a mi hijo.   *que... you to know*
Eso es todo.

—Joan, por favor... —suplicó (←) Leticia—, dile° que se ha vuelto   *tell her*
(← volver) loca... dime que no es cierto, que todo esto no nos está ocu-
rriendo (ᴎ) a nosotros... por favor, Joan...

—Leonor avanzó (←) hasta el sofá, se arrodilló° (←) delante de su   *?*
madre, le cogió (←) las manos y procuró hallar un atisbo° de comprensión   *procuró... tried to find*
en los ojos mercuriales, surcados por las lágrimas.   *a tiny bit*

—Mamá, sé lo que hago. Tengo veintidós años y gano dinero suficiente
con mi trabajo...

—¿Qué clase de trabajo? ¿Acaso hacer perspectivas y dibujos para los
estudios de arquitectura es un trabajo sólido?

Ahora era (← ser) el padre quien arremetía° contra la sólida ciudadela°
maternal que Leonor había edificado (←).

—Sí, gano suficiente dinero. El piso en que vivo es mío, está totalmente
pagado con el dinero que heredé° (←) de la abuela y soy suficientemente   *?*
madura como para tomar mis propias decisiones. Escuchadme,° os quiero,   *Listen to me*

tenemos nuestras diferencias y tal vez por esa razón no nos vemos a menudo,° pero me gustaría° poder contar con vosotros... afectivamente.° Eso es todo. Sin embargo, aun cuando no sea (ser) así, puedo valerme por mí misma.° ¿Está claro?

a... frequently / would like / emotionally

valerme... take care of myself

Sus propias palabras la confortaban (←). Su voz adquiría (←) la seguridad de quien defiende lo que le pertenece, de quien defiende lo que ama; la certeza maravillosa que sólo experimentan las mujeres cuando llevan un hijo en el cuerpo, cuando empiezan a formar parte del milagro de verse crecer de dentro hacia afuera° y sentir allí, en el centro del vientre, la pequeña vida que late, se nutre y danza, desplegándose° como una íntima obra de arte.

milagro... miracle of seeing themselves grow from inside out unfolding

Nadie en el mundo podría hacerle° cambiar de idea.

podría... could make her

—Es una vergüenza —dijo (← decir) gravemente Joan Casals, y en su voz había (←) dolor y rabia.

—¿Qué es una vergüenza, papá? ¿Acostarse con un muchacho a quien una quiere? ¿Quedarse embarazada? ¿Tener el hijo y no querer abortar? ¿O tal vez la vergüenza sea (ser) la que vosotros sentiréis (→) ante vuestras amistades... ?

Era (← ser) demasiado dramático para resultar gracioso,° pero Leonor se sintió viviendo° una escena tan poco estimulante, tan trasnochada° y, a la vez, tan real, que tuvo ganas de marcharse.

entertaining

se... felt herself living / old-fashioned

—¿Cómo puedes ser tan insensible? —preguntó la madre, emergiendo (⋀) de su máscara de dolor.

—¿Insensible, yo?

—¿Sabes lo que serás (→)? Una madre soltera. ¿Crees que eso es lo mejor que puede ocurrirte en tu vida?

—Es lo que yo deseo, mamá. Y para mí es suficiente. Lamento que os hayáis sentido tan... destrozados.°

os... you feel so torn apart
que... us to react

—¿Lo lamentas? ¿Cómo querías (←) que reaccionáramos,° como en las películas? —preguntó (←) Joan Casals y la voz perdió (←) el control para convertirse en un sardónico latigazo.°

sardónico... ironic whiplash
no... it would not have been bad
te... you take so much pride in being overwhelmed
te... have appeared to be
de... like a worldly person

—Para variar, papá, no hubiese estado nada mal° que reaccionaras (←) como ese caballero progresista e inteligente de que te vanaglorias.° Esperaba (←) que mamá se sintiera (←) agobiada° por todo esto, pero tú... siempre te has mostrado° (←) comprensivo... ¿acaso era (← ser) todo una mascarada para ir de mundano° por la vida?

—Eres una impertinente.

—No, no lo soy. Yo os he dicho (← decir) lo que tenía (←) que deciros. Ahora me voy. Siento mucho que todo haya ocurrido (←) de este modo.

Leonor marchó (←) hasta la puerta del salón, al borde de las lágrimas.°

al... on the verge of tears

—Leonor...

Era (← ser) su madre.

—...si te vas de esta casa y tienes ese niño... prefiero no volver a verte.

Fue (← ser) un golpe° duro, pero Leonor no se volvió.° Sólo se detuvo (← detener) durante el par de segundos que duró (←) la sentencia materna. Había sido condenada° por la moral y las buenas costumbres a resolver por sí misma su vida y su mal paso.

blow / se... turned around

Había... She had been condemned

Salió (←) de la casa y caminó (←) durante mucho tiempo bajo la lluvia continua.

Pero no estaba (←) triste.

Tenía (←) un motivo para sentirse feliz. Y era (← ser) el mejor de los motivos.

La vida cotidiana suele tener sorpresas que, cuando menos,° resultan abrumadoras.°

*cuando... when least
expected
unpredictable*

DESPUES DE LEER

Comprensión

A. ¿Cierto (**C**) o falso (**F**)? Corrija las oraciones falsas.

_____1. La madre de Leonor conoce muy bien a su hija.

_____2. Leonor tiene confianza en su capacidad para ganar dinero.

_____3. La reacción de su padre sorprende a Leonor pero no le sorprende nada la reacción de su madre.

_____4. Cuando Leonor sale de la casa, el problema está resuelto.

B. Junte las palabras usando **ser** o **estar**. Luego explique si Ud. está de acuerdo o no.

1. Leonor, joven
2. el amante, estudiante
3. su madre, furiosa
4. su padre, liberal
5. Leonor, enamorada
6. la madre, comprensiva
7. Leonor, triste
8. el novio, irresponsable
9. Leonor, independiente
10. el padre, preocupado

C. ¿Qué significan las siguientes palabras en el contexto de la historia? ¿Con qué personaje se relacionan y qué emoción o impresión transmiten?

1. la butaca
2. la cabina telefónica
3. la vergüenza
4. la vieja foto
5. la máscara
6. el amante

D. Con seis o siete palabras claves (*key*) de las listas del vocabulario, escriba un breve resumen (de dos o tres oraciones) de la lectura.

E. Conteste las preguntas según la lectura.

1. LOS PERSONAJES

¿Cuántos personajes hay en este capítulo? ¿Quiénes son? Describa brevemente a cada una. ¿Qué relación hay entre ellos? ¿Qué sabemos de la vida de estos personajes? ¿Cómo parecen vivir? En su opinión, ¿en qué trabaja el padre? ¿y la madre? ¿Dónde vive Leonor? ¿Dónde trabaja? ¿Qué piensan sus padres de su trabajo?

2. EL AMBIENTE

¿Dónde pasa la acción? ¿Parece que sucede en una ciudad o un país en particular o puede suceder en muchos lugares? ¿Cómo es la casa de Leonor? ¿y la de sus padres? ¿Qué indica el domicilio de los personajes sobre su vida? ¿Cuándo ocurre la acción?

3. EL CONFLICTO

¿Por qué llama Leonor a sus padres? ¿Cómo reaccionan a su problema? ¿Cómo definirían (*would define*) el problema los siguientes personajes: Leonor, Leticia, Joan? ¿Cómo es el amante de Leonor? ¿Por qué no se casa con ella? ¿Qué sugieren los padres para resolver el problema? En sus propias palabras, ¿cuál es el conflicto básico de la lectura?

Discusión

1. En la novela rosa moderna, es fácil encontrar pasajes llenos de sensualidad. ¿Puede Ud. identificar algunos pasajes sensuales en la lectura?
2. ¿En qué sentido es posible decir que los personajes son «típicos» de una novela rosa?
3. En su opinión, ¿es típico de la novela rosa el problema que se trata en este cuento? ¿Qué otros problemas son típicos de la novela rosa? Indique los

temas de la siguiente lista que son más o menos apropiados para la novela rosa. ¿Qué revela esto sobre el género?

el adulterio	los problemas económicos
el marcharse de casa	la homosexualidad
la muerte	la amistad

4. Al final del capítulo, se sugiere que Leonor va a tener que enfrentar sorpresas desagradables o difíciles. En su opinión, ¿cuáles van a ser? ¿Cómo cree Ud. que va a terminar esta historia?
5. ¿Cuáles de los episodios, personajes y acontecimientos de este cuento le parecen melodramáticos o exagerados y cuáles le parecen más verosímiles (*true to life*)?

Aplicación

1. ¿Hay algunos programas de televisión o algunos tipos de novelas en nuestra sociedad que sean semejantes (similares) a esta novela rosa? Comente.
2. ¿Cómo se trata el problema de las madres solteras en la literatura y en los programas de televisión en Estados Unidos? ¿Qué posibles soluciones al problema se discuten en la lectura? ¿Le parecen semejantes o diferentes de las soluciones que se discuten en la vida real?
3. ¿Por qué son tan populares las novelas rosa? ¿Le gustan a Ud. o no? Explique.
4. ◧ **Entre todos.** ◧ Estudien la lista de adjetivos a continuación. Seleccionen los adjetivos más apropiados para describir a cada uno de los tres personajes. Para cada personaje se ha omitido (*has been omitted*) un adjetivo importante. En su opinión, ¿cuál es?

LETICIA, LA MADRE	JOAN, EL PADRE	LEONOR, LA HIJA
histérico/a	conservador(a)	
alegre	fuerte	
estúpido/a	pasivo/a	
aventurero/a	comunicativo/a	
indiferente	honesto/a	
dominante	dependiente	
débil	independiente	
ordenado/a	rebelde	
hipócrita	tímido/a	

¿Cuál de estos adjetivos usarían (*would use*) los padres de Leonor para describir a su hija? ¿Y cuáles usaría Leonor para describirlos a ellos? ¿Cómo describiría (*would describe*) Ud. al amante de Leonor? Agreguen más adjetivos si les parecen necesarios.

5. Imagine que Ud. está en la situación de Leonor. ¿Qué haría Ud.? (*What would you do?*) Luego imagine qué haría en la situación de la madre o del padre.
6. ¿Cree Ud. que sus padres reaccionarían (*would react*) como los padres de Leonor?

CAPITULO DOS

UNA ISLA DEL CARIBE

LA COMUNIDAD
HUMANA

ANTES DE LEER

Aspectos lingüísticos

Picking Out the Main Parts of the Sentence

Part of guessing what words mean is figuring out what functions they have in a sentence; that is, who is doing what? To do this, you must watch for all of the structural clues about meaning that context provides. As this famous stanza from Lewis Carroll's *Jabberwocky* shows, you don't have to know the meaning of every word to understand a great deal about the relationships between words.

> 'Twas brillig, and the slithy toves
>   Did gyre and gimble in the wabe:
> All mimsy were the borogoves,
>   And the mome raths outgrabe.

You know that the words *wabe* and *borogoves* are nouns, because each follows the article *the*. In the phrase *the slithy toves, toves* is probably a noun, and *slithy*—because of the *-y* ending and its position before a noun—is likely to be an adjective. Despite the unfamiliar nature of most of its elements, the phrase *the slithy toves did gyre and gimble in the wabe* is largely interpretable: something *slithy* was *gyring* and *gimbling* in the *wabe*.

You can use structural clues in the same way in Spanish to help you interpret unfamiliar passages. Try this sentence.

> Donamente ganzaban los teloderos sepos a Luis, con una padición molita.

By looking at the word endings, can you find an adverb in the preceding sentence? A prepositional phrase? In the prepositional phrase, which is the noun and which is the adjective? How can you tell? Which of the remaining elements in the sentence can you identify as a probable verb? As a subject? As an object?

Although you still don't know the specific meanings of the unfamiliar words, you are beginning to get an idea of the general meaning they convey: some **teloderos** were doing something to Luis **donamente,** with a little **padición.** This sentence is an extreme example because of the high percentage of unfamiliar words and because it is an isolated utterance. In general, the selections you will read in this text will not contain so much unfamiliar vocabulary, and you will be able to depend much more on context for meaning.

Here are some simple Spanish structural clues that will help you determine word function and meaning.

1. Watch for word endings: **-mente** signals adverbs, **-ísimo** signals both adverbs and adjectives, **-tad** signals nouns, and so on.
2. Articles (**el, la, un, una,** and their plural forms) indicate a following noun.
3. Common prepositions and adjectives (with their characteristic endings) also help to locate nouns.

Locating the Subject, Verb, and Object

Remember also that Spanish word order is sometimes very different from the word order you see in English sentences, and so you cannot assume that the first noun in the sentence is necessarily the subject. You may not even see the subject mentioned at all—in Spanish, the subject is often indicated only by the verb ending. Still other Spanish sentences contain both a subject and an object. How will you be able to tell them apart, if not by word order?

Two useful strategies are to look at verb endings and look for the object marker **a,** which immediately precedes human objects in Spanish.

If the ending of a verb is **-mos,** for example, then you know that the verb has a first person plural subject (**Ana y yo** or **nosotras,** for example); a third person singular noun cannot be the subject. Again, if a word ends in **-an,** it may be either a singular noun **(pan)** or a third person plural verb **(miran)**, and you will have to look for a third person plural subject to make sure it is a verb. If a word ends in **-in,** however, you can be sure that it is not a verb, since there is no such verb ending in Spanish.

Suppose you have a verb that ends in **-an** and two third person plural nouns all in the same sentence. Which noun is the subject, and which is the object?

> ¿Miran los estudiantes a los profesores?
> ¿Miran a los estudiantes los profesores?

In Spanish, the word **a** marks human direct objects. Thus, **los profesores** is the object of the first sentence and **los estudiantes** is the subject. In the second sentence, **los profesores** is the subject and **los estudiantes** is the object.

Identify the subjects (**S**), verbs (**V**), and any objects (**O**) in the following sentences.

1. La caza y la pesca, así como la cosecha de infinita variedad de frutos silvestres, eran la alimentación y motivo de distracciones y fiestas entre sus habitantes.
2. De todos los confines llegaron (←) las varias familias de la tribu.
3. Con la autorización de su padre preparó (←) una gran comitiva con hermosos presentes.
4. Por esta razón, desde aquella época, el buen Padre Inti creó (*created*) los días y las noches.

Recognizing Subordinate Clauses

You know that the word **a** can act as an object marker in Spanish to point out human objects. Another important marker is the word **que,** which frequently introduces subordinate clauses.

Subordinate clauses are found inside sentences. They always contain conjugated verbs and are introduced by **que** (or expressions that contain **que,** such as **aunque, porque,** or **hasta que**), **como, cuando, si, donde,** or **quien.**

Nunca como en esa cafetería
$\left\{\begin{array}{l}\text{que está en la calle Cortés.}\\ \text{aunque mi hermano come allí con frecuencia.}\\ \text{cuando tengo mucha prisa.}\end{array}\right.$

You may sometimes find it helpful to skip over subordinate clauses at first so that you can find the principal verb and subject of the sentence. Then you can use the clause markers (**que** and so on) to help you break down long sentences into their simpler components (clauses). Each of the following sentences, for example, contains a main (independent) clause and a subordinate clause and can be broken down into smaller sentences, for easier comprehension.

SENTENCE WITH SUBORDINATE CLAUSE	SIMPLER SENTENCES
Tengo un amigo que vive en Texas.	Tengo un amigo. Ese amigo vive en Texas.
El hombre que compró la casa es un millonario.	El hombre es un millonario. Ese hombre compró la casa.

Read each of the following sentences, and then break them down into simpler sentences. Remember to use the clause marker (**que,** and so on) as a clue to the location of some subordinate clauses.

1. La justicia y la bondad que imponía el Cacique en todos sus actos se reflejaban en el respeto y el cariño de su pueblo.
2. Creyó (←) distinguir un bulto que se hundía (*sank*) y se elevaba.
3. El brujo Millanaypag se dedicó (←) a destruir a todos los príncipes y guerreros que intentaron (*tried*) llegar hasta el reino del Cacique Cuyaypag.
4. Llamó (←) en su ayuda a todos los espíritus negros que habitaban el centro de la tierra y a los espíritus verdes que viven en el fondo del mar.

Aproximaciones al texto

Convenciones literarias (Parte 2)

In Chapter 1 you learned about the romance novel, a literary form that is popular today. Myths, legends, and folktales are another form of popular literature that have developed across the centuries in many cultures.

Myths usually involve divine beings and serve to explain some basic, fundamental mystery of life. For example, the Greek myth of Persephone explains the cycle of the four seasons. Persephone was the beautiful daughter of Demeter, the goddess of the harvests. When Persephone was kidnapped by Hades (the god of the underworld) and forced to marry him, Demeter swore that she would never again make the earth green. Zeus (the king of the gods) intervened in the dispute. As a result, Persephone was allowed to return to the earth for part of the year, but was obliged to spend the other part with her husband Hades in the underworld. Consequently, Demeter makes the earth flower, then go brown, according to the presence or absence of her beloved daughter.

Folktales and legends involve people and animals. They sometimes explain natural phenomena (how the skunk got his stripes, for example) or justify the existence of certain social and cultural practices, thus underscoring cultural values and ideals. In our own culture, for example, there are many stories about Abraham Lincoln. While some are based in fact, all are embellished to bring out certain American values, such as honesty, individual freedom, and the belief that hard work will lead to success, regardless of economic and social status.

Each of the following characters has a place in American folklore. Do you remember any stories about them? What cultural values does each represent? Are any of them associated with the explanation of natural phenomena?

Paul Bunyan	John Henry	Tom Sawyer
Davy Crockett	Annie Oakley	Rip Van Winkle

An important characteristic of myths, folktales, and legends is that they were originally transmitted orally, rather than through the written word. This is obviously the case in cultures that have no written language, but even in many modern cultures, folktales and legends continue to be passed from one generation to the next through the spoken rather than the written word. This has obvious consequences for the folktale, the primary one being that the form and content of such tales are open to frequent modification.

A. ◘ ¡Necesito compañero! ◘   Con dos o tres compañeros de clase, comenten las siguientes preguntas brevemente, apuntando sus opiniones y reacciones para luego compartirlas con el resto de la clase.

1. ¿Cuáles de las siguientes personas han servido o podrían servir (*have served or could serve*) de base para elaborar un mito, una leyenda o un cuento folklórico? ¿Qué misterio de la vida pueden explicar o qué valor cultural representan?

Adán y Eva	George Washington
Johnny Appleseed	un indio
Nancy Reagan	un astronauta
Paul Revere	un médico
un vaquero (*cowboy*)	un contador (*accountant*)
Pocahontas	un jugador de béisbol

Para las personas que en su opinión *no* pueden ser «legendarias», expliquen por qué no. ¿Qué cualidades tienen los del grupo legendario que no tienen éstos?

2. ¿Qué tipo de personajes les parece más característico de una leyenda o un mito? ¿Por qué?
   a. un personaje actual (contemporáneo) o un personaje de otra época
   b. un personaje que representa sólo una o dos características o un personaje de gran complejidad psicológica
   c. un personaje que representa una mezcla de características positivas y negativas o uno que es totalmente malo o totalmente bueno
   d. un personaje «estereotípico» o un personaje original, que no sigue ningún modelo conocido

3. ¿Cuáles de las siguientes características lingüísticas les parecen a Uds. más típicas de las obras de transmisión oral? ¿Cuáles son más típicas de las obras de transmisión escrita? Expliquen.
   a. el uso de ciertas fórmulas—frases o expresiones repetidas—para adelantar (*move on*) la narración o presentar a los personajes; por ejemplo, *Honest Abe, once upon a time, happily ever after*
   b. el uso de un lenguaje complicado: oraciones largas, vocabulario abstracto y poco común
   c. el uso de muchos recursos poéticos: el cambio del orden normal de las palabras, el simbolismo
   d. el uso de la repetición y la rima
   e. una narración que sigue el orden cronológico en la presentación de la acción
   f. el uso frecuente de diálogo
   g. un predominio de información puramente descriptiva (en contraste con información sobre la acción)

B. ◧**Entre todos.**◨   Compartan los resultados de sus discusiones de grupo entre todos los miembros de la clase para llegar a un acuerdo sobre lo siguiente.

1. el tipo de personaje que uno espera encontrar en un cuento mítico o folklórico: las características típicas de los personajes
2. el tipo de lenguaje que uno espera encontrar en el folklore: las características típicas de este tipo de narración

C. ◧**Entre todos.**◨   Comenten los siguientes temas para llegar a un acuerdo.

1. ¿Qué tipo de ambiente se encuentra en un mito? ¿Cuáles de los siguientes adjetivos les parecen más apropiados para describirlo? ¿Por qué?

realista	idealizado	misterioso
contemporáneo	tranquilo	moderno
peligroso	técnico	primitivo
mágico	científico	terrorífico

2. ¿Qué tipo de asunto se explica en un mito? ¿Cuáles de los siguientes temas les parecen más apropiados? ¿Por qué?

la creación del mundo	la invención de un aparato
la vida de un presidente	electrónico
la existencia del mal (*evil*)	las erupciones volcánicas
la existencia de las distintas	el por qué del cuello largo de la
razas humanas	girafa

¿Qué otros temas míticos recuerdan Uds.?

Prelectura

La lectura que va a leer es parte de la tradición mitológica de la cultura india del Ecuador. Data de mucho antes del descubrimiento de América por Cristóbal Colón. Mire los cuatro dibujos que acompañan la lectura.

A. Describa brevemente a las personas (quién) de cada dibujo, la escena (dónde) y las acciones (qué).

B. ¿Parece haber un conflicto en el cuento? Indique el dibujo que lo sugiere.

C. El cuento es un mito y, como todos los mitos, incluye personajes mitológicos. ¿Hay algún personaje (o algunos personajes) en los dibujos que podría (*might*) ser una divinidad? Identifíquelo. ¿Por qué cree Ud. que será (*may be*) divino?

D. Mirando los dibujos, ¿ve Ud. alguna semejanza (*similarity*) entre este mito y otro cuento folklórico que Ud. conozca? Explique.

Como en el Capítulo 1, no pase Ud. mucho tiempo tratando de comprender todos los detalles de la lectura. Busque las ideas principales. Use *lo que ya sabe* sobre el formato y el contenido de un mito y las ideas sugeridas (*suggested*) por los dibujos para organizar la información y para adivinar lo que no entiende inmediatamente. Recuerde que en el folklore hay mucha repetición, así los que leen (como los que escuchan) siempre tienen más de una oportunidad para sacar la información importante.

Read the following passage quickly, trying to capture the main idea of the selection. (Cognates are indicated with italics. Guess words are underlined.) Then do the brief comprehension exercises.

Más antes que antes, cuando la tierra era grande y pocos los hombres que en ella habitaban; cuando el cielo era más *transparente*, y las aves° y los *animales* dueños° del aire y de los bosques; cuando los ríos eran niños juguetones en la hierba,° y los peces, *ágiles* flechas° de luz; cuando el mar *dócilmente* lamía con su espuma° las playas y las montañas *se iluminaban* con el azul *misterio* de la *distancia*... [birds / lords] [grass] [arrows] [lamía... *lapped with its foam*]

En aquella *época*, en que la tierra aún° no soportaba el peso de las grandes ciudades ni se la *decoraba* con cicatrices de caminos,° en las *costas* de Manta vivía el Cacique° Cuyaypag con su esposa Pacarina. La *justicia* y la bondad que imponía el Cacique en todos sus *actos* se reflejaban en el *respeto* y el cariño que todo el pueblo le guardaba. La caza y la pesca,° así como la cosecha de *infinita variedad* de frutos silvestres, eran la alimentación y motivo de distracciones y fiestas entre sus habitantes. [todavía] [ni... *nor was its surface scarred by roads* / Chief] [La... *Hunting and fishing*]

---

1. ¿Cuál es la idea principal de la lectura?
   a. Antes no había grandes ciudades.
   b. Cuyaypag es el cacique más justo y bueno del mundo.
   c. En otra época, en un lugar tropical, la gente vivía sin conflictos ni problemas.
   d. La vida de hoy es demasiado complicada.

2. La palabra habitaban es sinónimo de _____ .
   a. vivían   b. jugaban   c. trabajaban   d. morían

3. La palabra cariño hace referencia a _____ .
   a. hatred   b. anger   c. affection   d. indifference

4. La palabra silvestres significa _____ .
   a. bitter   b. wild   c. expensive   d. imported

5. Identifique los sujetos (**S**), los verbos (**V**) y los complementos (*objects*) (**C**) en las siguientes oraciones.
   a. En aquella época, en que la tierra aún no soportaba el peso de las grandes ciudades ni se la decoraba con cicatrices de caminos, en las costas de Manta vivía el Cacique con su esposa Pacarina.
   b. El Cacique imponía justicia y bondad en todos sus actos.

6. Dé los cognados de las siguientes palabras españolas.
   a. ágiles   b. dócilmente   c. distancia   d. justicia
   e. infinita variedad

Read the following passage quickly, trying to capture the main idea of the selection. (Cognates are indicated with italics. Guess words are underlined.) Then do the brief comprehension exercises.

Mientras tanto, ajena a° lo que *ocurría* en otras tierras por causa de su belleza, Cuyana seguía entregada a amar a su pueblo y a gozar° de su *libertad*.

> ajena... *unaware of*
>
> *enjoying*

En uno de sus largos paseos por la playa, luego de° un *refrescante* baño, se tendió° sobre una *roca*, a gozar del juego de las olas° sobre la tersa piel° de la arena.° A lo lejos, creyó (←) *distinguir*, sobre la cresta de una ola más grande, un bulto° *indefinible* que se hundía° y *se elevaba* mientras se acercaba a la orilla.° *Curiosa* por saber qué sería°, subió (←) sobre una roca más alta y pudo (← poder) reconocer el cuerpo de un hombre. Pensando (∩) solamente en ayudarlo, bajó (←) de su mirador y corrió (←) a la playa. Decidida a todo, *se internó* (←) en el mar y, cuando el agua le llegaba al pecho, pudo (← poder) asir a tan extraño náufrago.°

> luego... *después de*
>
> se... *she lay down*
>
> *waves* / *skin* / *sand*
>
> *shape*
>
> se... *sank*
>
> *bank* / *it might be*
>
> *shipwrecked person*

---

1. ¿Cuál es la idea principal de la lectura?
   a. Cuyana salva a un náufrago.
   b. Cuyana goza de la playa.
   c. Cuyana no piensa en su belleza.

2. ¿Cierto (**C**) o falso (**F**)? Si no se sabe según la lectura, ponga **ND** (no dice).
   _____ a. A Cuyana le gusta contemplar el mar.
   _____ b. No ve al náufrago hasta que está muy cerca.
   _____ c. No quiere entrar en el agua porque no sabe nadar.
   _____ d. El náufrago parece venir de otras tierras.

3. La palabra paseos quiere decir _____ .
   a. passes   b. meals   c. walks   d. flights

4. La palabra cresta se refiere a _____ .
   a. la parte más baja de una ola
   b. la parte más alta de una ola
   c. algo que está dentro de una ola
   d. un tipo especial de ola

5. La palabra mirador se relaciona con el verbo _____ y quiere decir _____ .
   a. marcar / *mirror*   c. marear / *ship*
   b. montar / *mountain*   d. mirar / *viewing point*

6. Identifique los sujetos (**S**), los verbos (**V**) y los complementos (**C**) de las siguientes oraciones.
   a. A lo lejos, creyó distinguir, sobre la cresta de una ola más grande, un bulto indefinible que se hundía.
   b. Cuando el agua le llegaba al pecho, pudo asir al extraño náufrago.

7. Dé los cognados de las siguientes palabras españolas.
   a. refrescante   b. distinguir   c. se elevaba   d. se internó

LECTURA

Vocabulario activo

acercarse (a) *to approach, come close (to)*
la ahijada *godchild*
atreverse (a) *to dare (to)*
la balsa *raft*
la bondad *goodness*
el brujo *warlock (male witch)*
el cacique *chief*
el cariño *affection*
la caza *hunt*
la cosecha *crop*
(des)atar *to (un)tie*
entregar *to hand over*

el fuego *fire*
gozar (de) *to enjoy, derive pleasure (from)*
el guerrero *warrior, fighter*
habitar *to inhabit, live*
la justicia *justice*
lanzarse (a) *to hurl oneself (into)*
el milagro *miracle*
el náufrago *shipwrecked person*
el paseo *walk, stroll*
la pesca *fish; fishing*
el primogénito *firstborn*

la princesa *princess*
el príncipe *prince*
el reino *kingdom*
el reflejo *reflection*
silvestre *wild*
la sombra *shadow*
soportar *to support*
el sueño *sleep; dream*
sumergir (i, i) *to submerge*
temible *fearsome*
la tribu *tribe*
vigilar *to watch over*
volar (ue) *to fly*

◰ VOCABULARIO PARA RECONOCER: LA NATURALEZA

el aire (*f.*) *air*
la arena *sand*
el ave (*f.*) *bird*
el bosque *forest, woods*
la brisa *breeze*

el cielo *sky*
la nube *cloud*
la ola *wave*
el pájaro *bird*
el pez *fish*

la playa *beach*
la selva *jungle*
la tierra *earth*
el volcán *volcano*

A. ¿Qué palabra no pertenece (*belongs*) al grupo? Explique por qué.

1. el cacique, el brujo, el príncipe, la ahijada
2. silvestre, el paseo, la princesa, gozar
3. atreverse, la bondad, el guerrero, la caza

B. ¿Qué palabra de la segunda columna asocia Ud. con una de la primera?

1. el sol	a. Dios
2. la pesca	b. el brujo
3. entregar	c. la sombra
4. temible	d. la caza
5. el milagro	e. dar
6. el fuego	f. el volcán
7. habitar	g. el náufrago
8. la balsa	h. vivir
9. el rey	i. la tribu
10. el indio	j. el reino

C. ¿Qué acciones de la primera columna se asocian con los sustantivos de la segunda?

1. volar	a. el placer
2. atreverse	b. el guardia
3. plantar	c. el avión
4. gozar	d. el agua
5. dormir	e. el héroe
6. sumergir	f. la cosecha
7. vigilar	g. el sueño
8. soportar	h. el movimiento
9. amar	i. el cariño
10. atar	j. la columna
11. acercarse	k. los cordones de los zapatos

D. Defina brevemente en español.

1. el cacique	4. el primogénito
2. la justicia	5. el reino
3. lanzarse	6. el reflejo

◪ CUYANA: Parte 1 ◪

No individual author can be credited with the creation of "Cuyana." Like all legends and folktales, it is the product of collective creation, with one generation after another polishing and refining the style and details of the story. This particular version was transcribed by Carlos Villasís Endara, but its authors are all of the anonymous storytellers who passed the legend of the Indian princess down to their children and their grandchildren.

PEQUEÑO GLOSARIO DE TERMINOS INDIOS

Cuyana **Amada**	Pacarina **Aurora**	Apu **Caudillo**
Manta **costas de una región del Ecuador**	Inti **Sol**	Agllashca **Escogido**
	Millanaypag **Abominable, feo**	Quilla **Luna**
Cuyaypag **Amable**	Cachashca **Enviado**	

Más antes que antes, cuando la tierra era grande y pocos los hombres que en ella habitaban; cuando el cielo era más transparente, y las aves y los animales dueños del aire y de los bosques; cuando los ríos eran niños juguetones en la hierba, y los peces, ágiles flechas de luz; cuando el mar dócilmente lamía con su espuma las playas y las montañas se iluminaban con el azul misterio de la distancia...

En aquella época, en que la tierra aún no soportaba el peso° de las *weight*
grandes ciudades ni se la decoraba con cicatrices de caminos, en las costas de Manta vivía el Cacique Cuyaypag con su esposa Pacarina. La justicia y la bondad que imponía el Cacique en todos sus actos se reflejaban en el respeto y el cariño que todo el pueblo le guardaba. La caza y la pesca, así como la cosecha de infinita variedad de frutos silvestres, eran la alimentación y motivo de distracciones y fiestas entre sus habitantes.

Cuyana

La felicidad del Cacique se vio colmada° con el nacimiento de su primogénita: bella como el reflejo del sol en las aguas. Admirados de tanta gracia, los dos príncipes decidieron (←) ofrecerla como ahijada al buen Padre Inti, para que él fuera (← ser) quien protegiera (←) a la tierna princesita.

De todos los confines° llegaron (←) las varias familias de la tribu, con presentes de flores, frutos y peces, para la gran celebración.

A la hora en que el sol limpia de sombras la tierra, salió (←) toda la tribu en procesión hacia° el límite de las aguas. Acunándola° en sus brazos, el Cacique Cuyaypag sumergió (←) a la princesita en las pequeñas olas, y luego la levantó (←) sobre todas las cabezas, entre una nube de pétalos de flores, y la ofrendó (←) al Padre Inti. En ese instante, en medio° del silencio, una suave brisa agitó susurrante la cabellera de los cocoteros° y claramente se escuchó (←) el nombre que llegaba del cielo: ¡Cuyana…!

El tiempo transcurrió° plácidamente entre el amor y la dicha que entregaban los príncipes y su pueblo a la princesita. Las aves, con sus multicolores destellos, se deslizaban° del cielo y acompañaban con sus trinos los paseos de Cuyana por los vericuetos° del bosque y sus arroyuelos, el mar salpicaba° la playa de estrellas, y todos los animales le servían de juguetes y de guardianes en la siesta.

Y el buen Padre Inti, desde arriba, vigilaba.

La belleza y gracia de la princesita Cuyana se transmitió (←) de boca en boca por todos los confines del reino y se extendió (←) como el eco más allá

se… reached its high point

partes

toward / Cradling her

en… amid
agitó… whispered through the coconut fronds
pasó (←)

se… slipped out of
rough parts
sprinkled

de la tierra conocida, subió las montañas hasta los cristales de hielo° y descendió (←) a los valles perdidos.

subió... *climbed the mountains up to the icy crystals* ?

Jóvenes príncipes y valientes guerreros de tribus y aldeas° remotas se lanzaron (←) a la aventura de cruzar selvas impenetrables, atravesar torrentes y precipicios, afrontar los rigores del frío y las alturas cegadoras del páramo° para tratar de llegar al reino del Cacique Cuyaypag y gozar con sus propios ojos de belleza tan ponderada.

cruzar... ? *(guess the main idea of this phrase)*

En las cavernas más profundas del volcán Cotopaxi, encargado de alimentar° el fuego que, de cuando en cuando, lanzaba sus agudas flechas contra el cielo, con sordos rugidos° y grandes rocas que se estrellaban° sobre la tierra, vivía solitario el gigantesco brujo Millanaypag. Su nombre era temido por los pocos pueblos que habitaban en las faldas de las montañas y, periódicamente, para calmarlo, le ofrecían las muchachas más hermosas, los frutos más maduros y la caza más grande.

encargado... *charged with keeping alive* sordos... *dull roars /* ?

Hasta él llegaron (←) el nombre de la princesita Cuyana y la noticia° de los atributos de belleza que la adornaban. Sabiéndose (ᘉ) poderoso y temible, decidió (←) que la princesita debía ser suya y alegrar su terrible reino. Selló° con grandes rocas la entrada a las cavernas y aumentó (←) el fuego del volcán para atemorizar° aún más a quien se atreviese (←) a subir hasta sus dominios durante su ausencia. Usando (ᘉ) palabras mágicas, que únicamente él y los espíritus negros que habitan el centro de la tierra entendían, se transformó (←) en un inmenso cóndor y se elevó (←) en el aire como un fantasma que ensombrecía° la tierra. El batir° de sus alas, rasgando° el cielo, generaba fuertes vientos que desgajaban° los árboles en medio de oscuras nubes de polvo; caudalosos ríos y densos bosques quedaron (←) destruidos, formando (ᘉ) un ancho camino de ruinas.

news

He sealed

scare

darkened / ? *scraping / broke off*

Comprensión

A. Escoja la respuesta correcta según el cuento.

Hace (*mucho/poco*[1]) tiempo, el Cacique Cuyaypag y su esposa (*Cuyana/Pacarina*[2]) vivían en las costas de Manta. El pueblo (*odiaba/amaba*[3]) mucho al Cacique porque todos vivían (*bien/mal*[4]) gracias a la caza y la pesca (*abundantes/escasas*[5]) del reino. La (*felicidad/tristeza*[6]) del Cacique y su esposa aumentó (←) aún más con el nacimiento de (*Cuyana/Inti*[7]). Para mostrar su emoción, los padres la (*dedicaron/sacrificaron* (←)[8]) al Padre (*Inti/Millanaypag*[9]). Antes y después de la ceremonia el Padre reveló (←) que estaba (*furioso/contento*[10]) con lo que pasaba. Muchos (*príncipes/animales*[11]) querían venir al reino de Cuyaypag, porque habían oído° hablar de la (*belleza/fealdad*[12]) de Cuyana.

habían... *they had heard*

Millanaypag era un (*cacique/brujo*[13]) y la gente del reino de Cuyaypag y de otros reinos lo (*temían/admiraban*[14]). El quería (*casarse con/matar a*[15]) la princesa Cuyana.

B. Conteste las preguntas según la lectura.

1. Utilizando lo que Ud. sabe de las leyendas y los cuentos folklóricos, ¿qué cree que va a hacer Millanaypag? ¿Qué impacto va a tener esto en la vida de Cuyana? ¿Cree Ud. que el cuento va a terminar felizmente o no? Explique.

2. Según la información que Ud. tiene hasta este punto en el cuento, ¿qué puede representar Millanaypag? ¿y Cuyana? ¿y la tierra donde vive ella con Cuyaypag?

◪ CUYANA: Parte 2 ◪

Mientras tanto, ajena a lo que ocurría en otras tierras por causa de su belleza, Cuyana seguía entregada a amar a su pueblo y a gozar de su libertad.

En uno de sus largos paseos por la playa, luego de un refrescante baño, se tendió (←) sobre una roca, a gozar del juego de las olas sobre la tersa piel de la arena. A lo lejos,° creyó (←) distinguir, sobre la cresta de una ola más grande, un bulto indefinible que se hundía y se elevaba mientras se acercaba a la orilla. Curiosa por adivinar qué sería, se paró° sobre una roca más alta y pudo (← poder) reconocer el cuerpo de un hombre. Pensando (Ɱ) solamente en ayudarlo, bajó (←) de su mirador y se lanzó (←) a la carrera° a la playa. Decidida a todo, se internó (←) en el mar y, cuando el agua le llegaba al pecho, pudo (← poder) asir° a tan extraño náufrago.

A... *In the distance*

Curiosa... *Curious to see what it might be, she stood up*
a... *running*

?

Ya en tierra, y luego de desatarlo del resto de la destrozada balsa a la que se había atado,° lo puso (← poner) boca arriba y trató (←) de re- animarlo. Los ojos de la princesita demonstraban muda sorpresa al mirar al joven náufrago, comprendiendo (ᴎ) que nunca había visto° un hombre tan hermoso y diferente a todos los de su reino que eran compañeros de juego. Llena de admiración, continuaba mirándolo (ᴎ) y, cuando el joven des- conocido abrió (←) los ojos y sus miradas se encontraron,° sintió (←) que algo diferente e incomprensible se posaba° en su corazón y aleteaba° por todo su cuerpo. El joven le sonrió (←) y con un susurro° alcanzó° a pro- nunciar: ¡Cuyana...!, para luego caer en un dulce sueño.

Y el buen Padre Inti, desde el cielo, vigilaba....

Los cuidados y atenciones de la princesita y de sus padres lograron° salvar la vida del joven. Después de algún tiempo pudo (← poder) le- vantarse del lecho° y emprender° cortos paseos en compañía de la amorosa presencia de Cuyana.

Ya restablecido, solicitó (←) ser recibido por el Cacique Cuyaypag para explicarle el motivo de su presencia y de su extraña llegada al reino. Dijo (← decir) llamarse Cachashca y ser hijo del Apu Agllashca, cuyo° reino estaba más allá del misterio de las aguas, en unas bellas y grandes islas. Que hasta sus tierras, llevado por el viento y por las olas, llegó (←) el nombre de la princesita Cuyana, y que él deseó (←) conocerla y hacerla su esposa. Con la autorización de su padre preparó (←) una gran comitiva° con her- mosos presentes y sobre varias balsas empezaron (←) su largo viaje por el mar. El viento y las aguas favorecieron (←) el viaje. Luego de mucho tiempo, cuando sentía que pronto llegaría° a su destino, un gran pájaro, que oscureció° el cielo, se lanzó (←) sobre las balsas y las hizo zozobrar.° Que él se salvó (←) de milagro y cuando creía que se habían perdido° todas las esperanzas, despertó (←) con las caricias° de la princesa soñada.

El Cacique Cuyaypag, su esposa Pacarina y la princesita Cuyana, que habían escuchado° atentamente la terrible aventura, derramaron° (←) lágri- mas de felicidad por la salvación del príncipe Cachashca. Cuyana abrazó° a sus padres y les rogó° que aceptaran (←) al joven príncipe como su esposo, ya que el milagro de su salvación era un buen augurio° de acep- tación del Padre Inti. El Cacique reconoció (←) como un mensaje este milagro y lo aceptó (←) como futuro esposo de su hija....

El brujo Millanaypag, dedicado a destruir a todos aquellos príncipes y guerreros que se habían lanzado a° la aventura de llegar hasta el reino del Cacique Cuyaypag para conocer a la hermosa princesita, creyendo (ᴎ) que él era el único aspirante que quedaba,° recobró° su forma natural para presentarse ante el Cacique.

Su sorpresa fue (← ser) grande al ver que todo el reino estaba vestido para alguna importante celebración. En principio creyó (←) que toda esta fiesta se debía a su llegada, ya que su nombre y su temible poder eran conocidos por todos. Pero cuando su gigantesca figura era reconocida, hombres y mujeres cesaban en sus danzas y se retiraban temerosos.

Llegó (←) hasta la plaza principal y, a grandes voces,° ordenó (←) que el Cacique viniera (← venir) hasta su presencia.

se... he had tied himself

había... she had seen

se... met

se... was alighting / was fluttering
whisper / he managed

succeeded in

__?__ / try

whose

retinue

he would arrive

darkened / las... made them sink
se... had been lost
caresses

habían... had heard /
__?__
hugged
begged
omen

se... had set off on

remained / returned to

a... in a loud voice

Cuyaypag, rodeado° por los más ancianos del reino, salió (←) al en- *surrounded*
cuentro del brujo, para averiguar el motivo de su presencia e invitarle a la
celebración del matrimonio de su hija Cuyana con el príncipe Cachashca.

La sorpresa de Millanaypag al conocer que el príncipe Cachashca no
había muerto° en el mar, se transformó (←) en furia al saber que había *no... hadn't died*
llegado° tarde y que Cuyana ya estaba casada. Ordenó (←) que la princesita *había... he had arrived*
le fuera entregada° inmediatamente o, de lo contrario, destruiría° el reino *le... be handed over to him / he would destroy*
y todos sus habitantes serían° sus esclavos. *would be*

El Cacique Cuyaypag, sin atemorizarse° ante esta amenaza,° le indicó *becoming afraid / threat*
(←) que el matrimonio se había realizado° con la bendición del Padre Inti, *se... had occurred*
y que él vigilaba desde el cielo.

El brujo, cegado por la ira° ante la intrusión del Padre Inti, juró° que lo *cegado... blind with rage / swore*
desafiaría° destruyendo (〰) este reino y todos los demás reinos que *he would defy*
existían sobre la tierra.

Con su extraño poder se volvió a transformar en° cóndor y voló (←) *se... he again turned into*
hasta donde se une el agua con el cielo. Llamó (←) en su ayuda a todos los
espíritus negros que habitan el centro de la tierra y a los espíritus verdes que
viven en el fondo del mar, para elevar el nivel° de las aguas e inundar° el *level / __?__*
mundo. Con tan poderosa ayuda, las aguas empezaron (←) a elevarse y sus
grandes olas, impulsadas por fuertes vientos, se lanzaron (←) sobre las
playas.

El Padre Inti, que desde el cielo vigilaba, decidió (←) castigar° a quien *to punish*
se atrevía a desconocer su mandato y descendió (←) sobre el malvado brujo
para hundirlo en las mismas aguas con las que pretendía destruir la tierra.

El enorme calor que despedían sus rayos vengadores° transformaron (←) en vapor° las enormes olas, que ascendieron (←) al cielo a formarse en nubes....

que... that his vengeful rays gave off steam

Por esta razón, desde aquella época, el buen Padre Inti creó° los días y las noches, ya que siempre desciende del cielo para hundir al brujo Millanaypag en el fondo de las aguas, y mientras se encuentra en esta misión, un reflejo de él mismo— la buena diosa Quilla—permanence vigilante en el cielo.

created

DESPUES DE LEER

Comprensión

A. Identifique a los personajes de la obra, poniendo al lado de cada nombre de la lista A todas las letras de la lista B que le correspondan. ¡OJO! Es posible usar una letra más de una vez.

A	B	
_____1. Cuyaypag	a. un brujo	g. un héroe
_____2. Pacarina	b. bello	h. un padre
_____3. Cuyana	c. una madre	i. un cóndor
_____4. Cachashca	d. una esposa	j. el sol
_____5. Millanaypag	e. una hija	k. valiente
_____6. Inti	f. un dios	l. un cacique

B. ¿Cierto (**C**) o falso (**F**)? Corrija las oraciones falsas.

_____1. Cuyana saca a Cachashca del agua un día cuando ella pasea por la playa.

_____2. Cachashca iba en un viaje de exploración y de comercio cuando sus balsas naufragaron (←).

_____3. Los padres de Cuyana aceptan a Cachashca como marido de Cuyana porque creen que el Padre Inti está a favor del matrimonio.

_____4. El brujo Millanaypag sabía que Cuyana salvó (←) a Cachashca y llegó (←) a la fiesta preparado a impedir su matrimonio.

_____5. Millanaypag se pone furioso y decide destruir a todos con una gran inundación de aguas.

_____6. El padre Inti interviene y destruye totalmente al brujo Millanaypag.

C. Reconstruya las dos partes de la historia de Cuyana, poniendo en el orden correcto las siguientes oraciones. Luego conjugue los verbos entre paréntesis en el imperfecto.

PARTE 1 (1–8)

_____En las cavernas del volcán (*vivir*) el gigantesco brujo Millanaypag.

_____Jóvenes príncipes y valientes guerreros se lanzaron (←) a toda clase de aventuras y peligros para ver a la bella princesa.

_____ El cacique ofreció (←) a su hija al padre Inti y le pidió (←) su protección.

_____ Cuyana (*ser*) bella como el reflejo del sol en las aguas.

_____ Más antes que antes el mundo (*ser*) hermoso y los animales y las aves (*vivir*) felices.

_____ Millanaypag decidió (←) que Cuyana (*deber*) ser su esposa y se transformó (←) en un inmenso cóndor para ir a raptarla.

_____ El Cacique Cuyaypag y su esposa Pacarina se alegraron (←) mucho cuando nació (←) su hija Cuyana.

_____ Los jefes de la región de las costas de Manta se (*llamar*) Cuyaypag y Pacarina.

PARTE 2 (1–9)

_____ El Cacique Cuyaypag aceptó (←) a Cachashca como futuro esposo de su hija.

_____ El brujo (*pensar*) que todos los otros aspirantes (*estar*) muertos y que la fiesta (*ser*) para él.

_____ Un día mientras Cuyana se (*pasear*) por la playa, vio (←) a un joven náufrago en el mar y lo salvó (←).

_____ Se puso (← poner) furioso cuando descubrió (←) que Cachashca todavía (*estar*) vivo y que Cuyana ya (*estar*) casada.

_____ El Padre Inti castigó (←) a Millanaypag durante una terrible batalla.

_____ El joven se (*llamar*) Cachashca y le explicó (←) que mientras (*viajar*) a las costas de Manta, un gran pájaro negro atacó (←) sus balsas.

_____ Cuyana y Cachashca se enamoraron (←).

_____ Esta batalla dio (←) como resultado la creación del ciclo del día y de la noche.

_____ Celebraron (←) su boda con una gran fiesta.

D. Con seis o siete palabras claves (*key*) de las listas del vocabulario, escriba un breve resumen (de dos o tres oraciones) de la lectura.

Discusión

1. PERSONAJES

¿Cuántos personajes aparecen en el cuento? ¿Son personajes complicados o no? ¿Qué representa cada personaje? De los atributos que siguen, ¿cuáles se pueden aplicar a los distintos personajes y cuáles no se pueden aplicar a ninguno? ¿Qué revela esta preferencia por ciertas características en vez de otras en la leyenda?

bello	trabajador	generoso
bueno	sensual	amable
cruel	valiente	tímido
neurótico	vengativo	irónico
feliz	elegante	rico
pobre	fuerte	intelectual
inteligente	débil	

2. AMBIENTE

   a. El ambiente de cualquier historia tiene muchas características, pero algunas características son más importantes que otras. Por ejemplo, todas estas características son típicas del ambiente de una novela (o película) del oeste:

los espacios abiertos	romántico	los *saloons*
árido	las vacas	el polvo (*dust*)
los caballos	violento	

   De estas características, ¿cuáles le parecen las más básicas o esenciales para una novela (o película) del oeste? ¿Por qué?

   b. ◘¡Necesito compañero!◘ Hagan una lista de todas las características del ambiente de la historia de Cuyana. Usen adjetivos o sustantivos, palabras o frases. Decidan cuáles de las características de su lista son las más esenciales. Por ejemplo, ¿cuáles parecen explicar o causar la presencia de otras características en su lista? ¿Es posible eliminar u omitir algunas características de la lista sin cambiar radicalmente la historia?

   c. ◘Entre todos.◘ Comparen las listas para tratar de llegar a un acuerdo sobre las características esenciales del ambiente. ¿Falta alguna característica importante o básica?

   d. Compare el ambiente de este mito con el de otros mitos o leyendas que Ud. conoce. ¿En qué se parecen y en qué se diferencian?

3. CONFLICTO

   Las leyendas y los mitos normalmente sirven tanto para explicar ciertos fenómenos naturales como para reforzar creencias o valores culturales.

   a. ¿Qué fenómenos naturales se explican en la historia de Cuyana? Identifique el lugar concreto en el cuento donde se encuentran estas explicaciones.

   b. ¿Qué valores o creencias culturales (o humanas) se exaltan? Piense, por ejemplo, en las características de los personajes y del ambiente, y en las relaciones entre los seres humanos y los dioses.

   c. En su opinión, ¿presenta la historia una visión positiva o negativa del hombre? Explique.

4. LENGUAJE

   Ud. ya sabe que en una leyenda se repiten ciertas frases cada vez que se nombra a un personaje. Estas frases se llaman *epítetos*. En inglés algunos epítetos conocidos son «Honest Abe» o William «The Refrigerator» Perry. ¿Cuáles son algunos de los epítetos utilizados en «Cuyana»? ¿Hay ciertas frases que se repitan cuando se menciona a Cuyana? ¿a Millanaypag? ¿a Inti? ¿a otros personajes?

Aplicación

1. ¿En qué sentido se puede decir que el cuento folklórico, la leyenda y la novela rosa tienen algunas características en común? Piense en el tipo de

lector que los lee, en los personajes, en el lenguaje y en los tipos de conflicto que contienen.

2. ¿Cree Ud. que las leyendas y el folklore tienen sentido dentro del mundo moderno o que son géneros muertos? Explique. ¿Puede Ud. nombrar algunas leyendas todavía populares en la cultura norteamericana? ¿Son leyendas conocidas por todos o forman parte de la herencia étnica o geográfica de ciertos grupos específicos?

3. Se dice que el folklore sirve para sintetizar los valores de una cultura. Piense en los siguientes cuentos de hadas (*fairy tales*) e identifique los valores que representan. ¿Cree Ud. que son valores generales de nuestra cultura o no?

The Three Little Pigs = **Los tres cochinitos**
Snow White and the Seven Dwarfs = **Blancanieves y los siete enanitos**
Little Red Riding Hood = **Caperucita Roja**
Pinocchio = **Pinocho**

CAPITULO TRES

CASTILLA, ESPAÑA

LA MUERTE Y
EL MUNDO DEL
MAS ALLA

ANTES DE LEER

Aspectos lingüísticos

More on Word Guessing

In Chapter 1 you learned how to recognize word meanings based on several common suffixes (**-ado, -ido, -tad,** and **-dad**). Three other suffix groups that will help you guess word meanings are superlatives, diminutives, and augmentatives.

SUPERLATIVES: **-ísimo**

This suffix is attached to adjectives or adverbs to give superlative meaning, expressing *very/extremely + adjective/adverb.*

> malo *bad*   → mal**ísimo** *extremely bad*
> lento *slowly* → lent**ísimo** *very slowly*

DIMINUTIVES: **-ito, -ico, -illo, -ín (-ina), -uelo**

Added to any word, the diminutive endings express smallness and/or affection. They correspond to English *-y* (*Bill → Billy*), but are used much more frequently in Spanish. The use of these endings, along with the way in which they are affixed to words, varies from region to region, with one form preferred within a particular area.

> perro *dog*   → per**rito** *little dog*
> abuela *grandmother* → abue**lita** *granny, grandma*
> pollo *chicken*   → poll**uelo** *chick*

Although all of these endings signify smallness, **-illo** expresses negativity or worthlessness as well. Compare **animalito** (*cute little animal*) with **animalillo** (*wretched, miserable animal*).

AUGMENTATIVES: **-ón (-ona), -azo, -ote (-ota), -acho, -ucho**

These suffixes connote largeness and/or a derogatory meaning. The **-acho/-ucho** endings imply only negative feelings.

> mujer *woman* → mujer**ona** *large, grotesque woman*
> silla *chair* → sill**ón** *large chair*
> libro *book*   → lib**razo**, lib**raco** *voluminous book (of little worth)*
> delgado *thin* → delga**ducho** *absurdly skinny*
> feo *ugly*   → fe**ote** *big and ugly*

Can you guess the meaning of the following words? ¡OJO! Included in this exercise are words with suffixes from Chapter 1.

particularidad	labrantín	modestísima
corralillo	reducido	resignado
cigarrillo	viejecito	pobrecita
serenidad		

Aproximaciones al texto

El papel del lector

In popular literature, the reader expects the text to follow certain conventions or patterns. In the romance novel, one expects a happy ending, with the hero and the heroine finally triumphant over external opposition to their union. In the folktale, one looks for an ending that explains some basic human or natural mystery. In this sense, the reader has a relatively passive role. The text gives him or her what is expected and this provides a pleasurable experience.

Even in the most conventional of texts, however, the reader must fill in certain "gaps" in the text. A soap opera generally follows the rules of the subgenre very closely, but it presupposes a large amount of knowledge on the part of its audience. Most of this knowledge comes from the cultural context. For example, if the leading male, a married man, begins to get rather friendly with a young female character who is not his wife, one knows that conflict will ensue because adultery is theoretically not accepted in U.S. culture. The clothes a character wears, the manner in which he or she speaks, the way characters walk—all of these factors communicate information that is not given explicitly in the text. On the basis of our experience within the culture, we complete the "text" by filling in the information that is suggested but not given.

This "completion" process is very much a part of our daily experience. In conversations, we constantly assume that the person to whom we are speaking (the interlocutor) shares certain basic information and assumptions with us and will respond to us appropriately. For example, in English we almost always ask others "How are you?" as a form of greeting, but we don't really expect to hear their complete health history; when someone really goes into the details of his or her personal health, we are surprised and irritated. The same assumptions govern aspects of mass advertising. Billboards communicate using very few words, assuming that the reader will be able to fill in the meaning using general contextual cues or cultural information assumed to be common knowledge.

Many kinds of literature require an active role on the part of the reader. Especially in modern texts written for an educated readership, the writer may address the reader directly and will often challenge him or her by purposely writing an "open" text. There may be no single way to read the text: the author purposely presents a variety of possibilities, and different readers will choose different interpretations or readings as most suitable to their own experience and tastes. Reading, then, is an interaction between the reader and the text. The reader cannot arbitrarily assign any meaning to the text, but neither is the text limited to a single meaning.

For this reason, the second time you read a text you may find a new and different meaning.

A. The following messages appeared on billboards in this country. What different meanings could they have? Which meaning is the most likely, given the context in which the message appears?

1. A billboard outside a bar/restaurant:
   Dancing Girls   Day/Night
2. A sign in front of a motel:
   TV Every Room   AC   Children Free
3. A billboard in front of a movie theater (some of the letters are missing):
   C _ or _ rple
   Mat _ nee $2
   3–5–7–9

B. Estudie los anuncios de las páginas 44–45 y conteste las preguntas.

1. ¿Qué producto se anuncia en cada uno?
2. ¿A qué clase de lector o comprador se dirige cada anuncio?

rico/pobre	urbano/rural
yuppie/no materialista	estudiante/profesional
viejo/joven	hombre/mujer

3. En cada anuncio, ¿qué información revela el tipo de «lector» a que se dirige el texto?
4. Compare el contenido de los anuncios.
5. ¿A qué ciudad se refiere el segundo anuncio? ¿Cómo se sabe esto?
6. ¿Qué valores se notan en cada anuncio?
7. ¿Qué información cultural es necesaria para entender los anuncios, es decir, para llenar los «huecos» (*gaps*)?

Prelectura

Some of the same processes you use in "reading" advertisements can be put to use when reading literary texts. In particular, you need to have confidence in your ability to fill in the gaps that often occur and to remember that there is no one single correct reading to a text. In the first story in this chapter, a lot of information is given but a lot more is left out. It is up to you to fill in the holes or gaps in the text. As you read, keep asking yourself why the author gives an overabundance of some types of information and why he hardly mentions other details that would normally be important in a story. Also ask yourself what effect or impact this has on you as a reader. Later you will have the chance to compare your interpretation with that of your classmates.

A. Lea el título del cuento. La palabra *labrantín* significa «campesino pobre». Luego estudie el dibujo que acompaña el cuento y prepare una lista de diez adjetivos que describan la vida de este hombre, tal como Ud. se la imagina. Después prepare una lista de diez verbos que describan sus actividades

SKIN-CARING.

QUITE POSSIBLY THE PUREST, CLEAREST, MILDEST, MOST RECOMMENDED CLEANSING BAR IN THE WORLD.

If you knew what we know, what beauty experts and dermatologists know, you would probably never wash your face with anything but Neutrogena.®

Neutrogena is naturally pure and clear. It liquifies instantly. And unlike soaps, creams and lotions, it washes off thoroughly.

Your skin is left clean and cared for. Not dry and tight, not robbed of needed moisture and oils.

Clinically tested and hypoallergenic, Neutrogena contains nothing that can harm your skin. No detergents, dyes, hardening agents, abrasives, harsh acid or free alkalis.

If you really care about your skin, Neutrogena is the only cleansing bar that makes sense to use. Available in Original, Dry and Oily Skin Formulas.

NEUTROGENA

In this city, more than just the streets are paved with gold.

diarias. Ahora piense Ud. en lo que sabe de la vida de un campesino y nombre diez sustantivos que serán (*will probably be*) importantes para el labrantín.

B. Since the story is about a farmer and farming, it contains some technical and regional words related to farming. Remember, you do not need to know the exact meaning of every word to understand the basic idea of the selection. In this reading, the first and last words of several series of unfamiliar words will be marked with this symbol: ▲. The words within the series will be in italics. Try to guess the category of things that have been named, rather than the specific equivalent of each item. In addition, the symbol ____?____ in the margin will remind you to use context to determine the general meaning of these words.

LECTURA

Vocabulario activo

apurar *to bother, upset*
el apuro *affliction, worry*
el campo *countryside; field*
cavar *to dig*
el corralillo *small yard, pen*
echar de menos *to miss (the presence of)*
echar una mano de conversación *to have a little chat (with)*
gobernar (ie) *to govern*
hacer daño *to hurt, do damage*

indiferente *indifferent*
labrar *to work, cultivate*
lamentar *to regret*
el lamento *regret*
el lector *reader*
el mozo *youth*
el muro *wall*
la oveja *sheep*
la pared *wall*
la pesadilla *nightmare*
el porvenir *future*
la puesta del sol *sunset*
resignado *resigned*

rezar *to pray*
sacar (de) *to get or take out (of, from)*
sencillo *simple*
sobrio *frugal, sober*
suspirar *to sigh*
el suspiro *sigh*
el tío *uncle; old man (colloquial)*

▣ VOCABULARIO PARA RECONOCER: LA COMIDA

la aceituna *olive*
el ajo *garlic*
la almendra *almond*

la cebolla *onion*
la legumbre *vegetable*

la nuez *nut; walnut*
la uva *grape*

A. Busque sinónimos en la lista del vocabulario.

1. el futuro 2. el muchacho 3. ayudar 4. la pared

B. ¿Qué palabra no pertenece al grupo? Explique por qué.

1. sencillo, sobrio, simple, rico
2. cavar, la cosecha, labrar, lamentar
3. el apuro, el suspiro, la oveja, la pesadilla

C. Busque antónimos en la lista del vocabulario.

   1. proteger
   2. el escritor
   3. tranquilizar
   4. poner en
   5. combativo

D. Defina brevemente en español.

   1. la puesta del sol
   2. el corralillo
   3. echar de menos
   4. gobernar
   5. el campo
   6. el tío
   7. rezar

⌐VIDA DE UN LABRANTIN⌐

Azorín is the pseudonym of José Martínez Ruiz (1873–1967), a Spanish novelist and critic who belonged to a group of writers known as the Generation of 1898 **(la Generación del 98).** *The year 1898 represented a low point in Spanish history—with the loss of Cuba and the Philippines in the Spanish-American War that ended in that year, the last vestiges of the Spanish empire disappeared. Azorín and his literary colleagues in the Generation of 1898 devoted most of their careers to analyzing the reasons for the empire's decline and to working for Spain's cultural regeneration. In many of their works, they focused on the countryside and people of Castilla, the region that is the geographical and historical heart of the Iberian peninsula.*

Voy a escribir la historia de un pobre hombre en pocas líneas. La primera particularidad de este hombre pobre es que no tiene nombre. Unos, para nombrarle, dicen «un hombre»; otros dicen «aquél»; unos terceros le llaman familiarmente «tío». Este pobre hombre, sin embargo, no es tío de nadie; en cuanto a° «un hombre», hombres hay muchos sobre la tierra; y respecto a «aquél», todos los hombres de la tierra pueden ser «aquél». Todo esto demostrará (→) al lector que este pobre hombre no es nada, no se distingue por nada; nadie le echará (→) de menos cuando se muera; no tiene ni siquiera° nombre.

    Vamos ahora con su habitación o morada.° Este hombre vive en el campo. Su casa está lejos de la ciudad. Su casa es pequeña, modestísima. La componen unos muros de argamasa,° una cama, unas sillas, una mesa y algunos trebejos° de cocina.° Detrás de la casa hay un corralillo de cuatro paredes de albarrada.° Esto parecerá (→) duro, molesto, cruel a los lectores acostumbrados al atuendo;° al pobre hombre no le parece ni bien ni mal; él vive indiferente, sin desear otra cosa.

en... as for

ni... not even
   ?

mortar
   ? / *kitchen*
earthen wall
luxury

---

1. Identifique cinco palabras claves en los dos primeros párrafos.
2. Con estas cinco palabras, escriba *una* oración que resuma la idea principal del texto hasta este punto.

3. ¿En qué sentido es este hombre similar a o diferente de la imagen de un
labrantín que Ud. tenía antes de empezar a leer?

La vida del pobre hombre es muy sencilla: se levanta antes de que el sol salga,° se acuesta dos o tres horas después de su puesta. En el entretanto,° él sale al campo, labra, cava, ▲*poda los árboles, escarda, bina, estercola, cosecha, sacha, siega, trilla, rodriga los majuelos y las hortalizas, escarza tres o cuatro colmenas que posee*▲. No muele° la aceituna porque no tiene trujal,° ni pisa la uva porque no cuenta con jaraíz.° Vende la aceituna y la uva a algunos especuladores «a como quieran° pagársela». La comida de este pobre hombre es muy sobria: come legumbres, patatas, pan prieto,° cebollas, ajos, y alguna vez, dos o tres al año, carne; una almuercada° de nueces o de almendras es su más exquisito regalo. Los ratos° en que el trabajo le deja libre, el pobre hombre echa una mano de conversación con algún otro hombre tan pobre como él, y va mientras tanto labrando ▲*unas brazadas de pleita o de tomiza*▲. Las cosas de que habla son bastante vulgares:° habla del tiempo, de la lluvia, de los vientos, de las heladas,° de los pedriscos.° Algunas veces recuerda también alguna cosa insignificante que le pasó en la juventud.° Los conocimientos del pobre hombre se reducen a bien poco: barrunta° por las nubes si va a llover; sabe, poco más o menos, los cahices de grano° que dará (→) ésta o la otra haza,° y la porción de tierra que entra en la huebra que un par de mulas puede labrar en un día;[1] conoce si una oveja está enferma o no lo está; tiene noticia de todas las hierbas y matujas° del campo y de los montes: ▲*el cantueso, el mastranzo, la escabiosa, el espliego, la mejorana, el romero, la manzanilla, la salvia, el beleño, la piorna*▲; distingue por sus ▲*plumajes, píos y trinos*▲ a todos los pájaros de las campiñas: ▲*la cardelina, la coalla o codorniz, el carabo, la totovía, el herreruelo, la picaza, el pardillo, los zorzales, la corneja, el verderón*▲. Sus nociones políticas son harto° vagas, imprecisas; ha oído (←) decir alguna vez algo de los señores que gobiernan, pero él no sabe ni quiénes son ni qué es lo que hacen. Su moral está reducida a no hacer daño a nadie y a trabajar todo lo que pueda.

Algunas veces viene una mala cosecha, se muere una mula, cae enferma una persona de la familia o no hay dinero para pagar la contribución.° El pobre hombre no se derrama° en lamentos ni maldiciones;° él dice: «¡Ea! ¿Qué le vamos a hacer? Dios dirá (→ decir); Dios nos sacará (→) del apuro». El pobre hombre sonríe resignado, saca su petaca mugrienta,° lía° un cigarrillo, sacude° las manos y se pone a fumar.°

Margin glosses:
salga,° *comes out* / entretanto,° *meantime*
muele° *?* / trujal,° *grind / oil press*
jaraíz.° *no... he has no wine press*
quieran° *a... at whatever price they like*
prieto,° *negro*
almuercada° *bunch*
ratos° *cortos períodos de tiempo*
vulgares:° *? / commonplace*
heladas,° *freezes* / pedriscos.° *hailstones*
juventud.° *?*
barrunta° *he guesses*
cahices de grano° *cahices... bushels of grain* / haza,° *piece of land*
matujas° *?*
▲...▲ *?*
▲...▲ *?*
harto° *? / quite*
contribución.° *taxes*
derrama° *se... waste himself* / maldiciones;° *?*
petaca mugrienta,° *petaca... grimy tobacco pouch / ?* / lía° / sacude° *shakes off* / fumar.° *se... begins to smoke*

---

1. Identifique cinco palabras claves en los dos párrafos anteriores.
2. Con estas cinco palabras, escriba *una* oración que resuma la idea principal del texto hasta este punto.

El pobre hombre es ya viejecito. Su mujer es también viejecita. Han tenido (←) tres hijos; uno de ellos murió en la guerra de Cuba;[2] otro, que

---

[1] porción... *amount of land that a pair of mules can plow in a day*

[2] **La guerra de Cuba** is the name that the Spanish give to the Spanish-American War and to the period of conflict with Cuba immediately before it.

era mozo de estación, pereció° también, aplastado° entre dos topes.° El tercero era una moza garrida;° un día se fue con su novio a la capital y no volvió más. El pobre hombre, alguna vez, cuando se acuerda de° todo esto, da un suspiro; pero pronto se anima, sonríe y exclama lo que siempre: «¡Ea! ¿Cómo ha de ser°? Dios lo ha dispuesto° así».

El pobre hombre no tiene idea ninguna sobre el porvenir. El porvenir es la pesadilla y el tormento de mucha gente. El pobre hombre no se preocupa del mañana. «Cada día trae su cuidado,° dice el Evangelio.° ¿No tenemos bastante con el cuidado de hoy? Si nos preocupamos del de° mañana, ¿no tendremos (→ tener) dos en vez de uno?» El pobre hombre vive sin esperanzas y sin deseos. Su espectáculo son las montañas, el campo, el cielo.

Andando (ᔑ) el tiempo morirá (→) el pobre hombre o morirá (→) antes su mujer. Si muere él antes, su mujer se quedará° sola. Su mujer rezará (→), y suspirará (→); se irá (→) acaso° al pueblo; será (→) pobrecita y pedirá (→) con sus manos pajizas° a los transeúntes.° Si muere su mujer la primera, él se quedará (→) también solo; su bella° resignación, su bella serenidad, no se apartarán (→) de él. Un suspiro vendrá (→ venir) de tarde en tarde a sus labios, y luego él exclamará (→) : «¡Ea! ¿Qué le vamos a hacer? Todo sea por Dios°».

murió / __?__ / *train bumpers*
guapa
se... *he remembers*
¿Cómo... *How else could it be?* / ha... *has arranged*
preocupación / Biblia
del... *about that of*
se... estará (→)
tal vez
leftovers / gente que pasa
bonita
Todo... *God's will be done.*

Comprensión

A. Escoja cinco palabras claves en los tres últimos párrafos de la lectura. Luego compare su lista con la de un compañero de clase. Seleccione cinco palabras de las dos listas y úselas para escribir un resumen del fragmento.

B. Conjugue los verbos subrayados y elija la respuesta correcta de las que se dan entre paréntesis.

1. El pobre hombre no tener (*nombre/hijos*).
2. El hombre vivir lejos de la (*ciudad/campo*).
3. Su casa (*ser/estar*) modesta.
4. El pobre hombre (*ser/estar*) experto en (*el clima/la política*).
5. El y su mujer tener tres hijos pero (*uno/dos/tres*) morir.
6. Cuando esto ocurrió, el pobre hombre (decir), «¿Qué le vamos a hacer?»
7. Si (morir) su mujer antes que él, el hombre va a (*ser/estar*) solo.

C. **¡Necesito compañero!**

1. Hagan una lista de por lo menos veinte adjetivos que describan al pobre hombre. Luego reduzcan la lista a los diez adjetivos más importantes. Comparen su lista con la de otros grupos para ver si omitieron algún adjetivo esencial.

2. Hagan lo mismo con veinte verbos que describan las actividades más típicas del labrantín.

Discusión

1. Azorín dice que su protagonista no tenía nombre. Más tarde dice que «no es nada». ¿Quiere decir Azorín que este hombre no era importante? ¿Por qué no le da nombre?

2. En este cuento Azorín nos da mucha información sobre algunos aspectos de la vida del protagonista. ¿Sobre qué aspectos nos da mucha información? ¿Sobre qué otros aspectos nos da muy poca información? ¿Cómo reaccionarían (*would react*) los siguientes lectores a esto: (a) otro campesino, (b) un español urbano, (c) un lector urbano de los EEUU?
En «Sombras del pasado» se sabe mucho de la vida emocional de la protagonista. ¿Pasa lo mismo en «Vida de un labrantín»? ¿Qué nos dice esto de los «huecos» que es necesario llenar al leer el texto?

3. Busque las dos ocasiones en que Azorín menciona al lector en los dos primeros párrafos. ¿Qué relación se establece entre el lector y el protagonista con estas dos frases? ¿Qué siente Ud. como lector al leer estas palabras? ¿Para qué clase de lector escribe Azorín? ¿A qué clase social pertenece y dónde vive? ¿Qué información incluye Azorín para este lector?

4. ¿Qué actitud crea este texto en el lector con respecto al labrantín? ¿Nos parece simpático o antipático? ¿digno de respeto o de compasión? Justifique su respuesta.

5. Tanto en «Vida de un labrantín» como en «Cuyana», se describe la naturaleza. ¿Cómo difieren los dos cuentos en su tratamiento de la naturaleza y en qué se diferencia el impacto que las descripciones hacen en el lector?

6. ¿Es fatalista, realista o idealista el protagonista del cuento? ¿Tiene Ud. una filosofía semejante? ¿Cuáles son las ventajas de la filosofía del labrantín? ¿Cuáles son las desventajas? ¿Cree Ud. que los fatalistas son más o menos felices que los que no lo son? ¿Cree Ud. que el «pobre hombre» era feliz? ¿En qué situaciones cree Ud. que es mejor resignarse? ¿En cuáles es mejor resistir o luchar?

7. El pobre hombre vivía en el campo en una época en que no había televisión ni otros medios modernos de comunicación. ¿Qué impacto tuvo esto en su vida? ¿Cree Ud. que hoy en día haya gente que viva así? ¿En qué países?

8. Sabemos que el pobre hombre era viejo. ¿Es su actitud más propia de la vejez que de la juventud? ¿Es más propia de la gente poco educada? ¿de la gente poco religiosa?

9. Distintos lectores reaccionarían (*would react*) de distintos modos a este cuento. ¿Cómo cree Ud. que reaccionarían los siguientes lectores? Explique su respuesta.

   a. un campesino
   b. un viejo
   c. un niño
   d. un aficionado a las novelas de aventuras
   e. una persona rica de Nueva York

LECTURA

Prelectura

Estudie el dibujo que acompaña el cuento. ¿Quién aparece en el dibujo? ¿Qué sabemos de él por su ropa, los objetos que lo rodean y el sitio en que se encuentra? En su opinión, ¿qué va a pasar en el cuento? ¿Va a ser triste, divertido o serio?

Vocabulario activo

la cerca *fence*	**el juguete** *toy*	**tirar** *to throw*
crecer *to grow*	**el pozo** *well*	**el traje** *suit; outfit*
ha crecido *has grown*	**la rodilla** *knee*	**la valla** *fence*

Complete las oraciones en una forma lógica, usando la forma correcta de las palabras de la lista del vocabulario.

1. Para que los niños no salgan a la calle, van a construir _____ alrededor del jardín.
2. No tienen agua corriente (*running*). Tienen que sacar el agua de _____ .
3. El pobre no puede caminar. Se cayó y se rompió _____ .
4. Vi al niño por última vez hace más de un año. ¡Cuánto _____!
5. ¡Niños! ¡No deben _____ sus _____ en el suelo! ¡Los van a destruir!
6. Los hombres de negocios suelen llevar _____ de color gris.

▣ EL NIÑO AL QUE SE LE MURIO EL AMIGO ▣

Ana María Matute (1926–) is a contemporary novelist and short story writer from Spain. Like many of her stories, the following selection— taken from the collection Los niños tontos—*deals with children.*

Una mañana se levantó y fue a buscar al amigo, al otro lado de la valla. Pero el amigo no estaba, y, cuando volvió, le dijo la madre: «El amigo se murió. Niño, no pienses más en él y busca otros para jugar». El niño se sentó en el quicio° de la puerta, con la cara entre las manos y los codos en las rodillas. «El volverá (→)», pensó. Porque no podía ser que allí estuviesen las canicas,° el camión y la pistola de hojalata,° y el reloj aquel que ya no andaba,° y el amigo no viniese° a buscarlos. Vino la noche, con una estrella muy grande, y el niño no quería entrar a cenar. «Entra, niño, que llega el frío», dijo la madre. Pero, en lugar de entrar, el niño se levantó del quicio y se fue en busca del amigo, con las canicas, el camión, la pistola de hojalata y el reloj que no andaba. Al llegar a la cerca, la voz del amigo no le llamó, ni le oyó en el árbol, ni en el pozo. Pasó buscándole (ᴍ) toda la noche. Y fue una larga noche casi blanca, que le llenó° de polvo el traje y los zapatos. Cuando llegó el sol, el niño, que tenía sueño y sed, estiró° los brazos, y pensó: «Qué tontos y pequeños son esos juguetes. Y ese reloj que no anda, no sirve para nada». Lo tiró todo al pozo, y volvió a la casa, con mucha hambre. La madre le abrió la puerta, y dijo: «Cuánto ha crecido este niño, Dios mío, cuánto ha crecido». Y le compró un traje de hombre, porque el que° llevaba le venía° muy corto.

(door)jamb

estuviesen... were the marbles / tin plate / funcionaba
no... wouldn't come

covered

stretched

el... the one that
era

Comprensión

A. Identifique cinco palabras claves en la lectura.

B. Usando estas cinco palabras escriba una o dos oraciones que resuman el argumento (*plot*) del texto.

C. Conteste las preguntas según la lectura.

1. Cuando el niño se levantó, ¿a quién fue a buscar?
2. ¿Por qué no lo encontró?
3. ¿Qué consejo le dio su madre?
4. ¿Por qué no siguió el consejo?
5. ¿Qué hizo el niño durante la noche?
6. ¿Qué descubrió la madre cuando su hijo volvió a casa?

Discusión

1. El protagonista de este cuento no tiene nombre. ¿Qué impacto tiene esto sobre el lector?
2. ¿Qué filosofía revela el niño en el cuento? ¿Es fatalista como el protagonista de «Vida de un labrantín»? ¿Prefiere Ud. la filosofía del labrantín o la del niño? ¿Qué filosofía tiene la madre del niño?
3. La autora expresa la importancia que tiene la muerte del amigo cuando dice que el protagonista «ha crecido». ¿En qué sentido es verdad esto? En nuestra cultura, ¿se considera que la muerte de un amigo o familiar es una experiencia formativa? ¿Puede nombrar Ud. alguna experiencia en su propia

vida que le hizo «crecer»? ¿Cuáles son algunas de las experiencias que ayudan a las personas a «crecer»?

4. En este cuento se concentra en datos exteriores a la acción. Todo se ve como en una serie de fotografías o en una película. Pero la verdadera historia tiene que ver con lo que pasa dentro del niño y el lector tiene que añadir esta información basándose en sus conocimientos y experiencias. Lea las siguientes oraciones y explique lo que significan para el desarrollo interno del niño.

a. El niño se sentó en el quicio de la puerta, con la cara entre las manos y los codos en las rodillas.
b. Vino la noche, con una estrella muy grande, y el niño no quería entrar a cenar.
c. Pasó buscándole toda la noche.
d. Lo tiró todo al pozo, y volvió a la casa, con mucha hambre.
e. Y le compró un traje de hombre, porque el que llevaba le venía muy corto.

LECTURA

Aspectos textuales: poesía

Reading poetry, like reading other types of literature, requires special skills. In the **Aspectos textuales: poesía** sections of this text, you will learn a number of techniques that will help you to read poetry with greater ease and to appreciate it more fully. In later chapters, you will practice all these separate poetry reading skills together, applying them to several poems.

Types of Poetry

Much of modern poetry belongs to the genre called *lyric poetry*—that is, it tends to focus on the personal, emotional significance of themes like love, death, beauty, and time. Whereas *epic poetry* narrates heroic exploits and historical events on a grand scale (the *Odyssey*, for example), lyric poetry seeks to communicate individual feelings and states of being.

Connotation Versus Denotation

One of the most important things to keep in mind when reading poetry is the difference between connotation and denotation. *To denote* is *to mean, to be a name or a designation for:* in English, for example, the word that denotes the four-legged domestic animal that barks is *dog*. The denotation of a word is its standard dictionary definition.

On the other hand, *to connote* is *to signify* or *to suggest*. To some people, the word *dog* connotes the feelings of warmth or friendliness. For others, however, *dog* may connote ferocity or danger.

In general, a word's denotation is fixed by the language itself. In contrast, a word's connotations depend on the context in which it occurs and on the individual speaker/reader.

Although the distinction between connotation and denotation is applicable to all kinds of literature, it is essential for understanding poetry. The kind of vocabulary guessing you have learned to do with prose selections is less useful when you are reading poetry. Even if you know a single meaning of a word, you need to consider all the possible connotations of that word in the general language or in the poet's individual language. In addition, your feelings about the word will be conditioned by your own personal experiences and attitudes.

Give the denotation and possible connotations of the following words.

1. madre   3. paloma   5. río
2. amanecer   4. nube   6. tempestad

Now read the following brief selections twice. Then examine the italicized words carefully and give their denotation and their possible connotations. In this exercise, only unfamiliar verb tenses are glossed for you. It will be necessary to look up unfamiliar vocabulary.

> *Hermano*, tú que tienes la *luz*, dime la mía.
> *Soy como un ciego.*
> *Voy sin rumbo y ando a tientas.*
> Voy bajo *tempestades y tormentas*
> Ciego de ensueño y *loco de armonía.*
>
> (Rubén Darío, «Melancolía»)

> Hoy la *tierra* y los *cielos me sonríen,*
> hoy llega al fondo de mi alma *el sol,*
> hoy *la* he visto°..., la he visto y me ha mirado°...   he... *I saw* / ha... *she looked*
> ¡*Hoy creo en Dios*!
>
> (Gustavo Adolfo Bécquer, «Rima XVII»)

Vocabulario activo

el alba (*f.*) *dawn*   **la estrella** *star*   **la paz** *peace*
el consuelo *consolation*   **la nodriza** *wet nurse*   **santo** *holy*

A. Complete las oraciones en una forma lógica, usando la forma correcta de las palabras de la lista del vocabulario.

1. Era una noche bonita. Había muchas _____ .
2. Cuando la madre murió, buscaron _____ para el bebé.

3. La pobre mujer lloró durante horas y nadie pudo darle _____ .
4. Nadie está a favor de la guerra. Todos queremos _____ .

B. Defina brevemente en español.

1. santo   2. el alba

◪ AL NIÑO ENFERMO ◪

Miguel de Unamuno (1864–1936), another member of the Generation of 1898, was an essayist, novelist, dramatist, philosopher, and poet. The following poem concerns one of his children, who died very young of encephalitis.

READING HINT: As you know, Spanish word order is much more flexible than that of English. The object can precede the verb, and the subject often follows the verb.

> Vi a Juan ayer.
> A Juan le vi ayer.   *I saw Juan yesterday.*

> Pedro y Juan vinieron.
> Vinieron Pedro y Juan.   *Juan and Pedro came.*

Now reorganize the words in the following stanza so that you can grasp the meaning more easily.

> Duerme, flor de mi vida,
>   duerme tranquilo,
> que es del dolor el sueño
>   tu único asilo.

This flexibility is very useful in poetry because it makes it easier for the poet to make lines rhyme. If a rhyme with **tranquilo** is desired, the last line can end with **asilo**. If a rhyme with **flor** is required, the last line could be rearranged to end with **dolor**. In neither case does the word order sound artificial or forced to a native speaker of Spanish. This flexibility of the Spanish language gives Spanish poetry a natural, flowing quality that sets it apart from English poetry, which is often perceived as being very different in tone and structure from spoken English.

Follow these suggestions as you read Unamuno's poem:

1. Look up all words whose denotation you do not know.
2. In verses 1, 4, 5, 7, and 12, determine what is the subject and what is the verb.
3. Reorganize the words in those verses so that you can grasp their meaning more easily.

Duerme, flor de mi vida,
   duerme tranquilo,
que° es del dolor el sueño   porque
   tu único asilo.

Duerme, mi pobre niño,
   goza sin duelo°   tristeza
lo que te da la Muerte
   como consuelo.

Como consuelo y prenda°   símbolo
   de su cariño,
de que te quiere mucho,
   mi pobre niño.

Pronto vendrá° con ansia   (→ venir)
   de recogerte°   *to gather you up*
la que te quiere tanto,
   la dulce Muerte.

Dormirás° en sus brazos   (→)
   el sueño eterno,
y para ti, mi niño,
   no habrá° ya invierno.   *no... there will not be*

No habrá invierno ni nieve,
    mi flor tronchada;°   *snipped off*
te cantará° en silencio   (→)
    dulce tonada.°   *canción*

¡Oh qué triste sonrisa
    riza° tu boca!...   *brushes*
Tu corazón acaso
    su mano toca.

¡Oh qué sonrisa triste
    tu boca riza!
¿Qué es lo que en sueños dices
    a tu nodriza?

A tu nodriza eterna
    siempre piadosa,
la Tierra en que en paz santa
    todo reposa.

Cuando el Sol se levante,
    mi pobre estrella,
derretida° en el alba   *dissolved*
    te irás° con ella.   (→)

Morirás° con la aurora,   (→)
    flor de la muerte;
te rechaza la vida
    ¡qué hermosa suerte!

El sueño que no acaba
    duerme tranquilo
que es del dolor la muerte
    tu único asilo.

Comprensión

1. ¿A quién se refiere Unamuno cuando usa las palabras **tú** o **te**?
2. ¿A quién se refiere cuando usa la palabra **su**?
3. ¿Por qué quiere Unamuno que duerma la persona a quien habla?
4. Complete la siguiente tabla, indicando qué palabras se usan para referirse al niño, a la muerte y a la vida.

	EL NIÑO	LA MUERTE	LA VIDA
Positivo			
Negativo			

5. ¿Por qué compara Unamuno la muerte con una nodriza? ¿con el sueño?

Discusión

1. Al leer la poesía, el lector descubre lentamente el mensaje que comunica el texto. ¿Cuándo descubre el lector que este poema trata de la muerte? ¿Cuándo descubre que el padre ve la muerte como algo positivo? ¿Es típica esta manera de ver la muerte? ¿Qué impacto tiene en el lector?
2. ¿Cree Ud. que la persona que habla en este poema es fatalista o es una persona resignada?

DESPUES DE LEER

Aplicación

1. Compare la actitud hacia la muerte que presentan «el pobre hombre» de Azorín, el niño de Ana María Matute y el hablante (*speaker*) del poema de Unamuno. ¿La aceptan o la rechazan? ¿Cuál de estas actitudes le parece a Ud. más común en los EEUU? ¿Cuál le parece menos común?
2. ¿Cómo se presentan las relaciones familiares en estas tres obras? ¿Cuál parece ser la actitud del labrantín hacia su familia? ¿y la de la madre del niño en «El niño al que se le murió el amigo»? ¿y la del padre en «Al niño enfermo»? ¿Cuál corresponde más a su propia familia? ¿Cómo se explican las diferencias? ¿por el tipo de obra literaria? ¿por alguna diferencia cultural?
3. Los agricultores en los Estados Unidos han tenido (←) muchos problemas financieros en los últimos años. Han buscado (←) varias soluciones: las manifestaciones, viajes a Washington, las protestas públicas, el suicidio y la venta de sus tierras. ¿Cree Ud. que el labrantín trataría (*would try*) de solucionar sus problemas por medio de una de estas maneras? ¿Por qué sí o por qué no?
4. Es muy difícil explicarle la muerte a un niño. ¿Cuáles son algunas de las maneras en que se enfrenta este tema en los EEUU? Si Ud. fuera (*were*) madre/padre, ¿cómo prepararía (*would you prepare*) a sus hijos para la experiencia de la muerte?
5. Analice las siguientes palabras, comentando sus connotaciones y su denotación dentro del contexto de la obra.
   a. «El niño al que se le murió el amigo»

1. los juguetes	3. el polvo
2. la noche y la mañana	4. el hambre, la sed

   b. «El niño enfermo»

1. dormir	3. el invierno	5. el asilo
2. el sueño	4. la flor	6. la nodriza

CAPITULO CUATRO

LA FAMILIA

ANTES DE LEER

Aspectos lingüísticos

Controlled Reading Practice

So far you have practiced three techniques that can help you improve your reading skills.

1. *Guessing the meaning of unfamiliar words.* To read well in any language, you need a relatively large vocabulary. You can look up unfamiliar words as you read, but this is not always necessary. You have learned to guess the meanings of words in several ways: by looking for English cognates, by considering the context in which words are used, and by learning to recognize some common suffixes (**-ado, -ido, -tad, -dad**). Remember that you do not need to know the meaning of every word in order to understand the meaning of a reading passage or selection.
2. *Identifying the main parts of the sentence.* First, watch for verb endings to help you locate the verb. Once you have found the main verb, look for possible subjects and objects. The verb ending will suggest possible subjects if none is stated in the sentence, and the word **a** will signal human objects.
3. *Word formation (diminutives, augmentatives, and superlatives).* Remember that the **-ísimo** ending communicates *very, extremely* + *adjective/adverb*. The diminutives (**-ito, -ico, -illo, -ín, -uelo**) indicate smallness, with **-illo** sometimes having a negative connotation. The augmentatives (**-ón, -azo, -ote, -acho, -ucho**) indicate large size or a negative trait.

Reading Practice

Practice the techniques you learned in previous chapters as you read the following article. Remember to use the techniques for reconstructing the text's probable content first; then read the selection quickly. Try to guess the meaning of words that you don't know and concentrate on grasping the general idea or gist of the article.

Try to read the article in about three and one-half to four minutes (approximately 80 words per minute reading speed); then do the comprehension exercises.

LA ARQUITECTURA DEPORTIVA

Cuando la construcción del Astrodome de Houston fue terminada en 1965, una nueva era en la edificación de instalaciones deportivas había comenzado.° Durante décadas, los arquitectos soñaron con° <u>erigir</u> un estadio en el que pudieran° celebrarse eventos de grandes concurrencias° con independencia de las condiciones climatológicas. En el Astrodome, se logró al fin esta

había... *had begun*

soñaron... *dreamed of / could*

attendance

61

pretensión mediante una enorme cúpula, potentes sistemas de iluminación y seis niveles de butacas para 66.000 espectadores.

El estadio moderno, aun en conceptos tan avanzados como los del Astrodome, tiene su más lejano antecedente en la Grecia antigua, donde el deporte era una fiesta consagrada a los dioses. Para sus carreras,° los arquitectos griegos construyeron una pista° larga y estrecha, rodeada de graderías° en forma de U.

races
track / bleachers

Los romanos crearon° dos tipos principales de estructura: el circo y el anfiteatro. Todos los que han visto (← ver) la película *Ben Hur* conocen la apariencia del circo romano. Esta estructura, donde se efectuaban las carreras de cuadrigas, también tenía forma de U, con un muro divisor° en el centro, decorado con estatuas. Pero de todas las edificaciones romanas, es el anfiteatro una de las más típicas. A diferencia del circo, estaba totalmente rodeado de° graderías; la arena central tenía dimensiones relativamente pequeñas. En los anfiteatros celebraban combates de gladiadores; estos edificios ofrecían espacio para un elevado número de espectadores sentados y una visibilidad óptima desde cualquier ángulo. En casi todas partes de su vasto imperio, Roma levantó muestras notables de este tipo de arquitectura, pero la más famosa es el Coliseo de Roma. Hoy día, el descendiente más directo del anfiteatro romano se encuentra en los «estadios» donde se celebran las corridas de toros.

created

muro... dividing wall

rodeado... surrounded by

---

1. ¿Cuál es el propósito (*purpose*) de la lectura?
   a. Hablar de la historia de los estadios deportivos.
   b. Describir el Astrodome de Houston.
   c. Explicar los materiales de construcción de los estadios antiguos.
   d. Hablar de la influencia de la arquitectura deportiva en el mundo moderno.

2. Según la lectura, el Astrodome era importante arquitectónicamente porque _____ .
   a. era el estadio más grande de su tiempo
   b. logró (*it had achieved*) una independencia del clima
   c. volvió a las antiguas formas usadas en Grecia y Roma
   d. se construyó con materiales totalmente sintéticos

Now go through the passage a second time, reading more slowly and concentrating on the meaning of the underlined words. Then do these exercises.

3. La palabra erigir quiere decir _____ .
   a. to encounter   b. to draw   c. to construct   d. to use

4. La palabra cúpula significa _____ .
   a. capacity   b. parking lot   c. air conditioner   d. dome

5. La palabra butaca tiene que significar _____ .
   a. a place to sit   c. a person to watch
   b. a place to eat   d. a type of sport

6. La palabra cuadrigas significa _____ .
   a. relays   b. chariots   c. slaves   d. crippled

7. Dé los cognados de las siguientes palabras españolas.
   a. estadio   c. antecedente
   b. décadas   d. apariencia

8. ¿Qué significan las siguientes palabras en inglés?
   a. la visibilidad   c. decorado
   b. consagrada   d. avanzados

9. Simplifique la siguiente oración, eliminando las frases preposicionales. Luego identifique los sujetos (**S**), los verbos (**V**) y los complementos (**C**) de la oración que queda, dando una oración más simple.

   En los anfiteatros celebraban combates de gladiadores; estos edificios ofrecían espacio para un elevado número de espectadores sentados y una visibilidad óptima desde cualquier ángulo.

Reading Practice

Here is another reading passage. Try to read the article in about five minutes (approximately 80 words per minute reading speed). Then do the comprehension exercises.

AVANZAN LOS DESIERTOS

Los desiertos del mundo ahora ocupan el 43 por ciento de la tierra sólida del planeta y cada año reclaman más tierra que en un tiempo° era fértil y cultivable. Algunas de las causas de la extensión sucesiva de las zonas áridas en el mundo se encuentran en los métodos de agricultura e, irónicamente, en los métodos de riego que se usan para combatir la sequedad° de la tierra.

en... once

dryness

Pero tal vez la causa más decisiva de la proliferación de los desiertos radica en la proliferación de la humanidad. En muchas regiones áridas, tanto la población humana como la animal se duplican cada veinticinco años. Cuando un campo de cultivo o de pastoreo llega al agotamiento,° la gente no puede trasladarse a otros lugares porque ya están ocupados. Aunque se necesitan 350 milímetros de lluvia por año para cultivar una cosecha, ciertos agricultores ávidos de tierra están arando° campos que reciben anualmente 150 milímetros por término medio. La tierra de estos campos seguramente se secará (→) del todo y el viento se la llevará° al llegar la siguiente sequía.° Otros agricultores roturan laderas tan empinadas° que la erosión comienza a castigarlas desde el momento en que se inicia el cultivo.

exhaustion

cultivando (m)

*se... will carry it away /
período de
sequedad*
*roturan... plow rows so
steep*

Uno de los aspectos más curiosos de estos desiertos artificialmente creados es que, una vez formados, tienden a perpetuarse, y se extienden en virtud de las mismas alteraciones que provocan en el clima local. El aire que <u>sopla</u> sobre el gigantesco desierto de Thar, en la India, por ejemplo, contiene una cantidad de agua equivalente al 80 por ciento de la [cantidad] que impregna la atmósfera de las selvas húmedas tropicales. Y sin embargo es poquísima la lluvia que cae en esa región hindú. Los científicos conjeturan que la superficie arenosa° del desierto refleja buena parte de la energía solar, en vez de absorberla; por otra parte las grandes cantidades de polvo suspendido en el aire impiden el paso de los rayos solares a tal grado que la tierra nunca llega a calentarse hasta el punto necesario para accionar el mecanismo de la precipitación pluvial. De este modo, el desierto se impulsa a sí mismo, y con cada kilómetro que <u>se traga</u>, el kilómetro siguiente sucumbe con mayor prontitud.°

sandy

rapidez

---

1. En la lectura se mencionan varias razones por _____ .
    a. las dificultades agrícolas en el mundo de hoy
    b. el aumento de la población mundial
    c. el avance de los desiertos en el mundo
    d. los cambios climáticos en distintas partes del mundo

Read the selection again carefully. This time, underline sentences that express important points, and stop after each paragraph to paraphrase what was said. Then answer these questions without looking back at the text.

2. ¿Por qué ayuda a crear (*to create*) desiertos la proliferación de la humanidad?
3. Según la lectura, la presencia de un desierto puede causar una falta de lluvia y no al revés. Usando las siguientes palabras, explique brevemente este fenómeno: la superficie, reflejar, el polvo suspendido, calentarse, la precipitación.
4. La palabra <u>riego</u> significa _____ .
    a. risk   b. irrigation   c. rotation   d. reality

5. La palabra <u>radica</u> quiere decir _____ .
    a. radical   b. affects   c. absorbs   d. originates

6. La palabra <u>sopla</u> tiene que significar _____ .
    a. is cultivated   b. precipitation   c. blows   d. suffers

7. La frase <u>se traga</u> expresa la idea de _____ .
    a. is betrayed   b. is swallowed up   c. is tried   d. is needed

8. ¿Qué significan las siguientes palabras en inglés?
    a. humanidad   c. cantidad   e. poquísima
    b. formados   d. suspendido

9. Identifique el sujeto (**S**), el verbo (**V**) y los complementos (**C**) de las siguientes oraciones.

Pero tal vez la causa más decisiva de la proliferación de los desiertos radica en la proliferación de la humanidad.

Otros agricultores roturan laderas tan empinadas que la erosión comienza a castigarlas desde el momento en que se inicia el cultivo.

Aproximaciones al texto

La «desfamiliarización»

In Chapter 3 you learned about gaps in texts and how the reader must fill them in to generate meaning. In popular literature, like romances, soap operas, and comic books, there are generally fewer gaps and only one way to fill them. These texts do not have many possible interpretations; rather, they fulfill the reader's expectations along conventional lines. Readers enjoy this type of literature because they know what to expect.

As a reading or viewing public gets more sophisticated, it finds this fulfillment of expectations boring and begins to demand more. This phenomenon is apparent today in the movie industry, which often takes a well-known film type and parodies or "spoofs" it, turning the conventions inside out. This process is called "defamiliarization." For example, there have been many parodies of the classic cowboy movie, one example of which is *Cat Ballou*. In this film the cowboy who comes to rescue the lady in distress turns out to be a drunk, and the helpless female proves to be more than capable of defending herself *and* taking care of the wayward hero. A similar reversal of expectations occurs in a detective story that has no solution or in one in which the detective "did it."

Imagine que Ud. es director(a) de cine o de televisión. ¿Qué cambios quisiera (*would you like*) hacer en los siguientes programas o tipos de películas para romper con el patrón convencional?

- UNA PELICULA DE HORROR

  EL PATRON CONVENCIONAL: Un monstruo es creado en el laboratorio de un científico. El monstruo escapa del laboratorio y rapta (*kidnaps*) a una mujer bella. El héroe persigue al monstruo, lo mata, salva a la mujer y se casa con ella.
  UNA VERSION NUEVA:

- UNA PELICULA DE TIPO «TARZAN»

  EL PATRON CONVENCIONAL: Un niño es abandonado en la selva y unos animales lo adoptan. El niño crece y se convierte en un defensor de los animales y del mundo natural.
  UNA VERSION NUEVA:

- UN CUENTO DE HADAS

  EL PATRON CONVENCIONAL: La Cenicienta quiere ir al baile real, pero sus hermanastras y su madrastra no la dejan ir. Mientras limpia la chimenea, aparece su madrina, quien convierte los ratones en caballos, una calabaza en coche y los trapos de la Cenicienta en un traje elegante. Toda la magia va a durar hasta la medianoche, cuando la Cenicienta tiene que volver a casa. La Cenicienta va al baile y se enamora del príncipe. Se le olvida la hora y, cuando el reloj da las doce, la Cenicienta sale corriendo y deja al príncipe abandonado con sólo un zapatito... (El resto lo sabemos, ¿no?)

UNA VERSION NUEVA:

Prelectura

Breaking with convention or with the literary pattern is very common in literature and in other art forms that are not addressed specifically to a mass audience. In the defamiliarization process, texts shake readers free from their preconceived ideas and make them see phenomena as if for the first time. Obviously, there are limits to the use of defamiliarization, since a total break with literary convention would impede communication. Most writers work within a middle range, using and reshaping conventional materials to create new expressions and new approaches to human reality.

The following drama concerns a man who has been exposed to radioactivity. He is retired and lives with his wife of thirty years, his son, who is in his twenties, and his teenage daughter.

A. Imagine que Ud. va a escribir la historia de este hombre. Primero tiene que seleccionar el género que va a usar. ¿Cuál de los siguientes géneros le parece mejor?

1. una novela de misterio
2. una novela de ciencia ficción
3. una tragedia
4. una comedia

B. ¿Cómo será distinta la historia si se usa cada uno de los géneros en la actividad A?

C. El autor de la obra que Ud. va a leer ha decidido (←) escribir un drama. Lea el reparto (*cast of characters*) (página 68) y estudie los dibujos que acompañan el texto. Luego conteste las preguntas sobre los personajes, el género y otros aspectos de la obra.

1. ¿Quiénes son los personajes principales de esta primera parte? Descríbalos brevemente.
2. ¿Dónde tiene lugar la acción? ¿en una ciudad o en el campo? ¿Cuándo ocurre la acción? ¿durante una época moderna o antigua?
3. ¿Le parece típica esta familia? ¿Qué características típicas tiene? ¿Qué miembro de la familia es atípico? ¿Qué habilidad especial tiene?
4. ¿Cómo responden los otros miembros de la familia a esta habilidad?
5. ¿Hay un indicio de futuro conflicto en el drama? ¿En qué basa Ud. su respuesta? ¿Entre quiénes habrá (*will there be*) el conflicto?

6. ¿Qué elementos representan una «desfamiliarización» en la obra? ¿Qué entiende Ud. por «farsa»? ¿Qué entiende por «sátira»? ¿En qué se diferencia una sátira de una farsátira?

LECTURA

Vocabulario activo

arrastrar *to drag*
balancear *to rock, move back and forth*
cobrar *to charge (money)*
colocar *to put, place*
el comisionado *comissioner*
el compás *beat, rhythm*
la corriente *electrical current*
el cuello *neck*
destacar *to emphasize, make stand out*

distraído *distracted; absent-minded*
enchufar *to plug in*
el enchufe *plug*
la escalera *stairs; stairway*
espantar *to frighten, scare*
la estufa *stove; heater*
el gesto *gesture; expression*
hacer falta *to need*
jubilado *retired*
la manzana *city block*

la pava *kettle, teapot*
planchar *to iron*
la plancha *iron*
silbar *to whistle*
el silbido *whistle*
tararear *to hum*
el timbre *doorbell*

A. Identificaciones: ¿Cuál es...

1. una acción necesaria para poder usar un aparato eléctrico?
2. una característica de algunos profesores (un estereotipo, ¡claro!)?
3. una cosa en la que se pone el agua para hacer el té?
4. la parte del cuerpo entre la cabeza y el tronco?
5. lo que uno hace cuando quiere acompañar una canción y no recuerda las palabras?
6. la energía necesaria para usar cualquier aparato eléctrico?
7. un movimiento que se hace cuando uno quiere mover algo pesado y no puede levantarlo del todo?
8. el nombre de un funcionario del gobierno?

B. Complete las oraciones en una forma lógica, usando la forma correcta de las palabras de la lista del vocabulario.

1. Muchas personas _____ cuando quieren llamar a su perro.
2. Muchas mujeres se ponen rimel (*mascara*) para _____ los ojos.
3. No podemos bailar con esta música; tiene _____ muy raro.
4. Mi padre ya no trabaja. Está _____ después de trabajar treinta años con la compañía.
5. Ese restaurante es carísimo. ¡_____ $20 por una ensalada!
6. Mi tío era un hombre algo cruel. Le gustaba _____ a mis primos y a mí, poniéndose máscaras grotescas.
7. Acabo de comprarme un nuevo florero (*vase*) pero no sé dónde _____ .
8. No se tiene que ser rico para ser feliz, pero sí _____ algún dinero para serlo.

9. ¡Ernestito! ¡No _____ tu chaqueta por el suelo, por favor!

10. ¿Puede Ud. tocar _____? Tengo las manos llenas.

C. Defina brevemente en español.

1. balancear	3. la estufa	5. planchar
2. la escalera	4. la manzana	6. el gesto

⊡ SEMPRONIO: Parte 1 ⊡

FARSATIRA EN TRES ACTOS

Agustín Cuzzani (1924–) is an Argentinian playwright whose works address contemporary problems, often by mixing humor with social commentary.

PERSONAJES

Sempronio	Sabio III
Olga, su mujer	Sabio IV
Susanita, su hija	1 jubilado
Diego, su hijo	1 filatélico°
El Altísimo Comisionado	2 *rockers*
el soldado	soldados
Sabio°	público, etc.
Sabio II	

stamp collector

wise man

ACTO PRIMERO

Habitación en casa de Sempronio. Pocos muebles, humildes. Una silla en el centro de la escena dando frente a° público. A un costado,° una pequeña mesita para planchar ropa. A foro,° una gran ventana. Puertas de acceso de interiores a derecha e izquierda. Comunicando (∧∧) la escena con la platea,° en el ángulo lateral izquierdo, una estructura de puerta con timbre, que puede tener número de calle y una escalera que baja a platea. Algunos muebles convencionales, aparadores, mesas, etc., completan el mobiliario.°

dando... *facing* / *lado*
back
orchestra pit

___?___

Es de día, un domingo de primavera a las diez de la mañana. Todo está ordenado y limpio, denotando la presencia de una buena ama de casa. Epoca actual. Al levantarse el Telón,° nadie.

___?___

Lentamente, al principio lejano, luego más cerca, comienza a oírse un silbido de Sempronio. Se trata de algún vals antiguo, silbado monótona y distraídamente. Siguiendo (∧∧) al silbido, con las manos en los bolsillos del pantalón, en mangas de camisa° y con los tiradores° a la vista, entra Sempronio. Es un hombre que pasa algo los sesenta años. No muy avejentado,° más bien tranquilo y plácido que aburrido. Camina sin dejar de silbar, arrastrando (∧∧) un poco los pies, toma su silla y se coloca frente a público. Mira distraídamente hacia adelante. Silba. Queda así.

mangas... *shirtsleeves* / *suspenders*
aged

Con la plancha en la mano, arrastrando (∧∧) el cordón con el enchufe y una canasta° de ropa para planchar, entra Olga, esposa de Sempronio.

___?___

Edad proporcionada a la de su marido. Olga es una buena mujer en quien lo doméstico ha solidificado (←) como síntesis de todo lo importante y sublime que puede haber en la vida. Es gorda. Avanza decididamente hacia la mesita, acomoda° la ropa como para empezar el trabajo. Habla mientras acciona.

arregla

OLGA: (*Arreglando* [♫] *ropa.*) Ahora ya no hace falta la calefacción.° Los días vienen más templados…   *heating*

SEMPRONIO: (*La mira y esboza una sonrisa.*) Nunca se sabe. De pronto llueve y refresca. Por las dudas, no guardes todavía la estufa.

OLGA: (*Termina de acomodar la ropa. Vuelve a tomar la plancha. Se acerca a Sempronio, que continúa silbando* [♫] *bajito y le coloca el enchufe entre la camisa y el cuello. Todo esto con mucha normalidad, sin tratar de destacarlo expresamente. Sempronio tampoco considera esta conexión como algo notable.*) A ver… ladeá°[1] un poco más el cuello, por favor… (*Sempronio obedece.*) ¿Te molesta?   *tilt*

SEMPRONIO: ¡No! ¡Qué idea! ¡Cómo me va a molestar! (*Sonríe.*)

---

[1] Cuzzani es argentino y sus personajes emplean la forma verbal del **vos. Vos** es semejante a **tú** (se usa entre familiares y amigos), pero los verbos tienen terminaciones distintas. Por ejemplo:

VOS	TU
perdoná (*command form*)	perdona (*command form*)
olvidás	olvidas
tenés	tienes

OLGA: No… pero el lunes me apretaste° demasiado el enchufe y casi quemás° la plancha. (*Espera un instante con la plancha en la mano. Luego moja su dedo en la lengua y toca ligeramente la plancha, para probarla. Retira el dedo rápidamente como si oyera el clásico chasquido.°*) ¡Ya está! (*Le deja conectado el enchufe y comienza a planchar. Habla sin mirar a Sempronio.*) ¡Sempronio!…

SEMPRONIO: Sí…

OLGA: Convendría que° hablaras con Susanita…

SEMPRONIO: (*Un poco alarmado.*) ¿Con Susanita? ¿Qué le ocurre a la nena?

OLGA: Cómo ocurrirle… nada. Pero se está entusiasmando (∿) mucho con el baile, y me parece demasiado chica° todavía para estas cosas.

SEMPRONIO: (*Medita. Luego se enternece.*) Oh… la pobrecita estudia toda la semana. Es justo que de cuando en cuando°… Está en la edad en que esas músicas son importantes. (*Más enérgico.*) Además, a mí me gusta verla bailar las danzas que se usan ahora. (*Tararea, desde su sitio, y para sí, moviendo [∿] el cuello, un ritmo de síncopa muy marcado. Procurará (→) con los ojos y los gestos, parecerse a° cualquier imbécil rockero en éxtasis de ritmo y chewing-gum. Balancea el cuello al compás.*)

OLGA: ¡Cuidado con la plancha!…

SEMPRONIO: (*Súbitamente avergonzado.*) Perdoná.

OLGA: A vos todo lo que hace Susanita te parece bien. No te das cuenta que se empieza así, interesándose (∿) en la música… y después se aprende a bailar… y entonces se necesita un compañero, o varios… y luego querrá (→) salir con esos hombres… (*gestos de horror*). Y al final…

SEMPRONIO: Bueno… todavía estamos al principio. Susanita ya tiene dieciséis años. ¿Te olvidás que nosotros hacíamos lo mismo? La nena es una muchachita cariñosa y bien educada que estudia mucho sus lecciones y cumple° todo lo que pedimos. No veo nada de malo que le gusta un cha-cha-chá, un mambo… o un… sucu-sucu…

OLGA: (*Escandalizada.*) ¿No ves? ¡Vos también estás aprendiendo (∿)! ¡Parece mentira, a tus años!

SEMPRONIO: A la nena porque es joven. A mí porque soy viejo. Me querés decir a qué edad debe un ser humano bailar el *rock 'n roll*. (*Esto lo pronuncia como un típico* jitterbug *en slang* americano. *Tararea con estusiasmo en su sitio, haciendo [∿] balancear el cuello.*)

OLGA: ¡Sempronio! (*Entra muy apurada,° con una pequeña radio, arrastrando [∿] el cordón con el enchufe por el piso, Susanita. Es hermosa, tiene dieciséis años muy bien llevados. Es movediza° y moderna. También ella se sorprende al ver las contorsiones de Sempronio.*)

SUSANITA: ¡Papito! (*Sempronio mira alternativamente a Olga y Susanita.*)

OLGA: (*Desalentada.°*) ¡Y con la radio encima! ¡Parece que tendremos (→ tener) concierto!

---

squeezed

burned

oyera… heard the classic sizzle

Convendría… It would be a good idea

joven

de… from time to time

parecerse… to look like

___?___

hurried

activa

Dismayed.

SUSANITA: Claro. Son las diez y media. ¡Es hora del *rock*!

OLGA: ¡Las diez y media! Linda hora de levantarse, ¿no?

SUSANITA: Hoy es domingo. (*Se acerca al padre.*) Permiso, papito. (*Lo besa y le coloca el enchufe de la radio, del otro lado del cuello.*) Sos el ángel de esta casa. (*Se pone en actitud de comenzar a bailar. Espera un instante. Nada. De pronto recuerda que falta algo. Se le ilumina la cara y tomando [ᴍ] un brazo de Sempronio, lo levanta bien alto. La radio rompe a sonar° con un* rock 'n roll *frenético. Tanto Sempronio como Olga se sobresaltan.° Susanita empieza a bailar. Primero para sí misma, luego para el padre que sonríe y lleva el compás con los pies.*)

rompe... *bursts into sound* ?

OLGA: ¡Susana, esa radio está muy fuerte! Yo estoy planchando (ᴍ) y tengo que conversar con tu padre.

SUSANITA: (*Interrumpe a medias el baile y baja hasta la mitad el brazo-antena de Sempronio.*) Bueno, mamá. Yo no tengo la culpa. Ahora pueden conversar... aunque después de veintiocho años de casados, no veo que tengan nada interesante que decirse. (*Sigue bailando [ᴍ].*)

OLGA: (*Espantada.*) ¡Nena! (*A Sempronio.*) ¿Oíste? Vos tenés la culpa por consentirla° todo el día a esta chiquilina. Ahí tenés el resultado.

spoil her

SEMPRONIO: Susanita... este... tu madre me decía... es decir... estábamos conversando (ᴍ) con tu madre a propósito de esos bailes modernos que tanto te agradan...

SUSANITA: (*Marcando [ᴍ] pasos suaves en su sitio.*) Sí... ¿qué ocurre?

OLGA: Que no son nada bueno para una jovencita como vos. Sin querer, una se va acostumbrando (ᴍ) a cosas que al final resultan siempre mal.

SUSANITA: ¡Mamá, por favor! No querrás (→) decir que por la simple costumbre de bailar, me voy a echar a perder.°

echar... *go astray*

OLGA: Vos sabés bien lo que quiero decir.

SUSANITA: Sí, pero para esas malas costumbres, no hacen falta bailes modernos. Al contrario, con un vals antiguo y romántico pueden ser mucho más peligrosas. La forma moderna del baile es más un deporte que un pretexto para tomarse lascivamente la cintura,° como antes. ¿No es cierto, papito?

waist

OLGA: ¿No ves? ¡La descarada°! ¡Fíjense qué pregunta para hacerle a un padre anciano!

shameless one

SEMPRONIO: (*Risueño° y burlón.*) ¿Un padre... cómo dijiste?

Smiling

OLGA: (*Corrida.°*) Bueno... quise decir un padre serio y respetable.

Sheepish

SUSANITA: ¡Papito no es anciano, ni serio ni respetable!

SEMPRONIO: (*Más divertido.*) Bueno, ahora tampoco soy serio ni respetable...

SUSANITA: Bueno... yo quise decir...

SEMPRONIO: Ya sé lo que quisiste decirme, Susanita. Yo te comprendo muy bien. Querés decir que sos joven y alegre, que amás la vida y que estás segura de tu conducta, con o sin música. Tu madre también comprende y está orgullosa de su hija. Sólo que...

bueno… hay que perdonarla… Ella es una mujer anciana y respetable… (*Ríe.*)

OLGA: ¡Ahora sí! ¡La anciana respetable soy yo! (*Padre e hija ríen entre sí.*) Con ustedes no se puede hablar. ¡Están siempre de acuerdo! Pero… (*Amenaza° con el dedo, un poco ya en broma. Sempronio, como respuesta, levanta el mismo brazo y la radio vuelve a sonar fuerte. Susana baila ahora para su padre, y, a la pasada, para la madre que, vencida, sonríe y plancha ropa casi al compás. Todo queda así un buen instante, más aún, se diría que el ritmo va* in crescendo *al llamado salvaje de la música.*)   *She threatens*

Entra Diego. Es el hijo mayor del matrimonio. Joven técnico de mucho porvenir, trabajador, simpático, aunque para sus pocos años y tal vez por tener una hermana jovencita, sus maneras resultan a veces excesivamente serias y graves. Llega con una pava de agua, el mate° y el diario° de la mañana. Como es domingo, viene con ropas de entrecasa, un poco despeinado.° Queda parado° con todos sus implementos, mirando (ᴍ) la escena.   *té* / *periódico* / *unkempt* / Queda… / *He stops in his tracks*

DIEGO: ¡Buenos días! (*No lo oyen. Grita.*) ¡Buenos días! (*Lo miran. El mira fijamente a Susana.*) ¿Se podrá (→ poder) leer el diario en esta casa o nos volveremos (→) todos locos? (*Se acerca a Sempronio y le baja el brazo hasta que la radio es sólo un susurro.°*)   *whisper*

SUSANITA: ¡Justo ahora! Ya había ganado° la primera batalla por el baile. ¿No podrías° venir a otra hora a leer el diario?   Ya… *I had just won* / No… *Couldn't you*

DIEGO: (*Sin contestarle.*) Permiso, papá. Te voy a molestar un minuto. Vos sabés que a mí no me gusta abusar. (*Y le coloca la pava en la cabeza.*) A propósito, esta tarde tendrás (→ tener) que darle corriente de nuevo al club. La compañía la tiene con° este barrio. Hoy hay un nuevo corte de electricidad. Además, mañana empieza la calesita° y quisieran° tirar un cable hasta aquí… por las dudas.   la… *has it in for* / *merry-go-round* / *they would like*

SEMPRONIO: Cuidado que no se te hierva° el agua. Después el mate se quema y no sirve. (*La pava empieza a echar humo.°*)   __?__ / *steam*

DIEGO: No, ya está. ¿Querés unos mates, viejo? (*Retira la pava y se instala a su gusto a leer el diario y tomar mate.*)

SEMPRONIO: No, ahora no. Ya tomé mate esta mañana. Nosotros los jubilados madrugamos más que ustedes los trabajadores.

DIEGO: Hoy es domingo. Además, los jubilados tienen menos desgaste.° Se cansan menos.   *wear and tear*

OLGA: No hables de desgastes, que va resultando (ᴍ) un abuso eso que todos los días te aparezcas con un club nuevo o una calesita o un sindicato que necesitan corriente. Me pregunto qué pasaría° si decidimos cobrarles algo por conectar a tu padre.   *would happen*

SEMPRONIO: ¡Cobrar! ¿Por qué cobrar? Si a mí no me cuesta nada. Al contrario, es una gran alegría sentirme unido por cables a tanta gente que trabaja, a tantos chicos que juegan. Además, no van

a comparar la calidad de mi corriente con la de la usina.°   *plant*
Cuando yo digo dos veinte, son dos veinte.

DIEGO: Los muchachos del club compraron un televisor y dicen que no lo van a usar más que con vos.

SUSANITA: ¡Un televisor! ¿Me vas a llevar al club, Dieguito?

OLGA: ¡Lo único que te faltaba!

DIEGO: Claro que te voy a llevar. Por la tarde hay programas infantiles. (*Susana, muy ofendida, hace un gesto de desafío. Levanta el brazo del padre y baila. Diego se sienta a leer. Olga plancha. Una pausa.*) ¡Bueno... bueno, esto se pone feo!

SEMPRONIO: ¿Qué ocurre? (*Lo miran a Diego. La radio baja sola.*)

DIEGO: ¿Leíste el diario?

SEMPRONIO: No, todavía no. ¿Por qué?

DIEGO: Hay una noticia media rara. Escuchá. (*Lee.*) Curiosa radio-actividad. A pesar del secreto policial, ha trascendido° que las autoridades están muy preocupadas por ciertos trastornos° radioactivos aparecidos en un barrio de esta ciudad. (*Baja el diario.*) Podría ser° que... se tratara de° nosotros, viejo.

    ha... it has become known
    disturbances

    Podría... It could be /
    se... it has to do with
    haya... have caused

SEMPRONIO: ¿Te parece? Sin embargo, no creo que yo haya ocasionado° eso que dice allí. Trastornos radioactivos... alarma...

SUSANITA: ¿Te pueden hacer algo, papito?

OLGA: ¿Qué le van a hacer? Sempronio no hace mal a nadie. Además, la corriente no la roba.

SUSANITA: Bueno, no se asusten, entonces... Debe ser otra cosa y no nosotros. (*A Sempronio.*) Todavía me faltan veinte minutos de *rock*, papá.

Cuando Sempronio levanta el brazo, la música se interrumpe bruscamente y se oye la voz urgente del locutor.

RADIO: ¡Atención! Interrumpimos momentáneamente nuestro programa para transmitir una noticia de último momento. Se relaciona con la extraña aparición de radioactividad en Buenos Aires y dice así: Se comunica a la población de toda la ciudad que se ha logrado localizar,° sin lugar a dudas, el origen de las manifestaciones radioactivas que se venían haciendo (ᴟ) notar en nuestra ciudad. Según informaron esta mañana las autoridades, tales manifestaciones provienen del° barrio de Balvanera, particularmente de una manzana ocupada por viviendas, que ya ha sido aislada y rodeada° por la policía. Es la manzana que se encuentra comprendida entre las calles Rivadavia, Bulnes, Salguero y Bartolomé Mitre. Se esperan más informaciones.

    se... they have suc-
    ceeded in locating

    provienen... originate
    in

    ha... has been isolated
    and surrounded

Sempronio deja caer los brazos y la radio calla del todo.

DIEGO: Somos nosotros, no hay dudas.

SUSANITA: Y dice que la policía rodea la manzana.

OLGA: ¿Qué te harán (→ hacer), viejo?

SEMPRONIO: Nada, ¿qué me van a hacer? Además, la manzana es muy grande. Quién sabe si al fin y al cabo somos nosotros.

OLGA: Diego, mejor asomate° vos, a ver si distinguís algo...   *look out*

Diego y Susana corren a «asomarse» a platea. Simulan hacerlo por una ventana algo estrecha que da directamente a público.

SUSANITA: (*Ve algo y se asusta.*) Diego... fijate allá...

DIEGO: (*Que se asoma.*) ¿Qué hay? No veo nada.

SUSANITA: (*Señala al fondo de la sala, por las últimas filas de platea.*) Aquello ¿qué es?

Comprensión

A. Complete las oraciones según la lectura.

1. Olga quiere que Sempronio hable con Susanita porque _____ .
2. Sempronio cree que Susanita es _____ .
3. Cuando Diego entra, quiere que Susanita _____ porque él quiere _____ .
4. Susana quiere ir con Diego al club porque _____ .
5. El periódico que lee Diego dice que _____ .

B. ¿Quién lo dice? Sabiendo lo que se sabe de los personajes, ¿quién de ellos podría (*would*) decir cada una de las siguientes oraciones?

Sempronio   Olga   Susanita   Diego

_____1. ¡Qué horror! No creo que una chica tan jovencita deba andar así.
_____2. ¡Vamos a bailar!
_____3. Me gusta que los demás estén felices y me alegra poder contribuir a eso.
_____4. Un poco de silencio, por favor. Quiero leer el periódico en paz.

C. Imagine dos mandatos que se darían (*would use*) los unos a los otros. En esta familia todos usan la forma de **tú**.

1. Olga/Susanita
2. Diego/Susanita
3. Sempronio/Olga
4. Sempronio/Susanita
5. Olga/Sempronio
6. Sempronio/Diego

Discusión

1. ¿Cómo le parece la relación entre Sempronio y Olga? Qué tipo de matrimonio es? ¿Y la relación entre los padres y los hijos? ¿Es típica de las relaciones familiares en los Estados Unidos? ¿de la familia de Ud.? ¿Qué problemas o conflictos hay entre los padres y los hijos? ¿entre los hermanos?
2. ¿En qué aspectos cumple esta primera parte del drama las expectativas que Ud. y sus compañeros tenían con respecto a la obra? ¿En qué sentido no llena estas expectativas? ¿Qué efecto tiene la desfamiliarización en la obra?

3. ¿Qué cree que va a pasar en las próximas escenas? ¿Van a cambiar las relaciones entre los miembros de la familia? ¿Cree que la obra va a tener un final feliz o no? ¿En qué basa Ud. sus predicciones?

Vocabulario activo

alrededor de *around*
averiguar *to find out*
dar vueltas *to go around; to circle*
el derecho *right, privilege*

echar abajo *to tear, break down*
enfrentar *to face, confront*
estampilla *postage stamp*

hervir (ie, i) *to boil*
pegar *to stick*
la pila *stack, heap; battery*
la propiedad *property*

Complete las oraciones en una forma lógica, usando la forma correcta de las palabras de la lista del vocabulario.

1. Por favor, ponga el agua a _____ y luego haré el té.
2. El general les dice que _____ el peligro como buenos soldados.
3. A los filatélicos les gusta _____ estampillas en sus álbumes.
4. Plantaron árboles _____ de la casa para tener un jardín más privado.
5. Las residencias (*dorms*) son _____ de la universidad, no de los estudiantes.
6. El detective _____ que el acusado no estaba en la casa cuando se cometió el crimen.
7. Mándame una postal de Corea, por favor. Mi hijo colecciona _____ y no tiene ninguna de allí.
8. En este país tenemos _____ de seguir la religión que queramos.
9. Su casa es toda una biblioteca; tiene _____ de libros por todas partes.
10. Muchas veces los bomberos tienen que _____ las puertas para salvar a los que están atrapados dentro de la casa.
11. Durante mucho tiempo se creía que el sol _____ alrededor de la tierra.

▭ SEMPRONIO: Parte 2 ▭

Por el sitio donde señala Susana aparecen el Altísimo Comisionado y el sabio. El Altísimo Comisionado es un hombre corpulento, autoritario, prepotente, muy fatuo° y satisfecho de sí mismo. El sabio es pequeño, dulce e ingenuo.° Usa una enorme barba blanca y lleva en la mano una cajita negra, tipo contador Geyger.

foolish

naive

ALT. COM.: Usted, profesor, vaya por allí mientras yo investigo esta parte.
SABIO: (*Corriendo [ᴍ] con su cajita hacia un costado, como si hubiera pescado° algo entre el público.*) Aquí hay algo... (*Oye.*) ...Sí, parece que... (*Oye.*) ¡Ah, no! es una recién casada... (*Cambia de rumbo.°*) Mejor parece que es por aquel lado. (*Recorre otro sector de público.*) A ver... (*Habla para sí.*) Ingeniero... poeta... nada radioactivo... reloj de oro... brillante falso... dolor de muelas... (*Se vuelven.*) Por aquí no es.

side

como... as if he had caught

dirección

ALT. COM.: Yo tampoco siento nada. (*Con un poco de miedo.*) Mejor... nos vamos, ¿no?

Por el aire, de ninguna parte en especial, se empieza a oír con fuerza un latido acompasado y persistente.

SABIO: ¡No... oiga! ¡No podemos dejar esto así! ¿Si fuera° una bomba?

ALT. COM.: (*Pronto° a huir.*) ¿Una bomba? ¿Usté cree? Entonces mejor... nos vamos. Yo no soy ningún recolector de bombas escondidas. Soy un Alto funcionario. No puedo arriesgarme. (*Va saliendo [ꟽ].*) ¡Vamos!

SABIO: ¡Si usted lo ordena, yo deberé (→) informar que no pude localizar el origen de las manifestaciones, porque usted me lo ordenó!

ALT. COM.: No, porque entonces me pedirán (→) la renuncia... Hay tantos envidiosos... Bueno... Siga buscando (ꟽ), pero... ¿si hay una bomba en serio?... ¡Oh, Dios mío! ¡Qué trágicos dilemas nos plantea el ejercicio de nuestros elevados cargos°! ¡Triste vida la de los funcionarios! Me siento desfallecer.° (*Avanza hasta la escalera que conduce a casa de Sempronio.*) Mejor... siga usted solo... Yo... (*Busca la excusa.*) Yo entraré (→) en alguna de estas casas a pedir un vaso de agua y reponerme un poco...

SABIO: (*Solícito.*) ¿Se siente mal? (*Avanza hasta él.*) Podemos descansar un momento. Lo acompañaré (→).

rhythmic
it were
Ready

duties
grow weak

restore

La escena ha sido vista° en todo momento desde la ventana imaginaria   ha... *has been seen*
por los hijos de Sempronio y Olga. Llegan hasta la puerta y el sabio
apoya su dedo contra el timbre.

SEMPRONIO: (*Impersonal, quieto, mirando hacia el vacío.*) ¡Trrrrrrrrrrriiiiiiiiiiiiin!

OLGA: Tocaron el timbre. ¿Qué hacemos?

DIEGO: No les abras. Necesitan orden de allanamiento° firmada por el   orden... *search warrant*
Juez.

SUSANITA: Pero si la tienen echarán (→) la puerta abajo.

SEMPRONIO: Abran esa puerta.

OLGA: No, viejo...

SEMPRONIO: (*Mientras el sabio oprime otra vez el timbre.*) ¡Trrrrrrrriiiiiiiiiin!

OLGA: Se impacientan.

SUSANITA: (*Va hacia la puerta.*) ¡Abro y les digo que papá no está! (*La sigue*
Diego y luego Olga. Sempronio, muy tranquilo, con los cables conec-
tados, queda en su sitio y puede silbar indiferente. Susana abre y los
enfrenta.) ¿Qué... desean los señores?

ALT. COM.: Vea, yo soy...

El latido° en el aire se hace insoportable.   *beating*

SABIO: ¡Un momento! ¿Me permite? (*Le acerca el contador a Susana. El*
Comisionado da un salto atrás.) ¡No hay duda... es aquí! (*Entra.*)

SUSANITA: No se puede pasar, señor. (*Pero el sabio ya está adentro y luego de*
dar una vuelta alrededor de Susana, recorre la pieza a largos trancos
de petizo[2] con su contador.) Le repito que no se puede.

DIEGO: (*Al Alto Comisionado.*) Un momento. ¿Qué viene a hacer usted
aquí? ¿Con qué derecho?...

ALT. COM.: (*Avanzando [ᴎ] ahora que el sabio ha descubierto [← descubrir] a*
Sempronio y le da vueltas rítmicas alrededor, al compás de los latidos,
mientras lo mira con curiosidad.) Profesor, ¿éste es el origen?

SABIO: (*Bajando [ᴎ] el volumen de su caja.*) Sin ninguna duda. (*Muestra*
la caja.) Puede acercarse. ¡Es una verdadera pila atómica!

ALT. COM.: (*Señalando [ᴎ] los cables.*) ¿Y eso? (*El sabio los desconecta y mira la*
plancha y la radio.) ¡Inconscientes!

DIEGO: ¿Pero se puede saber quiénes son ustedes?

SUSANITA: ¡Retírense inmediatamente de esta casa y dejen tranquilo a mi
papito!

ALT. COM.: (*Indignado.*) Inconscientes... (*A Sempronio.*) ¡A ver, usted, le-
vántese! (*Sempronio muy tímidamente se levanta. El Altísimo Co-*
misionado grita histérico.) ¡Rápido, nombre y apellido!

SEMPRONIO: Perdonen, señores. Pero todavía ésta es mi casa y aquí no
estamos acostumbrados a los gritos. Además, si tuvieran a
bien° decirme, ¿quiénes son ustedes?   si... *if you would be so*
kind

ALT. COM.: ¡Soy el Altísimo Comisionado para la Energía Atómica!

---

[2] recorre... *crosses the room with the stride of a small horse*

SEMPRONIO: (*Tendiéndole° la mano.*) Mucho gusto…   *Holding out to him*

ALT. COM.: (*Da un salto atrás y grita.*) ¡No me toque!

DIEGO: Le han dicho (← decir) que no grite. ¿Entendió?

SABIO: (*Más dulce.*) Perdónenos, señor. Pero estamos cumpliendo (ᴍ) órdenes superiores muy estrictas. Las autoridades nos han enviado (←) a buscar el origen de ciertas manifestaciones radioactivas en este barrio… y usted parece ser el origen… además no puede negar que cuando llegamos estaba conectado a una radio y una plancha. De modo que ya ve… El señor es un Altísimo funcionario. Tiene facultades suficientes en estos casos, para usar la fuerza pública, allanar domicilios, hacer *break in* interrogatorios…

ALT. COM.: Y poner presos° a todos.   *in jail*

Gesto de Diego.

SABIO: A todos los que dificulten su trabajo. De modo que es preferible que nos entendamos desde el principio. Yo soy el Profesor Germán Noclis, Altísimo Físico Matemático, y usted permitirá (→) que también yo le haga unas preguntas…

SEMPRONIO: No tengo ningún inconveniente,° señor.   *No… By all means*

SABIO: En primer lugar… ¿Cómo ha hecho (← hacer) para volverse radioactivo?

DIEGO: No le cuentes nada, papá. Todo esto no está claro.

SEMPRONIO: Bueno, es que ni siquiera sé qué contarles. Nunca en mi vida había sentido° nada por el estilo. Y una mañana, hace cerca de   *había… had I felt* tres meses, desperté con muchísima sed. Como nunca bebo nada a esa hora, me levanté un poco extrañado y fui hasta la cocina a servirme agua. Allí fue lo curioso. El agua salía fría de la canilla,° pero al llegar a mis labios, estaba hirviendo (ᴍ).   *tap* Dejé caer el vaso y para no quemarme salté hacia atrás. Al apoyarme en la cocina,° empezó a funcionar. Probé entonces   *stove* con la radio y me oí todo el informativo… Después… no sé… mi esposa quiso llamar al médico, pero… yo no me sentía enfermo, y además, los viejos siempre tenemos miedo que nos vean los médicos. Además, aparte de esa pequeña molestia de beber agua hirviendo (ᴍ), yo me encuentro perfectamente bien.

SABIO: ¿Y qué hizo entonces?

SEMPRONIO: De acuerdo con mi familia, comencé a usar mi corriente para hacer andar las cosas de la casa. La radio, la plancha, la cocina, el calefón, la estufa. Todo anda a las mil maravillas conmigo.   *hot-water heater (Arg)* Aparte que sale mucho más barato. Y mientras, yo me entretengo°…   *divierto*

OLGA: No veo que hagamos mal a nadie, señor.

SABIO: ¿Usted trabaja en algún laboratorio? ¿Hace experiencias°?   *experiments*

SEMPRONIO: No, señor. Yo no trabajo.

SUSANITA: Mi papito está jubilado.

OLGA: Ya trabajó bastante como para que lo dejen vivir tranquilo.

SABIO: ¿Y qué clase de vida hace?

SEMPRONIO: Ninguna clase de vida, señor. Me levanto… le sirvo corriente a mi mujer, a mis hijos que van al trabajo o estudian, le doy radio a la nena para que baile. La nena baila muy bien esas danzas que se usan ahora. ¿Quieren ver? (*Toma el enchufe con la mano.*) Mostrale a los señores.

La radio suena. Susana un poco extrañada pero desafiante,° se prepara. El Comisionado la toma por una muñeca.° Sempronio suelta el cordón.

ALT. COM.: ¡Silencio! (*Pausa. Mira desafiante a todos.*) Yo lo interrogaré (→). ¿Tiene amigos que trabajan en energía nuclear?

SEMPRONIO: No, señor. Apenas si° salgo de casa una vez cada dos o tres meses.

ALT. COM.: ¿Dónde va?

SEMPRONIO: A un club de filatélicos, del que soy socio.° A veces hacemos reuniones. Nos mostramos las estampillas…

Al sabio le brillan los ojos, hace un gesto de sorpresa. Interrumpe.

SABIO: ¿El señor es filatélico? ¡Qué interesante! ¿Hace mucho?

SEMPRONIO: No, sólo desde que me jubilé. Yo… estaba habituado a trabajar. Nunca fui un inútil. ¿Qué puede hacer un jubilado? Tampoco estaba acostumbrado a vagar por la calle. ¿Adónde puede ir un jubilado? ¿Comprende? Las estampillas me resultaron algo muy emocionante… ¡Pedacitos de mundo!

SABIO: ¡Tiene razón! ¿Y qué clase de estampillas colecciona?

ALT. COM.: ¡Profesor! ¿Eso es importante?

SABIO: Claro que es importante. Yo también junto estampillas.

SEMPRONIO: Pero yo creo…

ALT. COM.: Déjese de tonterías ahora. Averigüe lo que nos interesa.

SABIO: Un minuto. ¿Qué me iba a decir?

SEMPRONIO: Oh… nada del otro mundo.° Decía que mi colección es tan nueva que no debe haber nada interesante… Pero así y todo, tengo algunas estampillas de valor… Japonesas. Me vienen de Hiroshima, de Nagasaki… de…

ALT. COM.: ¿De dónde? (*Salta de golpe.°*)

SABIO: De Hiroshima, de Nagasaki… Japonesas… (*A Sempronio.*) En colores, ¿verdad?

ALT. COM.: (*Cortando [ᴎ] bruscamente.*) ¿Y qué hace con esas estampillas?

SEMPRONIO: Nada… las miro… las pego en mi álbum…

ALT. COM.: ¿Pero cómo las pega?

SEMPRONIO: (*Hace gesto de pegar estampillas, pasándose [ᴎ] la lengua por la palma de la mano.*) Así…

SUSANITA: No es ningún delito° pegar estampillas con la lengua.

DIEGO: Además, ya les hemos dado (←) bastantes explicaciones. Ahora váyanse y déjennos tranquilos.

OLGA: Tenemos mucho que hacer. No estamos para perder el tiempo.

ALT. COM.: Así que estampillas de Hiroshima... ¡Bueno, el caso está claro! (*Militarmente, con solemne postura.*) Señor... (*No sabe el nombre.*)

SEMPRONIO: Sempronio.

ALT. COM.: ¡Señor Sempronio!: En nombre de la Altísima Comisión de Energía Atómica, de la que soy Presidente, y en uso de las facultades° de las que estoy investido, a efectos de cumplir las importantes funciones para las que estoy llamado, procedo a tomar posesión en esta sencilla pero emotiva ceremonia y en presencia de testigos° y familiares, de esta pila atómica, fuente de energía que es propiedad inalienable, imprescriptible e intransferible de la Nación.

powers

witnesses

OLGA: ¿Qué quiere decir todo esto, viejo?

SEMPRONIO: No entiendo bien. Dejalo que termine.

ALT. COM.: Es para mí un motivo de sincera emoción, en nombre de los más altos intereses que represento, darle la bienvenida.° Y agradeceros, sobre todo, la buena voluntad con que os disponéis a acompañarnos, sacrificando vuestra libertad y demás comodidades domésticas, para entregaros° por entero al cumplimiento del deber.

welcome

surrender

SEMPRONIO: Libertad... deber... ¿Quieren decir que me llevan con ustedes?

ALT. COM.: ¡Por supuesto! ¡Usted es propiedad de la Nación!

OLGA: ¡Qué propiedad ni que propiedad! ¡Es mi marido! Y de aquí no se lo van a llevar. ¡No está en edad de andar solo por ahí!

ALT. COM.: ¡Silencio! Les recomiendo a ustedes que no intenten ningún escándalo. Todos ustedes han estado abusando° sin permiso de la corriente de esta pila atómica, propiedad inalienable, imprescriptible e intransferible de la Nación. No pienso tomar medidas,° pero tampoco voy a tolerar que se discutan mis disposiciones.° ¡Venga con nosotros!

> han... *have been using*
>
> steps
>
> orders

SEMPRONIO: ¿Y dónde me quieren llevar?

ALT. COM.: El lugar es ultrasecreto. Hay muchos espías° del enemigo que quieren descubrir nuestros secretos atómicos.

> ?

DIEGO: ¿Qué enemigos? ¡Si nuestro país no tiene enemigos!

ALT. COM.: Pero tiene amigos. Ellos se encargan de° buscarnos enemigos. Usted no entiende nada de política internacional.

> se... *take care of*

OLGA: ¿Y cómo haremos (→ hacer) para verlo?

ALT. COM.: Es muy difícil. Tal vez para fin de año, organicemos una exposición de nuestros más modernos materiales y artefactos nucleares. A lo mejor exhibimos también al señor.

OLGA: ¡Pero es mi marido!

SUSANITA: ¡Pero es mi papito!

DIEGO: ¡Pero es un atropello!°

> outrage

ALT. COM.: ¡Es la ley! ¡Y ahora, les ruego, señores, que no dificulten mi tarea! Abnegación,° señores. ¡Abnegación! ¡Y renunciamiento! Cualquier cosa que le ocurra a la pila será bajo mi responsabilidad. Hasta que le den entrada en el Inventario de la Comisión. (*A Olga.*) Le daré (→) un recibo° provisorio. (*Firma un papel, lo entrega.*) Sírvase, señora.

> Selflessness
>
> receipt

OLGA: Yo no quiero un recibo. Yo quiero a mi viejo. (*Llora.*)

Diego avanza un paso y Sempronio lo contiene.

SEMPRONIO: Quieto, Diego. El señor cumple órdenes. Ya se arreglará (→) todo. (*A Olga.*) No te aflijas,° vieja. No me harán (→ hacer) nada. (*A los hijos.*) Cuiden mucho a su mamá. Vos, Diego... deciles a los muchachos del club que disculpen... (*Se le arrojan a los brazos.°*)

> ?
>
> Se... *They throw themselves into his arms*

DIEGO: Moveremos (→) cielo y tierra para sacarte.

SUSANITA: ¡Papito!

OLGA: ¡Volvé pronto, viejo!

Sempronio se desprende dulcemente y camina hacia la escalera. Van bajando (∿).

> part with

SEMPRONIO: (*A ellos.*) Si todo es legal... no me pueden tener encerrado.° Ya verás (→) cómo se arregla todo. (*Al Altísimo Comisionado.*) Vamos, señor.

> ?   lock up

La familia desde la puerta, agita las manos, pañuelos, etc. Sempronio, el Altísimo Comisionado y el Sabio bajan a platea. Susana corre desde la puerta a «asomarse» a la ventana que da a platea. Se la reúnen todos muy apretados, Diego y Olga. En platea y avanzando camino° el Altísimo Comisionado, palmea° a Sempronio, satisfecho.

> orchestra
>
> avanzando... *moving forward*
>
> pats on back

ALT. COM.: Bueno, se ha portado (←) usted como un buen ciudadano. (*Lo palmea.*) ¡Así me gusta! (*De pronto queda petrificado de espanto° mirándose* [ᴍ] *la mano. Grita con voz deformada de miedo al Sabio que ya está en la salida.*) ¡Profesor!   *fear*

SABIO: (*Desde la salida, se vuelve.*) ¿Qué ocurre?

ALT. COM.: ¡Lo toqué! ¡Me voy a morir... !

SABIO: (*Muy ingenuo.*) Es posible... nunca se sabe.

ALT. COM.: ¡Cómo, es posible! ¡Qué se puede hacer!

SABIO: (*Siempre° inocente.*) ¿Si se muere? No sé... nombrar otro Altísimo Comisionado.   *Still*

> *Sale. El Altísimo Comisionado y Sempronio lo siguen. En la ventana los tres asomados están tristes y caídos.*

SUSANITA: Ya no se ven... (*Grita.*) ¡Papito! (*Oye el silencio.*) ¡Papitoooo!

> *Olga y Diego se retiran de la ventana. Susanita, muy triste, mira a platea.*

OLGA: Nena... cerrá esa ventana.

> *Susana, muy triste, va desenrrollando° en el aire la cinta que baja la cortina° imaginaria. Coincidiendo* (ᴍ) *con ello, en lugar de la cortina de la ventana, cae lentamente el*   *unwinding*   *shade*

> *TELON*

Comprensión

A. Ponga los siguientes sucesos en el orden correcto (1–9).

_____ El Altísimo Comisionado tiene miedo y quiere marcharse.

_____ Susanita quiere decirles que Sempronio no está.

_____ Aparecen el Altísimo Comisionado y el Sabio.

_____ Sempronio se marcha con el Altísimo Comisionado.

_____ Sempronio explica cómo llegó a ser radioactivo.

_____ Llaman a la puerta de Sempronio.

_____ El Altísimo Comisionado declara que Sempronio es propiedad de la nación.

_____ El Sabio explica que el Altísimo Comisionado tiene mucho poder.

_____ El Sabio y el Altísimo Comisionado descubren que Sempronio es filatélico.

B. Explique el motivo de cada una de las siguientes acciones. Use el subjuntivo cuando sea necesario.

MODELO Susanita no quiere abrir la puerta porque tiene miedo de que... (*hacer daño*) →
Tiene miedo de que le hagan daño a su padre.

1. El Comisionado no quiere darle la mano a Sempronio porque teme que... (*contaminar*)

2. Un día cuando Sempronio entró en la cocina para beber agua, se quedó muy sorprendido… (*hacer andar*)
3. Nunca fue a ver al médico porque tiene miedo de… (*estar*)
4. A Sempronio le gusta coleccionar estampillas… (*ser*)
5. Al Sabio le interesa que Sempronio coleccione estampillas… (*coleccionar*)
6. Al Comisionado le interesa que Sempronio coleccione estampillas… (*resolver*)
7. Sempronio va con el Altísimo Comisionado… (*evitar*)
8. La familia está triste… (*salir*)

DESPUES DE LEER

Discusión

1. ¿Quiénes son los personajes del Acto Primero del drama? Complete la tabla con información sobre todos los personajes que han salido (←) hasta ahora.

	SEMPRONIO	OLGA	DIEGO	SUSANITA	EL ALTISIMO COMISIONADO	EL SABIO
Pasatiempo favorito						
Edad						
Profesión						
Opinión de las ventajas de la radioactividad						
Actitud hacia el gobierno						
Ideas respecto a la música						

2. ¿Qué contraste hay entre la actitud oficial hacia la radioactividad de Sempronio y la actitud de su familia y sus amigos?
3. ¿Qué hay de cómico en los personajes? ¿Nos reímos lo mismo de Sempronio que del Altísimo Comisionado? ¿Qué diferencia hay entre ellos? El título de la obra indica que es una farsátira. ¿Cuáles son los elementos de la farsa? ¿y los de la sátira?

4. ¿Cree Ud. que hay elementos de «desfamiliarización» en la obra? ¿Es típica nuestra reacción ante los personajes o hay algún aspecto hacia el cual nuestra reacción sea de sorpresa?
5. En su opinión, ¿qué va a pasar en el Acto Segundo?

Aplicación

1. ¿Cuál es la actitud hoy en día con respecto a la radiación atómica? ¿Cuál de los personajes de la obra representa más auténticamente esta reacción? ¿Cree Ud. que el autor quiere criticar la actitud moderna hacia la radioactividad o que está criticando otros aspectos de la vida moderna? Explique.
2. ¿Cómo es la actitud de Sempronio y su familia ante el gobierno y las autoridades? ¿Cree Ud. que una típica familia norteamericana reaccionaría (*would react*) de la misma manera? Explique en qué sentido sería (*would be*) diferente la reacción y en qué sentido sería semejante.
3. Los miembros de la familia de Sempronio reaccionan a la situación de diversas maneras. ¿Cuál es la reacción de cada uno? ¿Cree Ud. que representan la reacción típica de una persona de su sexo y de su edad? ¿Sería (*Would be*) igual la reacción de los miembros de una típica familia norteamericana? Y la reacción de los miembros de su propia familia, ¿sería igual o diferente? Explique.
4. ¿Cree Ud. que sería (*it would be*) posible escribir una farsátira sobre lo que pasó en Three Mile Island o Chernoble? ¿En qué se asemejan al tema de «Sempronio» y en qué se diferencian?

CAPITULO CINCO

GEOGRAFIA, DEMOGRAFIA, TECNOLOGIA

ANTES DE LEER

Aspectos lingüísticos

Simplifying Sentence Structure

It is a lot easier to identify the main parts of a sentence (subject, verb, object) if you can identify the nonessential parts. Prepositional phrases and verbal phrases are two types of constructions that can complicate the basic structure of a sentence. Fortunately, both are easy to recognize.

Recognizing Prepositional Phrases

Prepositional phrases are always introduced by prepositions such as **por, para, contra, de,** and so on. The preposition is always followed by a noun or pronoun that serves as the object of the preposition: **por él, para Juan, contra mis deseos, de plástico.** The preposition and object together form a prepositional phrase.

It's helpful to identify and omit prepositional phrases, in addition to subordinate clauses, when you are trying to locate the main subject and verb of a sentence. Read each of the following sentences and identify any prepositional phrases and subordinate clauses. Then identify the main parts of the basic sentence that remains: subject (**S**), verb (**V**), and any objects (**O**).

1. Pero el Sabio ya está adentro y luego de dar una vuelta alrededor de Susana, recorre la pieza a largos trancos de petizo con su contador.
2. De acuerdo con mi familia, comencé a usar mi corriente para hacer andar las cosas de la casa.
3. Por el aire, de ninguna parte en especial, se empieza a oír con fuerza un latido acompasado y persistente.

Recognizing Verbal Phrases

Like prepositional phrases and subordinate clauses, the verbal phrase is a structure that can be skipped over in complicated sentences. A verbal phrase, in contrast to a clause, does not contain a conjugated verb. It consists instead of either a past participle (**-do: hablado, comido**) or a present participle (**-ndo: hablando, comiendo**). The past participle functions as an adjective, the present participle as an adverb.

Cualquier discurso **pronunciado por él** tiene que ser interesante.	*Any speech given by him has to be interesting.*
Queremos resolver el problema **hablando con ellos.**	*We want to solve the problem by talking with them.*

Verbal phrases like these can be ignored while you locate the main verb and the rest of the main sentence.

Note: when these forms are accompanied by auxiliary verbs, they are functioning as verbs and should be considered carefully when you analyze the sentence. Auxiliary verbs used with the past participle include **haber** (**he preparado** = *I have prepared*), **ser** (**es preparado** = *it is prepared*), and **estar** (**está preparado** = *it is prepared*). Auxiliary verbs used with the present participle include, among others, **estar** (**estoy preparando** = *I am preparing*), **venir** (**viene preparando** = *he's coming along preparing*), and **seguir** (**siguen preparando** = *they continue preparing*).

Read each of the following sentences and identify any prepositional phrases, verbal phrases, and subordinate clauses. Then identify the main parts of the basic sentence that remains: subject (**S**), verb (**V**), and any objects (**O**).

1. Una vez cambiado, póngase a la puerta para impedir que un espía del enemigo pueda arrimarse (*approach*).
2. Los días pasan y yo sigo aquí encerrado sin hacer nada, sin hablar con nadie.
3. Un soldado cae al suelo tapándose la nuca (*covering his neck*) con la palma de las manos.
4. Tengo que reconocer, con profundo dolor, que todos los esfuerzos fueron inútiles.

Aproximaciones al texto

El drama

As you know, writers and readers depend on certain conventions or patterns when they write and read. Genre is an important convention, serving as a kind of contract between the writer and the reader. Although many writers use defamiliarization to make the experience of reading more interesting, they must respect literary conventions to some extent, or the reader will simply not comprehend their work. Drama is one of the five major genres, the others being the novel, the short story, the essay, and poetry. In comparison with other genres, many literary theorists consider drama to be the genre most bound by convention and the least difficult to define. Using the following questions and exercises as a guide and drawing on your own knowledge and experience of the theater, determine some of the characteristics of drama.

1. LA EXTENSION (*LENGTH*)

   ¿Cuál es la extensión mínima o máxima de una obra de teatro? ¿Qué factores contribuyen a esto?

2. EL RECIPIENTE

   En toda comunicación, hay tres elementos: el emisor (*sender*), el mensaje (*message*) y el recipiente (*receiver*). Con respecto a la novela, ¿quién es el emisor y quién es el recipiente?

   El caso del drama es algo más complicado. ¿En qué sentido hay más de un emisor? (Piense en los individuos que contribuyen a la presentación del mensaje.) También hay más de un recipiente. Explique.

3. EL ESCENARIO

¿Dónde se ve un drama? ¿Cómo es el ambiente físico? ¿Qué limitaciones impone este espacio físico en la creación de la obra en cuanto al número de personajes? ¿en cuanto a la complejidad de la acción? ¿en cuanto al trasfondo (*background*) en que transcurre la acción?

4. EL LENGUAJE

¿Cómo se comunica el mensaje al público en el teatro? ¿Cómo es diferente este proceso en una novela? ¿Qué son las acotaciones (*stage directions*)? ¿Cómo se comunica esta información al público en el teatro? Cuando uno lee una obra de teatro (en vez de presenciar la obra), ¿cómo recibe esta información y qué tiene que hacer el lector?

Cuando un lector lee una novela, puede volver a leer las páginas anteriores si quiere aclarar una idea o resolver un problema. Esto no es posible cuando uno presencia un drama. ¿Qué efecto puede tener esto en el dramaturgo cuando está escribiendo la obra?

5. EL CONTROL SOCIAL

Algunos críticos dicen que el drama es el género más susceptible al control social. Esto puede incluir la censura del gobierno, pero también puede ser un control menos evidente, uno que viene de la industria teatral, por ejemplo, o del público, que decide asistir o no asistir a una obra. ¿Está Ud. de acuerdo o no con esta idea? Piense en lo que el dramaturgo necesita hacer para que se represente su obra y en el tipo de persona que generalmente va al teatro. ¿Cree Ud. que un gobierno totalitario, de derecha o de izquierda, tenga más interés en lo que escriba un poeta, un novelista o un dramaturgo? ¿Por qué?

Prelectura

Para prepararse a leer esta parte de «Sempronio», estudie los dibujos que acompañan la lectura y conteste las siguientes preguntas.

A. Describa brevemente a los personajes que aparecen en cada dibujo. ¿Qué revelan con respecto a la acción que va a ocurrir en esta parte de la obra?

B. ¿Qué cambios parecen haber ocurrido desde el primer acto?

C. ◙Entre todos.◙   ¿Con qué se asocian las siguientes palabras? Comenten con sus compañeros de clase todos los posibles significados y resonancias que puedan tener.

el prisionero
la burocracia
el barrio
la familia

la manifestación (*public demonstration*)
la bomba atómica

Sempronio has been taken away by the government. He has been classified as government property and assigned a corresponding number. In the following paragraph, a soldier is explaining the instructions that he has been given for the care of Sempronio, state property S.P. 49 H321 V/60. Read the passage quickly, trying to capture the main idea. Then do the brief comprehension exercise.

SOLDADO: El soldado que tenga a su cargo° y vigilancia el elemento S.P. 49 H321 V/60, deberá (→) abstenerse° de respirar durante las horas que esté con él. Sólo en casos excepcionales y si le fuere° muy indispensable podrá (→ poder) respirar pequeñas cantidades de aire, en el lugar más apartado de la celda. Y siempre que no sople° viento o corriente de aire del lado del° elemento. Artículo Segundo: El soldado que realice° las tareas previstas° en este reglamento deberá (→) evitar cuidadosamente todo contacto personal con el elemento, ya sea contacto físico—darle la mano, palmearle o recibir palmadas en el hombro—, o contacto ideológico—conversar sobre política, averiguar opiniones o secretos del elemento—. Artículo Tercero: El soldado procurará° no rozarse o tocar a ninguna persona de la Altísima Comisión y queda especialmente prohibido tocar al Altísimo Comisionado. Artículo Cuarto: Al menor° síntoma de radioactividad, el soldado deberá (→) arrojarse° inmediatamente a la bañadera de latón llena de agua, que forma parte de su equipo. (*Pausa.*) Dicen que el agua es aislante,° ¿sabe?

> **tenga**... *is in charge of*
> *refrain*
>
> *were*
>
> *blow* / **del**... *from the direction of*
> *haga*
> **tareas**... *tasks outlined*
>
> *tratará de*
>
> *least*
> *throw himself*
> *insulator*

---

1. Nombre dos acciones que el soldado debe hacer y dos que no debe hacer.

DEBE:	NO DEBE:
a.	a.
b.	b.

2. Dentro del texto se usan varios pares de sinónimos. Busque el sinónimo para las siguientes palabras.
   a. viento   b. tocar   c. vigilancia

3. La palabra respirar quiere decir _____ .
4. La palabra reglamento se relaciona con _____ y significa _____ .
5. La palabra palmearle probablemente significa _____ .
6. La palabra rozarse quiere decir _____ .
7. Dé los cognados de las siguientes palabras españolas.
   a. vigilancia   c. cantidades   e. prohibido
   b. indispensable   d. artículo   f. síntoma

8. Lea la siguiente oración, identificando las frases preposicionales y eliminándolas. Luego identifique los sujetos (**S**), los verbos (**V**) y los complementos (**C**) de las oraciones que quedan.

Al Menor síntoma de radioactividad, el soldado deberá (→) arrojarse inmediatamente a la bañadera de latón llena de agua.

LECTURA

Vocabulario activo

adivinar *to guess*
la bañadera *bathtub*
la bomba *bomb*
la celda *jail cell*
conseguir (i, i) *to obtain, get*
darle lo mismo (a uno) *to be the same, not to matter (to one)*

durar *to last*
encerrado *jailed, closed in*
el espanto *fright*
el espía *spy*
el expediente *records, file; official order; "red tape"*
extrañar *to surprise*
la fuente *source, origin*
masticar *to chew*

el paso *step*
probar (ue) *to test*
el ritmo *rhythm*
saltar *to jump*
la salud *health*
el soldado *soldier*
la tortura *torture*
los trámites *procedures*

A. Identificaciones: ¿Cuál es...

1. el individuo que defiende el país en una guerra?
2. la persona que intenta descubrir los secretos militares y políticos de un país y dárselos a otro?
3. una parte intrínseca de la música o la poesía?
4. el sitio en donde se encierra a un criminal?
5. el movimiento que uno hace al bailar?

B. Busque sinónimos en la lista del vocabulario.

1. el origen
2. comer
3. obtener
4. no importarle (a uno)

C. ¿Qué palabra de la segunda columna asocia Ud. con una de la primera?

1. probar
2. el miedo
3. encerrado
4. continuar
5. la guerra
6. la bañadera
7. la tortura
8. extrañar

a. durar
b. la bomba
c. el agua
d. el espanto
e. examinar
f. la crueldad
g. la sorpresa
h. el prisionero

D. Complete las oraciones en una forma lógica, usando la forma correcta de las palabras de la lista del vocabulario.

1. Para entrar en una universidad, hay que mandar _____ académico y algunas cartas de recomendación.

2. Ese tipo es muy pesado. Siempre me cubre los ojos con las manos y quiere que yo _____ quién es.
3. Cuando el perro le persiguió, el gato _____ al árbol para escaparse.
4. Es importante comer bien y hacer ejercicio para mantener la buena _____ .
5. Mi amigo tuvo que iniciar una larga serie de _____ antes de poder emigrar a este país.

◩ SEMPRONIO: Parte 3 ◪

ACTO SEGUNDO

Celda donde tienen prisionero a Sempronio. Pocos muebles. Afuera ventana con rejas.° Un soldado con escafandra de buzo,° dos antenas y tres descargas a tierra,° se pasea delante de una bañadera de latón° gris, de la que no se aparta. Su actitud es serena, un poco aburrida. Es joven, aunque esto sólo se adivina dentro de la estrambótica° ropa antiatómica. En primer plano está sentado Sempronio, en la misma actitud del primer acto. Sólo que silba con más tristeza y parece más cansado y viejo. Junto a él hay una mesita con una bandeja.°

bars / escafandra...
diving suit
descargas... *grounding wires* / *tin*
extraña

tray

Al comenzar la acción todo queda así, una larga pausa, hasta que el espectador entre en el ritmo lento de la escena.

SOLDADO: (*Acercándose* [ᴎ] *y mirando* [ᴎ] *la bandeja.*) Ha dejado (←) todas las estampillas.
SEMPRONIO: No tengo apetito.

SOLDADO: Si sigue así se va a debilitar.°   *ponerse débil*

SEMPRONIO: Me da lo mismo. ¿Conoces alguna tortura peor que comer solo?

SOLDADO: ¿Qué tiene de malo? Uno come y ya está.

SEMPRONIO: ¿Pero... dónde mirás cuando masticás tu comida? Nada adelante, nada atrás, y encerrado en un cerco de saleros,° botellas, vasos...   *cerco... pen of salt shakers*

SOLDADO: Pero es necesario que coma... el Altísimo Comisionado dijo que...

SEMPRONIO: ¡Ajá!

SOLDADO: Además, son las mejores estampillas que se consiguen en el Japón. Las de Nagasaki son de dos clases. Estas chiquitas que vienen en envase de plomo aislante,° y estas otras tiernas,° traídas especialmente frescas en aviones a reacción.°   *envase... lead cans / tender* / *aviones... jets*

SEMPRONIO: ¡Ajá!

SOLDADO: Deben ser ricas, ¿no?

SEMPRONIO: Podés probarlas. Ahí tenés...

SOLDADO: ¡No! (*Con miedo se acerca y mira.*) Yo siempre me pregunto, por qué las estampillas no vendrán (→ venir) hechas con gustos° diferentes, chocolate, crema, frutilla°... ¿Le gustan las frutillas, señor Sempronio? En mi casa, mi mamá me hacía dulce de frutillas como para volverse radioactivo... (*Se corta.*) Es decir, si usted no se ofende. Mi hermana también cocina, pero, como dice mi mamá: siempre tiene la cabeza puesta en otra parte. Claro... tiene sólo dieciséis años...   *flavors* / *strawberry*

SEMPRONIO: Y le da por° los bailes modernos... y la mamá tiene miedo...   *le... le gusta corriente*

SOLDADO: ¡Ah!... usted también adivina... Claro... con el fluido° ese...

SEMPRONIO: No, pero Susanita es como tu hermana.

SOLDADO: Susanita... ¿Quién es Susanita?

SEMPRONIO: ¡Es mi hija menor! Yo tengo dos hijos, ¿sabes?

SOLDADO: (*Extrañado.*) ¡Usted tiene hijos!

SEMPRONIO: Dos.

SOLDADO: Entonces, tendrá (→ tener) también esposa, ¿no?

SEMPRONIO: Claro.

SOLDADO: ¡Oía!

SEMPRONIO: ¿Qué te extraña?

SOLDADO: Nada... pero... como usted es tan... bueno, usted hace andar las radios, las máquinas, usted come estampillas y además, lo tienen aquí encerrado... yo creía que... en fin... que usted era una cosa rara, no un padre como los de todo el mundo.

SEMPRONIO: Acercate, muchacho.

SOLDADO: No. Está prohibido.

SEMPRONIO: Pero ahora no hay nadie.

SOLDADO: Tengo órdenes estrictas. (*Mira alrededor.*) Bueno, si le voy a confesar la verdad, también tengo miedo estricto.

SEMPRONIO: Si yo no te voy a hacer nada.

SOLDADO: No, usted no. Pero el fluido ese que tiene usted... Aquí, la

Altísima Comisión me ha hecho (← hacer) aprender de memoria el reglamento de precauciones que hay que tomar con usted.

SEMPRONIO: ¿Conmigo?

SOLDADO: Claro. (*Recita.*) Artículo Primero: El soldado que tenga a su cargo y vigilancia el elemento S.P. 49 H321 V/60...

SEMPRONIO: ¿Qué es el elemento S.P. 49 H321 V/60?

SOLDADO: Usted. Continúo. El soldado que tenga a su cargo y vigilancia el elemento S.P. 49 H321 V/60 deberá (→) abstenerse de respirar durante las horas que esté con él. Sólo en casos excepcionales y si le fuere muy indispensable podrá (→ poder) respirar pequeñas cantidades de aire, en el lugar más apartado de la celda. Y siempre que no sople viento o corriente de aire del lado del elemento. Artículo Segundo: El soldado que realice las tareas previstas en este reglamento deberá (→) evitar cuidadosamente todo contacto personal con el elemento, ya sea contacto físico—darle la mano, palmearle o recibir palmadas en el hombro—, o contacto ideológico—conversar sobre política, averiguar opiniones o secretos del elemento—. Artículo Tercero: El soldado procurará (→) no rozarse o tocar a ninguna persona de la Altísima Comisión y queda especialmente prohibido tocar al Altísimo Comisionado. Artículo Cuarto: Al menor síntoma de radioactividad, el soldado deberá (→) arrojarse inmediatamente a la bañadera de latón llena de agua, que forma parte de su equipo. (*Pausa.*) Dicen que el agua es aislante, ¿sabe?

SEMPRONIO: Acercate, muchacho.

SOLDADO: Pero...

SEMPRONIO: No te preocupés. Ese reglamento no sirve para nada. En mi casa, toda mi familia, mi mujer, mis hijos, los vecinos, han vivido (←) meses enteros conmigo y a ninguno le ocurrió nada.

SOLDADO: Eso es lo raro. Digo yo... sus hijos, por ejemplo, ¿lo besan?

SEMPRONIO: Por supuesto... ¿Vos crees que se puede tener una hija como Susanita y no dejar que me bese todas las mañanas? ¡Es tan dulce Susanita!

SOLDADO: (*En bobo.°*) ¿Es muy dulce Susanita? Perdón... digo si es muy cariñosa su señorita hija.

En... Foolishly.

SEMPRONIO: Podéis llamarla Susanita, si querés. Contigo haría muy buenas migas.°

haría... she would get along very well

SOLDADO: ¿Le gusta el baile, verdad? ¿y qué baila?

SEMPRONIO: De todo. Mambo, cha-cha-chá, *rock*... Ahora, yo no sé si baila bien.

SOLDADO: No es difícil. El *rock*, por ejemplo... es una cosa así. (*Ensaya° un paso.*)

He tries

SEMPRONIO: Sí, y ahora una vuelta.°

turn

SOLDADO: ¿Así? (*Lo hace.*)

SEMPRONIO: Y ahora todo corrido.° (*Silba y con palmas lleva el compás.*) ¡Eso!   *together*

El soldado se quita el casco° escafandro y comienza a dar saltos frené-   *helmet*
ticos de rock. Sempronio se entusiasma y marca un furioso ritmo con
palmas, pies y manos, silbido y tarareo. Entra el Altísimo Comisionado, sin ser advertido;° pone un gesto de espanto.   *noticed*

ALT. COM.: (*Grita.*) ¡Horror! (*El soldado sigue bailando.*) ¡Soldado!

SOLDADO: (*Jadea, se cuadra militarmente.*°) Sí, señor. Disculpe, señor, per-   *Panting, he stands at*
miso para hablar, señor…   *attention.*

ALT. COM.: ¡No se acerque! ¡Tírese a la bañadera!

SOLDADO: Pero, señor…

ALT. COM.: ¡A la bañadera! (*Se lo marca con gesto imperativo. El soldado se
arroja con gran salpicadura*° *de agua.*) Eso le ocurre por deso-   *splashing*
bedecer los reglamentos. Ahora quién sabe si podemos curarlo.

SEMPRONIO: Vea, señor… usted está equivocado. Este joven sólo estaba
bailando (ᴎ) por pedido° mío. Quería que ensaye° un paso así.   ___?___ / practique
(*Le va a tomar la mano al Comisionado para indicarle el movimiento.*)

ALT. COM.: (*Dando* [ᴎ] *un paso atrás.*) ¡No me toque! (*Se vuelve a la bañadera.*)
¿Y usted? ¿Se siente bien?

SOLDADO: Permiso para hablar.

ALT. COM.: Hable, soldado.

SOLDADO: El agua está fría.

ALT. COM.: Le pregunto por su salud.

SOLDADO: Permiso para hablar.

ALT. COM.: Hable, soldado.

SOLDADO: La salud también depende del agua fría.

ALT. COM.: Bueno, salga y cámbiese el uniforme. Una vez cambiado, póngase a la puerta para impedir que un espía del enemigo pueda
arrimarse.°   *acercarse*

SOLDADO: Permiso para hablar.

ALT. COM.: Hable, soldado.

SOLDADO: ¿Cómo hago para distinguir los espías del enemigo de los
espías de los amigos?

ALT. COM.: Los amigos no necesitan espías. ¡Yo soy tan sincero! (*El soldado
sale de la bañadera y se cuadra militarmente. Hace una venia*° *rara,*   *salute*
juntando [ᴎ] *el pulgar*° *y el meñique*° *y levantando* [ᴎ] *los otros tres*   *thumb / pinky*
dedos y sale.) (*A Sempronio.*) Ahora sí, quiero conversar con
usted. ¿Qué tal se siente aquí?

SEMPRONIO: Permiso para hablar.

ALT. COM.: Hable, soldado… ¡Oh, perdone! Es la costumbre, ¿sabe? ¿Qué
quiere decirme?

SEMPRONIO: Vea, señor Altísimo Comisionado… las cosas están un poco
confusas. Los días van pasando [ᴎ] y yo sigo aquí… encerrado… sin hacer nada, sin hablar con nadie… Nadie me
explica nada…

ALT. COM.: Bueno… tiene que tener un poco de paciencia. Usted sabe que
la administración es un poco lenta. Hay muchos expedientes…

SEMPRONIO: Sí, pero todo eso, ¿qué tiene que ver conmigo?

ALT. COM.: Es decir… nosotros buscábamos una fuente radioactiva. No un hombre. El expediente ordenaba secuestrar° toda máquina, yacimiento, artefacto o bomba que produjera (← producir) radioactividad. Hubo que hacer una serie de trámites para transformar a usted en un artefacto.° Pero, felizmente usted ya no es un hombre. Es el elemento S.P. 49 H321 V/60…

to seize

cosa

SEMPRONIO: Perdóneme, pero no entiendo nada. Y ya van muchos días…

ALT. COM.: Comprendo su impaciencia. Pero ahora ya está todo terminado y podrá (→ poder) empezar a rendirnos° su energía. Verá (→) cómo queda pronto satisfecho.

darnos

SEMPRONIO: ¿Usted cree?

ALT. COM.: ¡Por supuesto! Faltaría más.° ¡Saltar a la gloria, a la celebridad! ¡Usted, un simple ex operario,° un oscuro insignificante jubilado viejo e inútil! Como quien dice un muerto a crédito. Y de pronto, ¡la fama, la importancia, la gloria! Comprendo su impaciencia… Pero ya está todo arreglado. Ahora podemos tratar de altísimo artefacto a altísimo funcionario.

Faltaría… And that's not all.
trabajador

SEMPRONIO: No.

ALT. COM.: ¿No?

SEMPRONIO: No. Yo no estoy impaciente por todo esto que usted dice. No soy tan inútil ni tan jubilado como usted cree. Lo que pasa es que tengo urgente necesidad de ver a mi familia. Que los días pasan sin que se resuelva nada. ¿Cuánto va a durar todavía este castigo°?

punishment

ALT. COM.: ¡No es castigo! ¡Es la gloria!

SEMPRONIO: ¿Y cuándo termina esto?

ALT. COM.: Esto es definitivo. Usted es el elemento S.P. 49 H321 V/60. O quiere que tengamos que hacer todos los expedientes de nuevo.

SEMPRONIO: ¿Entonces no podré (→ poder) ver a mi familia?

ALT. COM.: Usted sabe que no. No hablemos más de eso.

SEMPRONIO: Entonces… mi resolución está tomada. Lo lamento por usted, pero yo me iré (→) de aquí.

ALT. COM.: ¿Irse? Difícil. Eso depende de la Altísima Comisión que presido. Usted ve… los barrotes° de su celda… los soldados que le custodian…

bars

SEMPRONIO: Si yo me voy, nada podrán (→ poder) sus barrotes ni sus soldados… ni usted ni toda su comisión.

ALT. COM.: (*Escandalizado de horror.*) Oh… una bomba… ¡Intentará (→) usted desintegrar todo esto! (*Va retrocediendo[ᴎ].*) ¡Volará° todo! Eso… no, usted no puede… un elemento S.P. 49… H321… V/60 no debe de hacer eso… (*Se esconde° detrás de la mesa.*)

You will blow up

Se… He hides

SEMPRONIO: Señor Altísimo Comisionado, estoy hablando (ᴎ) en serio.

ALT. COM.: Permiso para hablar… ¿Y cómo piensa… irse?

Comprensión

A. Complete las oraciones según la lectura.

1. Las comidas de Sempronio en la celda consisten en _____ .
    a. pan y agua   b. estampillas   c. carne y patatas

2. Sempronio no tiene apetito porque _____ .
    a. no le gusta la comida
    b. quiere protestar por su encierro
    c. echa de menos a su familia

3. El soldado se olvida de su responsabilidad militar y empieza a _____ .
    a. hablar de política
    b. bailar
    c. discutir sobre la radioactividad

4. El Altísimo Comisionado tiene miedo de los espías porque _____ .
    a. su país tiene muchos enemigos
    b. su país está en guerra
    c. es algo paranoico

5. El Altísimo Comisionado cree que Sempronio debe estar contento porque
    pronto va a recibir _____ .
    a. mucho dinero
    b. mucha fama
    c. el amor de su familia

6. Sempronio dice que si no le dejan ver a su familia, _____ .
    a. se va a marchar de allí
    b. va a protestar a los líderes del país
    c. su familia va a organizar manifestaciones y protestas

B. Complete las oraciones según la lectura.

1. El soldado se sorprende de que Sempronio _____ .
2. Las autoridades le ordenan al soldado que _____ .
3. El Altísimo Comisionado está horrorizado de que _____ .
4. Hablando con el Altísimo Comisionado, Sempronio dice que no le gusta
    que _____ .

Discusión

A. Explique la importancia de las siguientes palabras en el contexto del drama.

1. la bañadera   3. encerrado
2. la fuente   4. el espía

B. En su opinión, ¿qué va a pasar en las siguientes escenas? ¿Qué va a hacer
    Sempronio?

Vocabulario activo

asustarse *to be frightened*
el equipo *equipment*
estallar *to explode*
el fracaso *failure*

juntar(se) *to join; to assemble*
la prueba *test*

salir bien *to turn out well*
tardar en *to delay in*
el traidor *traitor*

A. Dé las palabras que se corresponden con las definiciones.

1. la persona que vende a su país o a un amigo por dinero
2. el conjunto (*group*) de objetos que uno emplea para hacer cierto trabajo

B. ¿Qué palabra de la segunda columna asocia Ud. con una de la primera?

1. el triunfo
2. espantar
3. la bomba
4. el examen

a. asustarse
b. estallar
c. la prueba
d. el fracaso

C. Complete las oraciones en una forma lógica, usando la forma correcta de las palabras de la lista del vocabulario.

1. Nuestra familia _____ anoche para hablar de nuestros planes de vacaciones.
2. El experimento _____ y descubrieron algo muy importante.
3. La cola fue larguísima. Carmen _____ tres horas en comprar los billetes.

◪ SEMPRONIO: Parte 4 ◪

SEMPRONIO: Hace muchos días que no como ni casi duermo... Yo soy viejo... débil... y si no veo a mi familia... ¿Cree que tardaré (→) mucho en morirme? Verá (→) usted cómo una vez muerto se acaban los barrotes y los soldados. Y la radioactividad también.

ALT. COM.: (*Recomponiéndose* [∩].) Ah, era eso... Pero qué idea, ¡morirse! No... el elemento no debe morir... Nosotros podemos llegar a un arreglo.° ¿Usted quiere ver a su familia?   *agreement*

SEMPRONIO: Urgentemente.

ALT. COM.: Y si yo le muestro a su familia, ¿promete darme toda la corriente que le pida?

SEMPRONIO: Usted mismo dice que la corriente no me pertenece, señor. Que es del Estado, que la ley lo manda. Qué sé yo... La corriente me brota,° mientras esté vivo, por supuesto.   *pours forth*

ALT. COM.: Bueno. Para esta tarde he organizado (←) una pequeña exhibición de su energía. Si todo sale bien, le prometo arreglar una visita de sus familiares. Claro que habrá (→ haber) que tomar ciertas precauciones. Estamos llenos de espías... enemigos.

SEMPRONIO: ¿Los veré (→) hoy mismo?

ALT. COM.: Inmediatamente después de las pruebas.

SEMPRONIO: (*Reaccionando* [ʍ] *súbitamente.*) Bueno, entonces tráigame algo de comer. ¡Hace días que no pruebo casi nada! ¡Qué alegría poder ver a Susanita, y a mi vieja y a Diego!

ALT. COM.: (*Señala la bandeja.*) Pero si aquí tiene...

SEMPRONIO: ¡No! ¡Bifes de lomo,° señor! Puchero de gallina con fariña.° Manzanas asadas. ¿Me comprende?

Bifes... Steaks / Puchero... Thick chicken stew.

Entra el soldado con ropas secas; se para en la puerta con una regadera.°

watering can

SOLDADO: Permiso para hablar, señor.

ALT. COM.: ¿Qué le ocurre ahora?

SOLDADO: Debo llenar otra vez la bañadera, señor. Forma parte de mi equipo. (*Echa agua en la bañadera.*) Además, como el elemento S.P. 49 H321 V/60 no ha comido (←) desde hace varios días, encargué° a los Altísimos cocineros de la Comisión algunos platos especiales.

pedí

ALT. COM.: ¡Magnífico! De eso estábamos tratando (ʍ). ¡Haced pasar esos platos! (*El soldado sale y entra con un carrito lleno de fuentes,*° *campanas metálicas,*° *platos, etc. Va sirviendo* [ʍ] *la mesa de Sempronio.*) Ajá... a ver... Antipasto italiano, *pickles* ingleses y una salsita liviana° de estampillas japonesas, para mezclar lo útil con lo agradable. Aquí... Gulasch de ternera° con papas Brandeburgo y un licuado de camisetas de marineros japoneses° enfermos de radioactividad... Ensalada de berros° frescos del río con tomates de Bulgaria y crema de las Actas de la Conferencia Internacional del Desarme... De fruta, granadas° radioactivas del Sahara.

trays
campanas... covered dishes

light
veal
licuado... purée of Japanese sailors' shirts
watercress

pomegranates

SEMPRONIO: ¿Veré (→) a mi familia si como todo esto?

ALT. COM.: Coma y no pierda tiempo. (*Sempronio come apresuradamente,*° *con verdadera desesperación.*) Soldado, puede dar las órdenes para la prueba nuclear.

?

El soldado se sienta, saca un micrófono y levanta una antena de su espalda. Por platea entran dos soldados trayendo una enorme bomba que colocan en el pasillo,° *o entre el público. La bomba tiene un larguísimo cable que está por el momento libre.*

aisle

SOLDADO: (*Al micrófono.*) Atención, atención... Puesto número uno... en lugar secreto. Pueden conectar el cable. (*Por una puerta lateral de escena, entra un grueso cable y un soldado que va directamente a Sempronio y lo conecta en el cuello.*) Atención. Atención, puesto número dos, en Maipú 326,[1] pueden conectar... (*Los dos soldados de platea suben con el cable a escena y conectan a Sempronio en el cuello.*) Atención... puesto número tres, en Brandsen y Aris-

---

[1] O en el lugar donde se represente la obra. [Nota del autor]

tóbulo del Valle... (*Al Comisionado.*) Pero ésa es la cancha° de   *soccer field*
Boca... ¿Y si vuela?

ALT. COM.: Son sólo bombas de prueba. No hay riesgo. Además, ¡yo soy de
River! (*Al soldado.*) Déme el micrófono. (*Toma el micrófono.*) A-
tención... A todos los que estén próximos a las bombas de
prueba. Serenidad. Las explosiones que se producirán (→), si
bien de apariencia terrible, no son dañinas para la salud. No
asustarse y mantener la calma. (*Tapa el micrófono.*) La próxima
sí y entonces todo el poderío atómico estará (→) en mis manos.
¡Haremos (→ hacer) volar ciudades enteras con sus habitantes
y todo! (*Vuelve al micrófono.*) Atención, vamos a comenzar.
¡Todo listo! Diez... nueve... ocho... (*A Sempronio.*) ¿Usted se
imagina si estuviéramos (→ estar) en una guerra de verdad?
Siete... seis. (*A Sempronio.*) ¡Miles, millones de enemigos muertos! Cinco... cuatro... (*A Sempronio.*) Piense en su familia...
tres... dos... La fuerza, la gloria, el poder... Uno... cero... *Fire-
eee*!

El comisionado se tira al suelo tapándose (∩) la nuca° con la palma   tapándose... vea el
de las manos. Los soldados hacen cuerpo a tierra.° Un largo minuto de   dibujo de arriba
silencio y de quietud. Después tímido, distraído, el silbido de Sem-   hacen... *fall flat on the
pronio. Entran lentamente el sabio y tres colegas más, todos iguales   floor*
con un extraño escafandro cada uno, como yelmo,° en el brazo. El   *helmet*
Altísimo Comisionado se incorpora.° Los soldados, muy curiosos,   se... se levanta
también.

SABIO: Fracaso absoluto, señor Altísimo Comisionado. Ninguno de los
artefactos estalló.

ALT. COM.: (*Luego de una pausa. A Sempronio.*) ¿Cómo explica esto?

SEMPRONIO: No sé, señor... en casa siempre tenía...

ALT. COM.: ¡Traidor! ¡Viejo embustero°!   *cheat, liar*

SEMPRONIO: Hice lo que pude. Yo quería ver a mi familia...

ALT. COM.: ¡Mentira! ¡Usted no quiso dar corriente! (*A los sabios.*)
¡Revísenlo!° (*Los sabios se miran.*) ¡Revísenlo!   *Search him!*

SABIO: A eso veníamos. (*A los colegas.*) Profesores… (*Los sabios se colocan los raros escafandros en la cabeza. Uno parece un micrófono, otro una cabeza de surtidor,° otro un triángulo, una antena zig zag de televisión, etc. A Sempronio.*) Permiso, señor. (*Todos se inclinan sobre él, por turno. A cada inclinación se oyen trozos° de señales fácilmente reconocibles por el público; por ejemplo, Sabio Uno da la señal de ocupado telefónico. Sabio Dos, la señal de radio del Estado, Sabio Tres el silbato de ronda policial° o la siringa de los afiladores.*[2] *Cuando se juntan todas las cabezas inclinadas, el ruido es insufrible. Al levantar las cabezas cesan todos los ruidos. El sabio se aparta meditando [ʎ]. Luego, con un gesto enérgico.*) ¡Compañeros! (*Todos se reúnen junto a él, en una especie de* scrawn *de rugby. Los ruidos de cada uno, mezclados, vuelven a ser caóticos hasta que, gradualmente, se van uniformando para desembocar° finalmente en el vals de Sempronio a toda orquesta.*) Ya estamos de acuerdo… Señor Altísimo Comisionado, el elemento S.P.49 H321 V/60 no tiene radioactividad de ninguna especie. Es absolutamente neutro como cualquier ser humano. (*Quitan sus escafandros, no sin antes inclinarse y dar entre todos un acorde melodioso.*) Vamos a redactar° el informe, colegas.

sprinkler

little bits

silbato… police whistle

se… come together to result

escribir

   Salen. El Altísimo Comisionado se pasea meditativo arriba y abajo.

SOLDADO: Permiso para hablar.

ALT. COM.:   (*Se le echa encima.° Por él y por los otros soldados.*) ¡¡¡Fuera de aquí!!! (*Salen los soldados. El Altísimo Comisionado continúa su paseo. Sempronio silba.*) ¿Y ahora… ? ¿Qué será (→) de mí ahora… ? ¡Esto es el fin… la renuncia… la destitución… otra vez el llano!° ¡Adelante los que quedan! ¡Qué digo!… Me siento como una *botiglia vuota°*… Esto es peor que la muerte, peor que la deshonra… Es… convertirse en lo más negro, en lo más gris, en lo más infame… para un funcionario. ¡Es convertirse en un ex!

Se… He jumps on him.

demotion

botiglia… botella vacía

---

[2]la… *The whistle of the knife sharpener who comes through the neighborhood and sharpens knives and needles.*

¡Qué horror! (*Reacciona.*) ¡Y todo por culpa de este viejo inservible! ¡Jubilado achacoso,° que ya ni puede hacer andar una radio de transistores! (*A Sempronio se le ilumina la cara en una sonrisa de triunfo.*) ¡De qué se ríe, viejo estúpido!

SEMPRONIO: De eso… de ser un viejo inservible… un jubilado inútil… De no tener energía… Ya no sirvo para usted. Ya no soy más el elemento ese… ¡Me tendrá (→ tener) que poner en libertad!…

ALT. COM.: ¡Libertad!… ¡Eso es lo único que saben decir cuando ven al gobierno en dificultades! ¡Libertad! En lugar de colaborar, mortificarse, de entregarlo todo y soportar el peso de la desgracia… ¡Libertad! ¡Si antes tuvo corriente, la volverá (→) a tener! ¡Si alguna vez anduvo, volverá (→) a andar! ¡Yo no renuncio! Esto es sólo una alternativa,° un desperfecto. Daré (→) un comunicado, emitiré (→) un desmentido°… Le echaré (→) la culpa a los extremistas, haré (→ hacer) cuarenta charlas por televisión para explicarlo… En todas partes pasa lo mismo. ¡Proyectiles que no llegan, cohetes° que no suben, satélites que se caen… Hay que esperar… es cuestión de tiempo… ¡Lo haré (→ hacer) desarmar!° ¡Lo haré reparar por nuestros mejores mecánicos! ¡Lo haré (→) rectificar, encamisar,° reconstruir! (*Se asoma.*) ¡Soldado!

SOLDADO: (*Haciendo [ʌ] la venia anterior.*) ¡Yes, sire!

ALT. COM.: ¡Llame inmediatamente al *Service!*

Sale el soldado.

SEMPRONIO: ¿Me permite… ?

ALT. COM.: ¡No sé! ¡Si a nosotros no nos sirve para nada, podemos venderlo a algún país más subdesarrollado que nosotros, para su reequipamiento! (*Entra de culata° un camión remolque,° atracando* [ʌ] *en la puerta lateral de escena.*) ¡Ajá! (*Con mamelucos° de mecánico llenos de grasa, con llaves inglesas° saliéndoles* [ʌ] *de los bolsillos, etc., entran dos mecánicos.*) Ahí tienen. ¡Llévenselo! (*Sempronio se levanta y avanza sonriendo a los mecánicos. Estos lo alzan° y lo cuelgan° de la grúa° del remolque. Me gustaría° que la grúa pueda levantarlo. Salen los mecánicos y parte el camión. El Altísimo Comisionado queda solo.*) Mantengamos la calma… Pensemos… No es más que un accidente… un simple desperfecto. Ellos son buenos mecánicos. Además, si yo les doy una orden, tendrán (→ tener) que cumplirla. El mundo está organizado así. No se discute con las licuadoras° o con las máquinas de afeitar. Se las repara. ¡Y una vez reparadas, se las utiliza! Están todos muy equivocados si esperan que por un mínimo desperfecto me voy a desconcertar. ¡Yo soy el que da las órdenes! A los hombres y a las cosas. Les digo: ¡Funcionad! ¡Y ellos, a funcionar! (*Golpea con tremenda energía en la mesa*). ¡A funcionar! (*Saca la mano del pastel° de estampillas donde fue a parar su puño cuando golpeó. Se mira.*) Eh… (*Se sacude molesto,° se limpia en la*

---

sickly

setback
denial

rockets

¡Lo… *I'll have him taken apart!*
disfrazar

Entra… *Backs in / tow*
overalls
llaves… *wrenches*

levantan / *hang* / *crane* / *would like*

blenders

pastry
Se… *He shakes it, irritated*

ropa. Luego se va asustando [ʌ].) Este pastel es... (*Grita.*) ¡De estampillas! ¡Radioactivas! ¡Socorro! ¡Me voy a desintegrar! ¡Voy a reventar° como una bomba!... Me voy a morir en pleno ejercicio de mis funciones... ¡Horror! (*Mira a todas partes desesperado y finalmente se arroja, con todo ímpetu, dentro de la bañadera de latón, arrojando* [ʌ] *mucha agua. Emerge dentro y grita.*) ¡Viva la Ciencia Dirigida!

estallar

TELON RAPIDO

Comprensión

A. ¿Cierto (**C**), falso (**F**) o no dice (**ND**)? Corrija las oraciones falsas.

_____ 1. Sempronio se niega a comer hasta que le prometan que puede ver a su familia.

_____ 2. A Sempronio sólo le dan de comer estampillas.

_____ 3. Hacen una prueba para ver si Sempronio puede hacer estallar una bomba.

_____ 4. El Altísimo Comisionado cree que Sempronio tiene energía pero no la quiere usar.

_____ 5. El Altísimo Comisionado teme que el fracaso de la bomba cause su ruina profesional.

_____ 6. Sempronio está muy triste al ver que ya no tiene su radioactividad.

_____ 7. El Altísimo Comisionado está convencido de que no puede hacer nada para devolverle la radioactividad a Sempronio.

B. Complete las oraciones según la lectura.

1. Según Sempronio, el Altísimo Comisionado no puede mantenerle como prisionero porque _____ .

2. Antes de dejar que Sempronio vea a su familia, el Altísimo Comisionado intenta _____ .

3. Cuando Sempronio no hace estallar la bomba, el Altísimo Comisionado no cree que _____ .

4. Al final del acto, el Altísimo Comisionado está furioso que _____ y que _____ .

C. ¿Quién puede ser el personaje que dice las siguientes oraciones? ¿En qué basa Ud. su opinión? ¿Qué revela de cada personaje?

1. ¿Conoces alguna tortura peor que comer solo?

2. Yo creía que Ud. era una cosa rara, no un padre como los de todo el mundo.

3. ¡Saltar a la gloria, a la celebridad! ¡Usted, un simple ex operario, un oscuro insignificante jubilado viejo e inútil!

4. Le echaré la culpa a los extremistas, haré cuarenta charlas por televisión para explicarlo... Hay que esperar... es cuestión de tiempo.

D. Conteste las preguntas según la lectura.

1. ¿Qué cambio vemos en la actitud del soldado con respecto a Sempronio? ¿Cómo se explica su cambio?
2. ¿Cree Ud. que Sempronio perdió su radioactividad a propósito (*on purpose*)? ¿Qué otras explicaciones puede haber?
3. Narre brevemente lo que pasa en la escena de la prueba de la bomba. ¿Cómo reacciona Sempronio? ¿Cómo reacciona el Altísimo Comisionado? ¿Qué diferencia hay entre los dos y qué revela esto de sus valores?

Prelectura

Lea rápidamente el siguiente pasaje de *Sempronio* y luego conteste las preguntas que lo siguen.

DIEGO: ¡Amigos, compañeros! Con este magnífico acto culminan todas las actividades programadas en nuestra campaña para recuperar la libertad de Sempronio, mi querido padre y nuestro querido dador voluntario de corriente. Tengo que reconocer, con profundo dolor, que todos los esfuerzos han resultado (←) inútiles y alguno, como la compra de un detector de radioactividad para localizarlo por nuestra cuenta, muy caro y hasta peligroso. No, mis amigos. Estos largos quince días de campaña, en la cual hemos agotado° todos los métodos pacíficos, nos han enseñado (←) una cosa. ¡Hay que cambiar de métodos! Hay que oponer la energía a la energía, la violencia a la violencia. Hay que intentarlo todo en un solo acto, total, definitivo. Y eso es lo que vengo a proponerles ahora, para que todos lo aprueben por aclamación. Amigos y compañeros, yo propongo...

hemos... *we have exhausted*

---

1. ¿A qué clase de comunicación pertenecen las palabras de Diego?
   a. científica   c. literaria   e. deportiva
   b. política   d. íntima   f. económica

2. Subraye todas las palabras que contribuyan a esta clasificación.
3. ¿Qué va a proponer Diego en las próximas oraciones? ¿Cuáles son las palabras en su discurso que contribuyen a esta impresión?

Vocabulario activo

la campaña *campaign*	**justo** *fair*	**soltar (ue)** *to free, let go*
el cartel *poster*	**llorar** *to cry*	**soñar (ue)** *to dream*
devolver (ue) *to return*	**las noticias** *news*	**la tontería** *silliness, rubbish*
hipar *to hiccough*	**rodear** *to surround*	**el vecino** *neighbor*

A. Dé las palabras que se corresponden con las definiciones.

1. una persona que vive cerca de Ud.
2. una acción involuntaria que ocurre cuando se come demasiado rápido
3. una acción que hace una persona cuando está o muy triste o muy feliz
4. una acción que se hace con un criminal una vez que ha pagado (*has paid for*) su crimen
5. una serie de acciones que se inicia para conseguir votos en las elecciones
6. una actividad que ocurre con frecuencia cuando uno duerme

B. Complete las oraciones en una forma lógica, usando la forma correcta de las palabras de la lista del vocabulario.

1. No es _____ que no nos paguen el sueldo mínimo.
2. Si no _____ el libro a la biblioteca antes de la fecha indicada, tienes que pagar una multa.
3. Su casa es preciosa. Está _____ de (*by*) grandes árboles y detrás tiene una piscina de tamaño olímpico.
4. Durante las últimas elecciones para presidente del país, los dos partidos políticos pusieron _____ por todas partes.
5. A las seis de la tarde siempre ponemos el televisor para oír _____ .
6. El niño no quiere que le besen sus padres. ¡Qué _____ !

◫ SEMPRONIO: Parte 5 ◫

ACTO TERCERO

Al levantarse el telón, se ve otro telón que simula° ser el paredón° del «Club Defensores de Balvanera», cuyos portones se advierten° a un costado. Las paredes están llenas de inscripciones antiguas tales como «Vote Balbín-Frondizi»; otra, tapada,° dice solamente «Cumple». Cruzando (∿) toda la larga pared, una inscripción, reciente, fresca y vibrante que ocupa todo el lado del paredón: «Libertad a Sempronio». Al lado, un palo° con un letrero grande: «Aquí, hoy. Gran acto por Sempronio». Una mesa en un extremo, para servir de tribuna, por el momento vacía. Por un costado sube lenta y fatigosamente un viejito flaco y muy débil, con un cartel que dice: «Jubilados con Sempronio». Camina y se instala junto a la mesa. Por la otra punta aparece otro viejito, chiquito y regordete,° con un enorme cartel en forma de estampilla cuadrada y dentada, con la foto de Sempronio y una inscripción en el dorso: «Filatélicos con Sempronio». Camina y se instala junto a la mesa y al jubilado. Por el mismo sitio y siguiéndole (∿) de cerca, entra un caballito de madera,° de esos que se usan en las calesitas, con un letrerito de todos colores: «Las calesitas con Sempronio». Cerrando (∿) la marcha, dos hermosísimas girls en pantalón vaquero,° caminando (∿) con ritmo y pasos de swing y un cartel que dice: «The rocker fans with Semprony». Cuando todos se han reunido (←) junto a la mesa (reforzados, si se puede, con todos los comparsas del elenco°) aparece Diego, sube a la mesa y recibe el aplauso de los presentes, quienes comienzan a corear la marcha «Queremos a Sempronio»:

parece / pared

portones... puertas se ven

covered

stick

chubby

caballito... wooden horse

pantalón... jeans

comparsas... rest of the cast

> *¡Señor de la luz y la energía,*
> *dador° voluntario de calor,*   *giver*
> *lucharemos (→) con amor y valentía*
> *para verte, otra vez, entre nos!*

Las rockers *pueden recorrer la platea juntando (∿) firmas por la libertad de Sempronio. Aplausos, gritos, vivas, mueras, etc.*

DIEGO: ¡Amigos, compañeros! Con este magnífico acto culminan todas las actividades programadas en nuestra campaña para recuperar la libertad de Sempronio, mi querido padre y nuestro querido dador voluntario de corriente. Tengo que reconocer, con profundo dolor, que todos los esfuerzos han resultado (←) inútiles y alguno, como la compra de un detector de radioactividad para localizarlo por nuestra cuenta, muy caro y hasta peligroso. No, mis amigos. Estos largos quince días de campaña, en la cual hemos agotado todos los métodos pacíficos, nos han enseñado (←) una cosa. ¡Hay que cambiar de métodos! Hay que oponer la energía a la energía, la violencia a la violencia. Hay que intentarlo todo en un solo acto, total, definitivo. Y eso es lo que vengo a proponerles ahora, para que todos lo aprueben por aclamación. Amigos y compañeros, yo propongo…

Se apagan° todas las luces. Hay gritos, murmullos, pataleos.° Junto   *Se… Go out / stomping*
al portón un viejito muy tímido y asustado, con una vela encendida,°   *vela… lit candle*
se asoma.

SERENO: Muchachos. Hablaron de la Comisaría.° Dicen que hay un corte   *Police Station*
de luz° en el barrio y que levanten inmediatamente la reunión   *corte… power outage*
porque no están autorizados los actos públicos a oscuras. (*Sopla*
la vela. Todo queda a oscuras. Hay murmullos, luego silencio. Por
platea, silenciosa, llorando [∿] o sollozando [∿], avanza Susanita
hacia escenario; cuando ha recorrido° [←] unos pasos, se ilumina la   *avanzado*
escena. El telón está bajo y Diego viene caminando [∿], muy cabiz-
bajo,° pateando° piedras o papeles de la calle. En el rincón de siempre,   *triste / kicking*
la escalerita que sirve de acceso a la casa de Sempronio, como en el
primer acto.)

DIEGO: ¡Susana!

Susanita lo ve, levanta la cabeza y llora más fuerte.

DIEGO: (*Avanza hacia ella al borde de la escalera.*) ¿Qué te ha ocurrido (←)?
SUSANITA: ¡Nadaaaa!
DIEGO: ¿Por qué lloras así, entonces?
SUSANITA: ¡Porque quiero ser fea!
DIEGO: ¿Estás loca? (*Le ayuda a subir. Susana se le abraza.*) ¿Te parece momento para ponerte a llorar por una tontería así?
SUSANITA: Si yo fuera° fea habría encontrado° a mi papito…   *were / habría… I would have found*
DIEGO: ¿Y eso qué tiene que ver?°   *¿Y… What does that have to do with it?*

SUSANITA: Que a cada oficina donde voy para pedir autorización de visita a papito, lo único que me contestan es que quieren salir a bailar conmigo. Y por más que me enojo, lo único que consigo es que en lugar de salir de noche, me invitan a bailar de tarde. (*Vuelve a llorar.*) ¡Y yo no quiero bailar… yo quiero ver a mi papito!

DIEGO: ¡Estúpidos!

SUSANITA: ¡Si yo fuera° fea, me harían caso.° Pero soy como Teresita, que estuvo tres años sin conseguir empleo, porque cada vez que se presentaba donde pedían una dactilógrafa,° el gerente la quería llevar a cenar…

DIEGO: Bueno… bueno…, no entrés así en casa, que la pobre mamá ya tiene bastante como para que todavía te vea con esa cara… (*Saca un pañuelo.°*) Tomá… limpiate.

were / harían… they would pay attention

typist

handkerchief

Avanzan hasta la puerta disimulada. El telón se levanta. Estamos en casa de Sempronio. Todo es igual al primer acto. Sólo que en la silla de Sempronio está sentada Olga, rodeada de una verdadera maraña° de cables de planchas, ventiladores, estufas, radios, etc. Todos con sus enchufes conectados a su cuello. Sobre su regazo tiene un álbum de estampillas del que va sacando (ᴍ), una por una, pequeñas piezas que luego de mirar y de murmurar con rabia:° Hiroshima… Nagasaki… Huemul… las va metiendo, (ᴍ) en la boca y masticando (ᴍ) con rabia o tragando° con dificultad. De tiempo en tiempo retoca los enchufes, eleva una mano como antena, tantea° la plancha y vuelve a su juego. Sus hijos, desde la puerta, la miran azorados.°

web

anger

swallowing

tests

alarmed

OLGA: (*Juego indicado.*) Hiroshima… Nagasaki… Isla Huemul… (*Mira una con dificultad. Lee.*) Ganaremos (→) la batalla del petr… (*La tira.*) Esta no sirve… Hiroshima… Na…

DIEGO: Vieja, ¿qué haces?

SUSANITA: (*Corre hacia ella.*) Mamita, ¿qué estás haciendo (ᴍ) con las estampillas de papito?

OLGA: (*Gesto melodramático.*) ¡No se acerquen! ¡Puedo estallar en cualquier momento! (*Hipa terriblemente.*) ¡Hic! Malditas estampillas... tienen un gusto... (*Otra vez su juego.*) Hiroshima... Nagasaki... ¡Hic!

SUSANITA: Estás comiendo (ᑎ) las estampillas de papito...

DIEGO: ¿Ahora vos también querés volverte radioactiva?

OLGA: (*Va a hablar.*) ¡Hic! (*Con desesperación.*) ¡Sí... quiero volverme radioactiva!

SUSANITA: Mamita...

OLGA: Ya que no podemos saber dónde está... ya que no lo devuelven... quiero volverme radioactiva y que venga de nuevo la Comisión ésa y me lleve a mí también... al mismo sitio donde está mi hijo. (*Hipa.*) ¡Hic! ¡Yo sé que el viejo me necesita! (*Llora.*)

DIEGO: (*La desconecta suavemente.*) Lo único que conseguirás (→) es arruinarte el estómago.

SUSANITA: (*Retirando* [ᑎ] *el álbum.*) Papito no las comía.

OLGA: Ya lo sé. Al principio yo tampoco. Las chupé,° las mastiqué... ¡Al final, de puro desesperada, me las comí! ¡Lo único que faltaba ahora era fumarlas° en una pipa! (*Hipa terriblemente.*) ¿Y ustedes... encontraron algo? ¿Consiguieron alguna cosa nueva?

SUSANITA: Todo es inútil. Y encima...

DIEGO: Callate.

OLGA: ¿Qué pasó?

DIEGO: (*Mirando* [ᑎ] *a su hermana.*) Nada... que Susanita no quiere bailar más...

OLGA: ¡Cómo no! ¿Vas a dejar el *rock* ahora? ¿Esa danza moderna tan linda? ¿Y si papá vuelve? ¿Qué le vas a bailar? ¿Te acordás cómo se ponía contento cuando venías con tu radio a practicar? (*Suspira.*) ¡Pobre viejo! Siempre estaba allí... sentado, quieto... silbando (ᑎ) su vals... feliz... (*Se oye, muy lejano, como una evocación, el silbido de Sempronio.*) Al principio las vecinas creían que le habían dado° un puesto importante en el gobierno... y me felicitaban. Después se fueron dando cuenta°... y ahora es peor. Me tratan como a una viuda. Hasta la dueña del Bazar Marnet, que es espiritista, me quiso ayudar. Pero los espiritistas no pueden hablar con los espíritus vivos. Tienen que esperar...

SUSANITA: ¡Mamá, qué cosas decís!

DIEGO: Dejate de cosas raras. ¡Mirá al viejo dónde lo llevó la filatelia!

OLGA: Ya lo sé... pero... ustedes salen... pelean°... hacen reuniones, van a presentar escritos, pero yo... sola, aquí... mirando (ᑎ) su silla a cada rato... ¡Pobre viejo! (*Hipa.*) A veces me parece verlo. (*El silbido de Sempronio casi en primer plano.*) Quieto... silbando (ᑎ) su vals..., ¡mirándonos (ᑎ) feliz!

I sucked

?

habían... they had given
se... they caught on

fight

En la puerta está parado Sempronio, quieto, mirándolos (∿), silbando (∿) feliz.

SUSANITA: *(Lo ve y grita.)* ¡Papá, papito! *(Corre a él.)*

DIEGO: ¡Viejo! ¡Te soltaron!

SUSANITA: ¿Te escapaste, papito?

Todos lo rodean, lo besan. Sempronio los abraza a todos.

SEMPRONIO: *(En un abrir de brazos. Habla por entre cabezas, caras, caricias.)* ¡Cuánto he soñado (←) este momento! ¡Todos juntos, otra vez!

OLGA: ¿No te encerrarán (→) más? ¿Te dejarán (→) vivir en casa?

DIEGO: ¿Te trataron bien?

Lo van llevando (∿) a su silla. Lo sientan. Toda la familia lo rodea.

SEMPRONIO: ¡Ah... qué bien se está aquí! *(A Olga.)* No, mi vieja, ya no me llevarán (→) más! La pesadilla° terminó para siempre. ¡Cuánto los he extrañado°! *(Mira a Susanita.)* ¡Qué alta que estás! *(A Olga.)* ¡Cómo crecen estos chicos!... [nightmare] [he... I have missed]

SUSANITA: No seas exagerado, papito. Fueron dos semanas...

SEMPRONIO: A mí me parecieron dos siglos... ¡Qué sé yo!

DIEGO: ¿Y cómo fue que te soltaron? Si hasta ayer no querían dar noticias tuyas. ¿Vos sabés todo lo que hicimos?

SEMPRONIO: Me lo imagino, hijo. Pero... felizmente no se necesitó ninguna violencia. La cosa fue que desde mi llegada a la Altísima Comisión... se me acabó° la corriente. [terminó]

SUSANITA: ¿No tenés más, papito?

DIEGO: *(Al mismo tiempo.)* ¿No das más energía?

OLGA: ¿Te curaron, viejo?

SEMPRONIO: No tengo siquiera una chispita° así... ni para mostrar. Y eso que me hicieron toda clase de pruebas, me mandaron a institutos, gabinetes... pero... nada. *(Pausa. Sonríe un poco triste.)* Soy un hombre como los demás. *(Sonríe más francamente.)* Y me tuvieron que soltar. Claro... es una lástima no tener más corriente... [spark]

OLGA: En el fondo,° es mejor... quién sabe si te hacía bien tener eso en el cuerpo. [En... All in all]

SUSANITA: ¡Claro! ¡Lo importante es que vivas con nosotros!

DIEGO: Y... claro... no es lo mismo... pero así por lo menos no te molestarán (→) más; podrás (→ poder) vivir tranquilo tu vida.

Comprensión

A. Complete las oraciones según la lectura.

1. Para liberar a Sempronio, la famila y los vecinos _____ .
   a. reunieron mucho dinero

    b. escribieron cartas al presidente

    c. hicieron carteles y compraron un detector de radioactividad

2. En su discurso, Diego _____ .
    a. defiende el uso de los métodos pacíficos
    b. dice que tuvieron éxito en su campaña
    c. sugiere que la violencia es el único método que les va a producir resultados

3. Susanita lloraba porque _____ .
    a. pensaba que su padre estaba muerto
    b. nadie escuchaba se petición de liberar a su padre
    c. no podía bailar sin la música

4. Para reunirse con Sempronio, Olga _____ .
    a. decide comer estampillas
    b. decide ir a ver a los oficiales
    c. consulta con otros filatélicos

5. Cuando Diego le dice a Olga que Susanita ya no quiere bailar, _____ .
    a. Olga se pone muy contenta porque nunca le gustó el *rock*
    b. Olga lo lamenta porque recuerda que a Sempronio le gustaba
    c. Olga no lo cree

6. Los oficiales liberaron a Sempronio porque _____ .
    a. tenían miedo de la reacción pública
    b. creían que era cruel mantenerlo separado de su familia
    c. ya no les era útil

B. Conteste las preguntas.

1. Cada miembro de la familia reaccionó al encierro de Sempronio de una forma diferente. ¿Cómo reaccionó Diego? ¿y Susanita? ¿Olga? ¿Qué revela cada acción de la personalidad y de la posición de cada uno dentro de la sociedad?
2. ¿Cómo reaccionaron todos a la vuelta de Sempronio? ¿Y a su pérdida de radioactividad?
3. En esta obra, el encierro de Sempronio hace que toda la comunidad se junte y trabaje junta. ¿Qué acontecimientos (*events*) pueden producir este tipo de solidaridad? ¿Participó Ud. alguna vez en un movimiento social o político con toda la comunidad? Descríbalo.
4. ¿Qué cree Ud. que va a pasar en la última parte de la obra?

Vocabulario activo

la barba *beard*
descansar *to rest*
engañar *to deceive*

estafar *to cheat*
firmar *to sign*
la firma *signature*

gastar *to spend*
el ladrón *thief, robber*
tratar *to treat*

A. ¿Qué palabra de la segunda columna asocia Ud. con una de la primera?

1. descansar
2. el ladrón
3. firmar
4. engañar
5. la barba

a. John Hancock
b. mentir
c. robar
d. Abraham Lincoln
e. la calma

B. Complete las oraciones en una forma lógica, usando la forma correcta de las palabras de la lista del vocabulario.

1. Debes _____ al presidente con todo respeto.
2. Es un hombre sin escrúpulos. _____ a una vieja que vive de una pensión muy modesta.
3. Sólo gano trescientos dólares a la semana y tengo que _____ mil dólares al mes para mi apartamento.

◪ SEMPRONIO: Parte 6 ◪

SEMPRONIO: (*Progresivamente triste.*) Yo también pensé todo eso… pero… ¿vivir mi vida, decís?… ¿Qué vida? Ustedes son jóvenes, trabajan, se mueven, hacen cosas, ustedes sí, viven. Yo… así… simplemente así…

OLGA: ¡Pamplinas!° ¡Lo que tenés que pensar es en descansar! No andar haciéndote (⋒) el radioactivo por ahí…   *Rubbish!*

SEMPRONIO: Es que yo no quiero descansar. ¡Eso es como estar muerto! ¡No se imaginan qué feliz era yo con mi corriente! ¡Hacer andar planchas, radios, fábricas, calesitas! Ahora, ¿qué me queda? Resignarme… ¿Qué puede hacer un jubilado? Pintar las macetas,° matar las hormigas,° arreglar el gallinero° o sentarme a hablar de fechas y recuerdos en alguna plaza. Levantarme estúpidamente temprano, silbar mi vals. (*Para sí, muy bajo.*) Nadie se imagina lo que he perdido (←). (*A Olga.*) Casi casi, me siento como una fotografía en la repisa.° (*A Susana.*) Vos, por ejemplo, podrás (→ poder) bailar sola, sin mi ayuda. (*A Diego.*) Y vos… avisales a los muchachos que… ya no sirvo más…   *flowerpots / ants / henhouse*   *shelf*

DIEGO: Los muchachos se van a alegrar mucho. No sabés todo lo que me hicieron. (*Se acuerda.*) A propósito, tengo que ir a decirles. Están organizando (⋒) una manifestación con antorchas° para esta noche en la Plaza de Mayo. (*Marca el mutis.°*) Y dejate de pensar macanas.° Si te vuelve la corriente, tendrás (→ tener) otra vez encima a la Altísima Comisión y su corte de sabios barbudos.° (*Va a salir y choca con el sabio que está parado en la puerta con una cajita negra tipo contador Geyger.*) ¿Y usted? ¿Qué quiere ahora?   *torches*   *Marca… He starts to exit. / tonterías*   *con barba*

SUSANITA: ¡Papito, vienen de nuevo!

SEMPRONIO: Pase, profesor…

SABIO: No se asusten. No vengo en misión oficial.

DIEGO: Ah, ¿y ese aparato que trae ahí?

SEMPRONIO: Diego… andá tranquilo. Susanita, traé una silla al profesor.

DIEGO: (*Saliendo* [∽].) Voy y vuelvo en seguida. Cualquier cosa (*por el sabio*), si me precisás,° ya sabés… (*Sale y se oye su grito.*) ¡Muchachos, volvió el viejo… muchachos! · necesitas

SABIO: (*Recibe la silla de Susanita y se sienta.*) Gracias, señorita. No hay dudas que su familia lo defiende. (*Muestra la cajita.*) Pero esto no es un detector, es simplemente (*saca de la cajita un pequeño álbum de estampillas*) un álbum de estampillas. Necesito su consejo como filatélico. (*Abre la caja.*) Quiero que examine estas estampillas. (*Saca una del álbum y la da a Sempronio.*) Fíjese… (*Sempronio examina una; el sabio le da la lupa.°*) Son todas estampillas de un solo país… Tongueria, en el corazón del Africa Central. Hace un año inicié esta colección especializada. He gastado (←) una fortuna en completarla. · magnifying glass

SEMPRONIO: Muy interesantes. Y muy coloridas también. ¡Susanita, vení! Fijate qué lindas estampillas africanas. (*Susana se aproxima por detrás y mientras mira las estampillas, disimuladamente° coloca el enchufe de la radio en el cuello de Sempronio.*) ¿De dónde dijo que eran, profesor? ¡Susana, quieta! · secretly

SABIO: Tongueria, en Africa Central.

SEMPRONIO: ¿Y qué dificultad tiene? Son estampillas auténticas. Están con su estampa y su dentado° correcto. Además hay algunas con sobrecarga.° ¿Cuál es el problema? · edging · seal

SABIO: Tongueria no existe. (*Muy triste.*) No figura en ningún mapa, en ninguna geografía. Han abusado (←) de mi buena fe. Me han estafado (←). Además, ya son más de una docena las víctimas. Y por eso venía a verlo. Estamos juntando (∽) firmas de filatélicos para ver si fundamos° un gobierno de Tongueria en el exilio. ¿Usted no cree que es una lástima que estampillas tan lindas no tengan un país de dónde venir? · we can found, establish

SEMPRONIO: Bueno, yo no tengo inconveniente en ayudarlo. Además…

Lo interrumpe el estallido de un rock 'n roll furioso en la radio. Todos quedan petrificados.

SUSANITA: ¡Papito!… ¡La co… corriente!

SEMPRONIO: ¡Qué has hecho, hija!

SUSANITA: (*Bajando* [∽] *el volumen.*) Nada… quise probar a ver si era cierto… estabas tan triste que te conecté.

OLGA: Otra vez como antes, viejo. ¡Nena, esa radio está muy fuerte! (*Susana baja más el volumen, pero comienza a marcar pasos en su sitio.*)

SEMPRONIO: ¡Es extraordinario! ¡Otra vez! ¡Como antes!

OLGA: (*Viene con la plancha.*) ¿A ver si la plancha también? (*Lo enchufa. Espera, la prueba y corre a buscar ropa. Entra Diego corriendo [ɯ].*)

DIEGO: ¡Cómo! ¿Otra vez la corriente, viejo? (*Al sabio.*) ¿Fue usted el que lo hizo andar? (*Entusiasmado, se abalanza° a la ventana*   *se... corre* *de foro. La abre y grita.*) ¡Muchachos! ¡Le volvió la corriente! (*Pausa. Mira. Busca.*) ¡Manuel!

VOZ MANUEL: ¡Qué!

DIEGO: ¡Pasen el cable de la calesita y avisen a los demás que conecten!

Entra por la ventana un gran manojo° de cables.   *handful*

SEMPRONIO: ¡Conecten! ¡Conecten nomás! ¡Esto sí que es vida! ¿Qué me decís, vieja?

DIEGO: (*Con un cable en la mano.*) Este es de la calesita. (*Conecta. Se oye fuera una música de calesita.*) Este es de la cooperativa. (*Conecta.*) Este del otro taller,° el de Joaquín, que está con un   *shop* corte.

Lo va enchufando (ɯ). Fuera se van oyendo (ɯ oír) pitos° de   *whistles* *fábricas, sirenas, ruidos de máquinas rítmicas, campanas, todo en profusa algarabía° que pronto entra en un todo único, sinfónico,*   *lenguaje ininteligible* *del tipo de la sinfonía de las máquinas de* mossolov *o un más simple ritmo sincopado de* rock *bailable sobre el cual la radio sobreimprime el* cantabile. *Todos oyen y van entrando (ɯ) en el ritmo. Susana es la primera que baila decididamente. Entran las dos* girls *del principio del tercer acto, bailando (ɯ) con los dos viejos, el jubilado y el filatélico, cada uno con sus carteles. Entra el caballo de calesita. Entra el soldado del segundo acto con un ramo° de flores. Mira la escena y grita.*   *bunch*

SOLDADO: ¡Felicitaciones, don Elemento!

Ríe. Sempronio le agita° la mano. Susana se aproxima bailando   *waves* *(ɯ). El soldado la saluda y le tiende° las flores en un paso de* rock.   *offers* *Bailan. El sabio, entusiasmado, saca a bailar el* rock *a Olga, quien al compás le plancha la barba. Todo es de un latido° rítmico y*   *beat* *cortado, marcado en el fondo de* rock *industrial. En medio de todos, Sempronio, feliz, con cara de alimentador universal de fuerza y energía. Nadie ha visto (← ver) al Altísimo Comisionado que ha entrado (←), cauteloso,° por platea y una vez cerca del*   *cautious* *escenario hace sonar° un fuerte silbato de* referee. *El segundo*   *to sound* *silbato cae como una lluvia de hielo° sobre todos, que se van*   *ice* *tornando (ɯ) al origen de la interrupción. La música decrece.*

ALT. COM.: (*Subiendo [ɯ] a saltos.*) ¡Quietos todos! (*Con furia reconcentrada.*) ¡Traidores! (*Avanza con cautela hasta Sempronio. Los ruidos de fondo decrecen notablemente hasta hacerse casi silencio.*

El Altísimo Comisionado arranca un cable y fuera se oye un ° groan / howl
gemido° industrial disonante que muere como un aullido° de perro
atropellado° por un auto. Arranca otro cable y la música de la run over
calesita se va quedando [ɱ] sin cuerda. Arranca todos los cables
a manotones y se provoca fuera una cadena° de explosiones, pitos, chain
choques, estampidos y finalmente un tremendo acorde° disonante chord
que muere de golpe, en seco.) ¡Traidores! ¡Ya me imaginaba
esto! *(A Sempronio.)* ¿Y usted, viejo estafador? ¡Lleno de
corriente como una batería nueva, engañarme así! *(Al ver*
que Sempronio quiere contestar.) ¡Cállese la boca, insensato!
Engañar de esa manera a la Altísima Comisión. ¡Defraudar
al Estado! ¡Saboteador! Y lo peor, ¡hacer peligrar mi carrera
político-administrativa! ¿Qué tiene que responder a todo
esto?

SEMPRONIO: Vea, señor, yo...

ALT. COM.: Miente. ¡Ladrón, más que ladrón! Ahora mismo vendrá
(→ venir) de nuevo conmigo. *(Al sabio.)* Su situación la
examinaremos (→) después...

SEMPRONIO: Si usted permite...

ALT. COM.: ¡He dicho (← decir) que no! ¡Vamos!

DIEGO: ¿Y si nosotros no quisiéramos°? no... don't want to

VIEJO JUBILADO: *(Asmático.)* La verdad, nosotros no queremos. *(Tose.)*

CORO: ¡No queremos!

DIEGO: ¡Esta vez, de aquí no se llevan a mi padre! ¿Qué se han
creído (←)? *(Grita a la ventana.)* ¡Muchachos! ¡Se llevan al
viejo!

ALT. COM.: ¿Qué es esto? ¿Una rebelión? ¿Ustedes conocen la ley? A-
demás, tengo la manzana rodeada y me llevaré (→) al elemento por las buenas o por las malas.° por... one way or the
other

OLGA: *(Blandiendo° [ɱ] la plancha.)* ¡Fuera de aquí! ° ?

DIEGO: *(Tomando [ɱ] del cuello al Comisionado.)* Antes que llegue un
solo soldado suyo, yo lo estrangulo a usted.

El Altísimo Comisionado retrocede. Se oyen tambores fuera y tam-
bién la marcha «Queremos a Sempronio», coreada por los mu-
chachos.

SUSANITA: *(Asomada a foro.)* Vienen hacia aquí. ¡Es todo el barrio!

DIEGO: Ahora verán (→) lo que es bueno.

SEMPRONIO: *(Se levanta de golpe. Separa a Diego del Altísimo Comisionado.*
Aparta a las mujeres que quieren retenerlo.) Déjenme a mí solo.
(Enfrenta al Altísimo Comisionado.) Dígale a sus tropas que se
retiren.

ALT. COM.: No recibo órdenes de un elemento.

OLGA: Más elemento será (→) su...

DIEGO: Déjame que le haga tragar su...

SEMPRONIO: Silencio. Aquí no hay ningún elemento y es hora que usted nos deje vivir tranquilos. El expediente está terminado y allí se ordenó mi libertad.

ALT. COM.: Usted nos engañó. Haré (→ hacer) anular° ese expediente.   *cancelar*

SEMPRONIO: Pero por el momento, estoy libre. Además, va a perder su tiempo si intenta encerrarme de nuevo.

ALT. COM.: Yo no puedo permitir que malgaste energía del Estado en estas... tonterías... calesitas, cooperativas, clubes, radios...

SEMPRONIO: Mi energía es mía, no del Estado. Y no pierda más su tiempo. Ni bien quieran llevarme a su Altísima Comisión, la corriente se me irá° por completo. Otro fracaso como el primero, y no doy diez centavos por su cargo°...   *se... will leave me* / *trabajo*

ALT. COM.: (*Asustado.*) ¿Usted cree? (*Se repone.*) Esta vez yo me encargaré° de hacerle producir corriente. Ya verá (→)...   *yo... I will take charge*

SEMPRONIO: ¿Qué piensa hacer? ¿Torturarme? No depende de eso. ¿Hacerme tragar estampillas? Tampoco.

ALT. COM.: Averiguaremos (→) su secreto.

SEMPRONIO: ¡No hay ningún secreto! Se lo voy a decir a usted ahora mismo. No me di cuenta hasta ahora cuando mi hija volvió a conectar la radio. Ustedes empezaron a pedirme energía para hacer bombas, matar gentes, destruir ciudades..., y la corriente desapareció solita... y no hubo forma de producirla. Aquí, bastó° que se tratara (←) de usos pacíficos, rodeado por mi familia, y la corriente volvió. ¿No comprende? ¡La fuerza que me brota,° que me surge, que se me derrama, no es sólo radioactividad! Una vez que anida° en un hombre como yo... un hombre simple, o cualquiera... se transforma y tiene otro nombre... Un nombre que le va a hacer mucho daño cuando huya de aquí despavorido°... ¿Quiere que se lo diga? (*Se lo arroja a la cara.*) ¡Amor! ¡Esa es mi fuerza! (*Se oye la calesita.*) ¿Lo oye? ¡Ni siquiera preciso cables! Jubilado, viejo e inútil, así y todo, estoy lleno de amor. Me brota, trepida° dentro mío. Es el gran motor de todas las cosas. (*Se oyen fuera toda clase de ruidos de fábricas, pitos, máquinas, campanas.*) Todo se mueve por amor. Qué, ¿se asombra? ¿Se asusta? (*El Altísimo Comisionado se repliega espantado.*) Seguramente olvidó esa palabra. Ahora la va a oír hasta que tiemble° de espanto. (*A todos.*) ¡Dígansela! ¡Amor!   *fue suficiente* / *sale* / *está* / *horrorizado* / *vibra* / *tremble*

TODOS: ¡Amor!

El Altísimo Comisionado desciende, huyendo (∿) de espaldas, a la platea.

SEMPRONIO: Enséñesela a sus funcionarios. Recuérdesela a sus gobernantes. Repítasela a los sabios esos que fabrican bombas, y a los brazos que las arrojan. ¡Amor!

TODOS: ¡Amor! (*El Altísimo Comisionado va retrocediendo [* *] y tapán-*
dose° los oídos hasta que, de pronto, echa a correr despavorido.   covering
Desde la escena, todos, con suprema arrogancia y plenos de energía
atómica, arrojan al aire de la platea la palabra enorme, dulce,
definitiva.) ¡Amor! ¡Amor! ¡Amor! ¡Amor!

TELON

DESPUES DE LEER

Comprensión

A. Complete las oraciones según la lectura.

1. Sempronio está triste cuando vuelve a casa porque _____ .
   a. Susana no baila ahora
   b. la comunidad no pudo liberarle
   c. se siente viejo e inútil

2. El sabio viene a ver a Sempronio porque quiere _____ .
   a. que firme una petición
   b. experimentar y ver si le devuelve su corriente
   c. espiar y ver si Sempronio les engaña

3. Sempronio descubre que todavía tiene corriente cuando _____ .
   a. Susanita le conecta la radio
   b. el sabio viene con el contador Geyger
   c. Olga le pide que planche

4. El Altísimo Comisionado no se lleva a Sempronio otra vez porque _____ .
   a. Diego se lo prohíbe
   b. Olga le amenaza (*threatens*)
   c. Sempronio le convence de que no es posible

B. ¿Con qué personaje asocia Ud. las siguientes palabras? ¿Por qué?

1. permiso para hablar
2. la plancha
3. silbar
4. el miedo
5. las estampillas
6. la barba
7. la cajita negra
8. las calesitas

C. Conteste las preguntas según la lectura.

1. ESCENARIO

   ¿Dónde tiene lugar la acción en el tercer acto? ¿Qué va a ver el público cuando se levante el telón y qué impresión va a tener?

2. CONFLICTO

   ¿Cómo consigue Sempronio su libertad? Hay dos momentos en que parece que la va a perder de nuevo. ¿Cuáles son? ¿Cómo se resuelve este nuevo conflicto en cada caso?

3. PERSONAJES

¿Cómo reaccionan los varios miembros de la familia cuando entra el Sabio? ¿Qué problema tiene el Sabio? ¿Qué quiere que haga Sempronio? ¿Qué revela esto del Sabio? ¿Por qué llega el Altísimo Comisionado? ¿Cómo reacciona al ver a Sempronio rodeado de la comunidad? ¿Por qué?

Elija dos o tres momentos concretos del drama y use los verbos a continuación para describir las reacciones de los siguientes personajes en ese momento.

Sempronio	El Sabio	El soldado
Olga	Susanita	El Altísimo
Diego		Comisionado

alegrarse	asustarse	ofenderse
enojarse	quejarse	tener miedo de
lamentarse	dudar	negar
no creer	creer	sentirse

¿Cómo completarían (*would complete*) los personajes las siguientes oraciones?

a. Sempronio: Yo siempre quiero _____ .
b. Olga: Yo nunca quiero _____ .
c. Susanita: Nadie quería _____ .
d. Diego: Ningún oficial puede _____ .
e. El Altísimo Comisionado: Sempronio no debe ni _____ ni _____ .
f. El Sabio: A veces _____ .

4. RESOLUCION

Según el Altísimo Comisionado, ¿por qué no debe usar Sempronio su corriente? ¿Cómo contesta Sempronio? Según Sempronio, ¿por qué es inútil que le encierren de nuevo? ¿En qué se basa su energía? ¿Cómo le demuestra esto al Altísimo Comisionado?

5. ◫ ¡Necesito compañero! ◫ Con un compañero preparen un breve resumen de estos dos actos. Usen las palabras que le parezcan más útiles de las listas de vocabulario activo.

Discusión

1. Hay bastante crítica social en *Sempronio*. ¿Cuáles de los siguientes grupos y conceptos son el blanco (*target*) de la crítica y en qué sentido se les critica?

la burocracia	las mujeres	la ciencia
el hombre medio	la religión	los militares
el machismo	los viejos	la filatelia
el patriotismo	la familia	la música moderna

Además de la crítica social, el drama parece defender ciertos valores. De la siguiente lista, seleccione algunos aspectos o valores que en su opinión son elogiados (*praised*) en la obra. Luego explique sus opiniones.

el dinero	la patria	la familia
los amigos	la tecnología	la educación
___?___		

2. ¿Cuál de los personajes es su favorito? ¿Por qué?

3. ¿Qué aspectos o convenciones del género dramático vemos en *Sempronio*?

> número de personajes
> cambios de escenario
> número y complicación de conflictos
> extensión
> uso del diálogo y de las acotaciones

¿Siguió esta obra las convenciones en cuanto a los aspectos mencionados o hay mucha «desfamiliarización»?

4. Con respecto al control social, ¿cree usted que la crítica en esta obra sería (*would be*) ofensiva a un público de la clase media? ¿a un gobierno democrático? ¿a un gobierno dictatorial? ¿Cómo logra el autor suavizar la crítica? ¿Qué aspectos de la obra apelan a casi todos los públicos?

5. En muchas obras dramáticas y también narrativas, los personajes evolucionan dentro de la obra. ¿Cree Ud. que esto pasa en esta obra? En las obras cómicas, ¿es más típico el cambio o la falta de cambio en los personajes?

6. Perder la corriente tiene implicaciones negativas y positivas para Sempronio y su familia. ¿Cuáles son? ¿Qué revelan de los personajes y de su sociedad?

7. Analice los siguientes pasajes según estos criterios.

> a. ¿Cuándo ocurre en el drama?
> b. ¿Cuáles son las palabras más importantes en el pasaje?
> c. ¿Qué revela el pasaje con respecto a los personajes que hablan?
> d. ¿Qué revela el pasaje con respecto a los temas principales de la obra?

ALT. COM.: Esto es definitivo. Usted es el elemento S.P. 49 H321 V/60. ¿O quiere que tengamos que hacer todos los expedientes de nuevo?

SEMPRONIO: ¿Entonces no podré ver a mi familia?

ALT. COM.: Usted sabe que no. No hablemos más de eso.

SEMPRONIO: Entonces… mi resolución está tomada. Lo lamento por usted, pero yo me iré de aquí. _____

SABIO: Tongueria no existe. (*Muy triste.*) No figura en ningún mapa, en ninguna geografía. Han abusado (←) de mi buena fe. Me han estafado (←). Además, ya son más de una docena las víctimas. Y por eso venía a verlo. Estamos juntando (ᴨ) firmas de filatélicos para ver si fundamos un gobierno de Tongueria en el exilio. ¿Usted

no cree que es una lástima que estampillas tan lindas no tengan un
país de dónde venir?

SEMPRONIO: Bueno, yo no tengo inconveniente en ayudarlo.

Aplicación

1. Susanita encuentra unos problemas de acoso sexual (*sexual harassment*) en su
intento de liberar a su padre. ¿Cree Ud. que esto también pase en nuestra
cultura? ¿Sabe de algunos casos, sea de amigos o de los periódicos? Susana
cree que se resolvería (*would be solved*) el problema si ella fuera (*were*) fea.
¿Cree Ud. que la belleza crea problemas con respecto al acoso sexual? ¿Y con
respecto a otros aspectos de la vida?
2. Sempronio se libera de los problemas de la vejez y de la jubilación solitaria
gracias al poder especial que tiene. ¿Cómo se suelen resolver estos problemas
dentro de nuestra cultura? ¿Cree usted que el retiro obligatorio es injusto?
¿Qué problemas crea esta solución tanto para los viejos como para otros
grupos de la población?
3. ¿Qué cree Ud. que le va a pasar al Altísimo Comisionado? ¿Es un aspecto de
la sátira o es algo que puede pasar dentro de la realidad?
4. ¿Cree Ud. que el amor puede vencer los poderes militares y tecnológicos?
¿Puede citar algunos ejemplos históricos o contemporáneos? ¿Cómo se puede
combatir la fuerza militar sin recurrir a la violencia?
5. ¿Cree Ud. que esta obra critica la energía nuclear? ¿Por qué sí o por qué no?
6. Sempronio prefiere la vida pacífica y familiar a la gloria. ¿Cree Ud. que su
actitud es típica? ¿Quiere Ud. ser famoso o hacer alguna acción importante
para su patria o su cultura? ¿Hasta qué punto es necesario sacrificar a la vida
familiar para conseguir la fama o la gloria?

«RETRATO DE DORA MAAR», PABLO PICASSO

EL HOMBRE Y LA MUJER EN EL MUNDO ACTUAL

ANTES DE LEER

Aspectos lingüísticos

More on Word Guessing

In addition to the suffixes that you have already learned to recognize, there is one more group of suffixes and several prefixes (parts added to the beginning of a word) that will help you increase your ability to recognize the meaning of unfamiliar words.

-dor, -ero, -ería

The **-dor (-dora)** suffix often corresponds to English **-er.** When added to verbs, it forms a noun that describes the person who performs the action of the verb. Frequently, the new word can function as an adjective as well.

trabajar *to work*	→	trabaja**dor(a)** *worker; hardworking*
beber *to drink*	→	bebe**dor(a)** *drinker*

When added to nouns, the **-ero (-era)** ending forms a new noun that usually indicates either the place where the stem-noun is kept, or the person who makes, sells, or works with the stem-noun.

azúcar *sugar*	→	azucar**ero** *sugar bowl*
lápiz *pencil*	→	lapic**ero** *pencil holder*
libro *book*	→	libr**ero** *book dealer, bookseller*

The **-ería** suffix is added to nouns to indicate the place where something is sold.

pan *bread*	→	panad**ería** *bread store*
libro *book*	→	libr**ería** *bookstore*

PREFIXES: **des-, in-, im-, en-, em-, re-**

Each of these prefixes is almost identical in form and meaning to its English equivalent. Can you guess the meaning of the following words?

des-	*to take away from*	descabezar, desplumar
des-, in-, -im	*negative or opposite in meaning*	desconocer, deshacer infeliz, infiel, imposible
en-, em-	*to put into*	embotellar, encajonar
re-	*to repeat, do again*	rehacer, reunir

The following exercises practice the prefixes and suffixes from this chapter, Chapter 1, and Chapter 3.

A. Las siguientes palabras son palabras derivadas, es decir, cada una consiste en una raíz (*stem*) más un sufijo o prefijo. Identifique la raíz y el sufijo (prefijo) en cada caso. ¡OJO! La raíz puede tener más de un sufijo o prefijo. Luego identifique el significado de cada palabra derivada.

1. la ventanilla
2. un soldadillo
3. la zapatilla
4. impaciente
5. soñadora
6. el carnicero
7. la reaparición

B. En las siguientes oraciones, indique los prefijos y sufijos y explique su significado.

1. Todos los niños se desvistieron y entraron en el agua.
2. Es un buscador de tesoritos.
3. Fuimos a una papelería para comprar unos lápices.
4. Fue un presidente impopular cuyas acciones desencadenaron una increíble serie de repercusiones.
5. Recayó en una depresión fortísima.

Aproximaciones al texto

Puntos de vista masculinos y femeninos

A knowledge of the literary and social conventions implicit in a text is a helpful tool for understanding the text. This is true for all kinds of texts, since even uncomplicated messages, such as those communicated in popular literature and in advertisements, require a great deal of cultural as well as linguistic knowledge to be understood.

The more one reads and becomes familiar with literary conventions, the easier it is to understand literary texts. Knowledge of literary conventions, however, does not necessarily imply only one interpretation of a text. Think of how many pages have been written on the character of Hamlet! An important reason for different interpretations is that each reader brings his or her personal experiences and perceptions to the text.

In recent years attention has focused on the differences between readers, and in particular, between male and female readers. Men and women appear to react to texts in different ways, whether for biological or sociohistorical reasons. Texts that are generally popular with one sex are often disliked by the other. And certain experiences that male writers and critics have presented as universal are limited to the male sphere of action, being either outside female experience or experienced negatively by women. For example, in James Joyce's *Portrait of the Artist As a Young Man*, the male protagonist contemplates a young woman on a beach and, through her sensuality and beauty, comes to a more profound understanding of beauty and of the universe in general. A male reader may well identify with this experience and incorporate Joyce's feelings and meaning, but a female reader may not respond in the same way; the presentation of female beauty as perceived by the male may be an alien experience for her.

A. ◘¡Necesito compañero!◘ Con tres o cuatro compañeros, estudien la siguiente lista e indiquen qué subgéneros les parecen más populares entre las mujeres y cuáles entre los hombres. ¿Cuáles creen Uds. que les gustan a ambos sexos por igual? Luego entrevisten a los otros miembros de la clase para ver si ellos comparten sus opiniones.

	MUJERES	HOMBRES
1. novelas o películas de guerra		
2. novelas de ciencia ficción		
3. historias de amor		
4. novelas históricas		
5. dramas de tipo «musical»		
6. sátiras sociales		
7. películas o novelas del oeste		
8. novelas de espías		

Ahora piense en las siguientes obras y haga el mismo análisis.

	MUJERES	HOMBRES
9. *The Clan of the Cave Bear* de Jean Auel		
10. *Catch-22* de Joseph Heller		
11. *Hawaii* u otra obra de James Michener		
12. *Of Mice and Men* de John Steinbeck		
13. *Silas Marner* de George Eliot		
14. *Little House on the Prairie* de Laura Ingalls Wilder		
15. *Dr. Strangelove* de Ian Fleming		
16. *If Life Is a Bowl of Cherries, What Am I Doing in the Pits?* de Irma Bombeck		
17. *Catcher in the Rye* de J. D. Salinger		
18. Una novela de Agatha Christie con Miss Marple de detective		

B. ◘Entre todos.◘ Comenten los siguientes temas para llegar a un acuerdo.

1. En su opinión, ¿por qué apelan ciertos subgéneros a uno u otro sexo? ¿Qué experiencias necesita tener un lector o una lectora para apreciar cada uno de los subgéneros mencionados? ¿Cómo se presenta a la mujer o al hombre en cada género? ¿Hay algo en esta presentación que explique la preferencia o aversión de uno u otro sexo por el subgénero?

2. Con respecto a *Pasajes: Literatura*, ¿cuáles de las selecciones de los capítulos anteriores les gustan más a los hombres de la clase y cuáles les gustan más a las mujeres? ¿Qué factores pueden explicar esto?

3. En muchas obras contemporáneas se representa el desarrollo psicológico

del protagonista, quien pasa por una serie de pruebas hasta que madura. Frecuentemente en estas obras, el proceso es distinto según el sexo del protagonista porque hasta muy recientemente, los hombres y las mujeres pasaban por distintas etapas en su proceso hacia la madurez. ¿Cuáles de los siguientes «pasos» le parecen más típicos de un personaje masculino o de un personaje femenino, y cuáles le parecen comunes a ambos sexos? ¿Están de acuerdo los otros miembros de la clase?

a. X abandona a su familia y sale a buscar fortuna.

b. X decide estudiar y seguir una carrera.

c. Los padres de X quieren que se case con cierta persona, pero X decide casarse con la persona a quien ama.

d. X se casa, su matrimonio acaba mal, ve que su vida no tiene sentido y se suicida.

e. X no se adapta muy bien a la sociedad en que vive, tiene algunos problemas con las autoridades y decide empezar una nueva vida en las selvas de Africa.

f. X se enamora, pero se da cuenta que su amor impide su desarrollo y abandona a la persona amada para continuar su proceso de maduración.

g. X es artista; cree que sus relaciones personales impiden su creatividad y, por eso, rompe con su amante.

h. X seduce a varios individuos, los abandona y luego se casa con un individuo puro y bello.

Prelectura

A. ¿Qué revela el título «Rosamunda»? ¿Es un nombre común? ¿A qué sexo pertenece el/la protagonista? ¿A cuál de los siguientes géneros pertenece el cuento, probablemente? (Puede haber más de una respuesta.)

1. el cuento militar
2. el cuento de aventuras
3. el cuento de amor

4. el cuento de ciencia ficción
5. el cuento de detective
6. el cuento psicológico

B. Estudie los dibujos que acompañan la lectura. ¿Qué información contienen? ¿Quiénes son los personajes y cómo son? ¿Qué conflictos parece que hay entre los personajes? ¿Con qué personaje se identifica Ud. más?

C. ¿Qué connotaciones tienen los siguientes pares de palabras?

sueño/realidad
monotonía/aventura
artista/carnicero

las palizas (*beatings*)/la
delicadeza

Often the beginning paragraphs of a story or novel are the most difficult to follow because the context has not yet been fully established. To understand the beginning of the story in this chapter, use all the strategies practiced thus far: focus on the words you know rather than on the words you don't know; be confident in your ability to guess unfamiliar words from context; and look for the overall sense of the passage rather than concentrate on every detail.

Lea el siguiente pasaje sobre una mujer que hace un viaje en tren y luego conteste las preguntas.

Estaba amaneciendo (◠), al fin. El departamento de tercera clase olía° a cansancio, a tabaco y a botas de soldado. Ahora se salía de la noche como de un gran túnel y se podía ver a la gente acurrucada, dormidos hombres y mujeres en sus asientos duros. Era aquél un incómodo vagón-tranvía,° con el pasillo atestado de cestas y maletas. Por las ventanillas se veía el campo y la raya plateada del mar.

    Rosamunda se despertó. Todavía se hizo una ilusión placentera al ver la luz entre sus pestañas° semicerradas. Luego comprobó que su cabeza colgaba hacia atrás,° apoyada en el respaldo° del asiento y que tenía la boca seca de llevarla abierta. Se rehizo, enderezándose.° Le dolía el cuello—su largo cuello marchito°—. Echó una mirada a su alrededor y se sintió aliviada al ver que dormían sus compañeros de viaje. Sintió ganas de estirar° las piernas entumecidas—el tren traqueteaba, pitaba°—. Salió con grandes precauciones, para no despertar, para no molestar, «con pasos de hada°»—pensó—, hasta la plataforma.

smelled

*incómodo…
uncomfortable train
car*

eyelashes
*colgaba… was hanging
back*
back
straightening up
faded

stretch / whistled

fairy

---

1. ¿Dónde tiene lugar la escena? ¿Quiénes están allí? ¿Qué pasa? ¿Cuándo ocurre?
2. ¿Cuál puede ser la idea central del pasaje?
   a. Viajar en tren es un placer.
   b. Es incómodo dormir en un asiento del tren.
   c. Una mujer algo vieja y poco activa viaja en tren.
   d. Una mujer rica y poderosa viaja en tren.
3. ¿Huele (oler: *to smell*) bien o mal el tren?
4. ¿Es temprano o tarde? ¿Tiene esto alguna importancia? ¿Suele significar algo esta hora del día?
5. ¿Cuántas personas están despiertas?
6. ¿Cuál es el sujeto de la oración «Salió con grandes precauciones, para no despertar, para no molestar… »?
7. ¿Qué connotaciones tiene la frase «con pasos de hada»? ¿Cuáles de los siguientes adjetivos asocia Ud. con esta expresión?

delicado	bello	moderno
feo	sofisticado	fuerte
simple	masculino	joven
femenino	real	anticuado
ideal	viejo	romántico

LECTURA

Vocabulario activo

aborrecer *to hate, abhor*
el alrededor *surroundings*
amanecer *to become day; to dawn*
  el amanecer *dawn*
amenazar *to threaten*
el asiento *seat*
asombrado *astonished*
asombroso *astonishing*
atar *to lace up*
borracho *drunk*
el cansancio *fatigue*
el carnicero *butcher*

casarse (con) *to marry, get married (to)*
celoso *jealous*
la cinta *ribbon*
el collar *necklace*
comprobar (ue) *to verify, ascertain*
convidar *to invite (to a meal)*
dar pena *to grieve, cause pain*
desdichado *unfortunate*
estrafalario *odd, strange*

el lujo *luxury*
el marido *husband*
la mariposa *butterfly*
la naturaleza *nature*
necio *foolish, stupid*
odiar *to hate*
la paliza *beating*
el pelo *hair*
el pendiente *earring*
la plata *silver*
salvar *to save*
soñador *dreamy*
tosco *rough, coarse*

A. Busque sinónimos en la lista del vocabulario.

1. odiar
2. invitar
3. estúpido
4. sorprendido
5. la silla
6. verificar

B. Busque antónimos en la lista del vocabulario.

1. afortunado
2. refinado
3. divorciarse
4. la energía
5. normal
6. querer

C. ¿Qué palabra no pertenece al grupo? Explique por qué.

1. el pendiente, el collar, el alrededor, la cinta
2. borracho, celoso, asombroso, cruel
3. amenazar, la paliza, salvar, dar pena

D. Complete las oraciones en una forma lógica, usando la forma correcta de las palabras de la lista del vocabulario.

1. Es todavía jovencito; no sabe _____ los zapatos.
2. _____ es un insecto bellísimo de muchos colores y mucha elegancia.
3. Ellos quieren comprar una casa en el campo porque les gusta mucho _____ .
4. Es increíble que la hija viva rodeada de _____ mientras sus padres están en la miseria.
5. _____ siempre me da huesos (*bones*) para mi perro.
6. De todas las horas del día, prefiero _____ . Nadie está despierto y puedo contemplarlo a solas.
7. Después de casarse descubrió que su _____ era un hombre imposible.
8. Este pobre hombre me _____ mucha _____ . No tiene familia, ni amigos, ni nada.
9. Es un niño muy _____ . Siempre está en las nubes.

125

E. Defina brevemente en español.

1. la plata   2. celoso   3. el pelo

Beginning in this chapter, symbols for verb tenses will be dropped. Remember that any verb form that ends in **-ndo** is the equivalent of English *-ing*: **hablando** = *speaking*, **comiendo** = *eating*, and so on. You can now recognize the forms of the past participle (for example, **comido, roto, trabajado**) and their use with **haber** to form the present perfect (**he comido** = *I have eaten*). The past participle with **había (habías, habíamos, habían)** expresses the same idea as the English past perfect (*I had eaten, you had seen,* and so forth). New grammatical structures and all other unreviewed verb forms will continue to be glossed in the margin.

◧ ROSAMUNDA ◧

Carmen Laforet (1921–) is a contemporary Spanish novelist. Her first novel, Nada, *is considered one of the first important works to be written after the Spanish Civil War. It opened the way for more critical appraisals of Franco's Spain.*

READING HINT: The following story is told in both the first and third person. The first person narrative occurs in the dialogues between the two main characters, Rosamunda and a soldier, and also in their interior monologue (that is, their unspoken thoughts). The third person narrative unfolds on two levels. The first is the voice of an objective and distant observer who, like a camera, simply records what can be seen. The second is the voice of an omniscient narrator who reveals the inner feelings of the two characters, thus communicating to the reader information that otherwise would not be known. The shifting back and forth from one level to another adds a variety of dimensions to the story and forces the reader to question the accuracy of the descriptions presented.

Estaba amaneciendo, al fin. El departamento de tercera clase olía a cansancio, a tabaco y a botas de soldado. Ahora se salía de la noche como de un gran túnel y se podía ver a la gente acurrucada,° dormidos hombres y mujeres en sus asientos duros. Era aquél un incómodo vagón-tranvía, con el pasillo° atestado de cestas y maletas. Por las ventanillas se veía el campo y la raya plateada del mar.

     Rosamunda se despertó. Todavía se hizo una ilusión placentera° al ver la luz entre sus pestañas semicerradas. Luego comprobó que su cabeza colgaba hacia atrás, apoyada en el respaldo del asiento y que tenía la boca seca° de llevarla abierta. Se rehizo, enderezándose. Le dolía el cuello—su largo cuello marchito—. Echó una mirada a su alrededor y se sintió aliviada al ver que dormían sus compañeros de viaje. Sintió ganas de estirar las piernas entumecidas°—el tren traqueteaba, pitaba—. Salió con grandes precauciones, para no despertar, para no molestar, «con pasos de hada»—pensó—, hasta la plataforma.

     El día era glorioso. Apenas se notaba el frío del amanecer. Se veía el mar entre naranjos.° Ella se quedó como hipnotizada por el profundo verde de los árboles, por el claro horizonte de agua.

     —«Los odiados, odiados naranjos... Las odiadas palmeras°... El maravilloso mar....»

     —¿Qué decía usted?

     A su lado estaba un soldadillo. Un muchachito pálido. Parecía bien educado. Se parecía a° su hijo. A un hijo suyo que se había muerto. No al que vivía; al que vivía, no, de ninguna manera.

     —No sé si será° usted capaz de entenderme—dijo [ella], con cierta altivez°—. Estaba recordando unos versos° míos. Pero si usted quiere, no tengo inconveniente en recitar....

     El muchacho estaba asombrado. Veía a una mujer ya mayor, flaca, con profundas ojeras.° El cabello° oxigenado,° el traje de color verde, muy viejo. Los pies calzados en unas viejas zapatillas de baile..., sí, unas asombrosas zapatillas de baile, color de plata, y en el pelo una cinta plateada también, atada con un lacito°.... Hacía mucho que él la observaba.

     —¿Qué decide usted?—preguntó Rosamunda, impaciente—. ¿Le gusta o no oír recitar?

     —Sí, a mí....

curled up

hallway

se... she retained a pleasant illusion

dry

?

orange trees

palm trees

Se... He resembled

will be

orgullo / lines of poetry

bags under her eyes / pelo / bleached

little bow

El muchacho no se reía porque le daba pena mirarla. Quizá más tarde se reiría.° Además, él tenía interés porque era joven, curioso. Había visto pocas cosas en su vida y deseaba conocer más. Aquello era una aventura. Miró a Rosamunda y la vió soñadora. Entornaba° los ojos azules. Miraba al mar.

se... he would laugh

She half-closed

—¡Qué difícil es la vida!

Aquella mujer era asombrosa. Ahora había dicho esto con los ojos llenos de lágrimas.

—Si usted supiera,° joven…. Si usted supiera lo que este amanecer significa para mí me disculparía.° Este correr hacia el Sur. Otra vez hacia el Sur… Otra vez a mi casa. Otra vez a sentir ese ahogo° de mi patio cerrado, de la incomprensión de mi esposo…. No se sonría usted, hijo mío; usted no sabe nada de lo que puede ser la vida de una mujer como yo. Este tormento infinito…. Usted dirá que por qué le cuento todo esto, por qué tengo ganas de hacer confidencias, yo, que soy de naturaleza reservada…. Pues, porque ahora mismo, al hablarle, me he dado cuenta de que tiene usted corazón y sentimiento y porque esto es mi confesión. Porque, después de usted, me espera, como quien dice,° la tumba…. El no poder hablar ya a ningún ser humano…, a ningún ser humano que me entienda.

knew

you would forgive

opresión

como... as they say

Se calló, cansada, quizá, por un momento. El tren corría, corría… el aire se iba haciendo cálido,° dorado. Amenazaba un día terrible de calor.

se... was becoming hot

—Voy a empezar a usted mi historia, pues creo que le interesa…. Sí. Figúrese° usted una joven rubia, de grandes ojos azules, una joven apasionada por el arte…. De nombre, Rosamunda… Rosamunda ¿ha oído?… Digo que si ha oído mi nombre y qué le parece.

Imagine

El soldado se ruborizó° ante el tono imperioso.

se... blushed

—Me parece bien… bien.

—Rosamunda… —continuó ella, un poco vacilante.

Su verdadero nombre era Felisa; pero, no se sabe por qué, lo aborrecía. En su interior siempre había sido Rosamunda, desde los tiempos de su adolescencia. Aquel Rosamunda se había convertido en la fórmula mágica que la salvaba de la estrechez° de su casa, de la monotonía de sus horas; aquel Rosamunda convirtió al novio zafio y colorado° en un príncipe de leyenda. Rosamunda era para ella un nombre amado, de calidades exquisitas…. Pero ¿para qué explicar al joven tantas cosas?

confinement

zafio... boorish and ruddy

—Rosamunda tenía un gran talento dramático. Llegó a actuar con éxito brillante. Además, era poetisa. Tuvo ya cierta fama desde su juventud…. Imagínese, casi una niña, halagada, mimada° por la vida y, de pronto, una catástrofe…. El amor…. ¿Le he dicho a usted que era ella famosa? Tenía dieciséis años apenas,° pero la rodeaban por todas partes los admiradores. En uno de los recitales de poesía, vio al hombre que causó su ruina. A… A mi marido, pues Rosamunda, como usted comprenderá,° soy yo. Me casé sin saber lo que hacía, con un hombre brutal, sórdido y celoso. Me tuvo encerrada años y años. ¡Yo!… Aquella mariposa de oro que era yo…. ¿Entiende?

halagada... flattered, spoiled

hardly, scarcely

can probably guess

(Sí, se había casado, si no a los dieciséis años, a los veintitrés; pero ¡al fin y al cabo!°… Y era verdad que le había conocido un día que recitó versos

¡al... it's all the same

suyos en casa de una amiga. El era carnicero. Pero, a este muchacho, ¿se le podían contar° las cosas así? Lo cierto era aquel sufrimiento suyo, de tantos años. No había podido ni recitar un solo verso, ni aludir a sus pasados éxitos—éxitos quizá inventados, ya que no se acordaba° bien; pero…. —Su mismo hijo solía decirle que se volvería° loca de pensar y llorar tanto. Era peor esto que las palizas y los gritos de él cuando llegaba borracho. No tuvo a nadie más que al hijo aquél, porque las hijas fueron descaradas° y necias, y se reían de ella, y el otro hijo, igual que su marido, había intentado hasta encerrarla.)

    —Tuve un hijo único. Un solo hijo. ¿Se da cuenta?° Le puse° Florisel…. Crecía delgadito, pálido, así como usted. Por eso quizá le cuento a usted estas cosas. Yo le contaba mi magnífica vida anterior. Sólo él sabía que conservaba un traje de gasa,° todos mis collares…. Y él me escuchaba, me escuchaba… como usted ahora, embobado.°

    Rosamunda sonrió. Sí, el joven la escuchaba absorto.

    —Este hijo se me murió. Yo no lo pude resistir…. El era lo único que me ataba a aquella casa. Tuve un arranque,° cogí mis maletas y me volví a la gran ciudad de mi juventud y de mis éxitos…. ¡Ay! He pasado unos días maravillosos y amargos. Fui acogida° con entusiasmo, aclamada de nuevo por el público, de nuevo adorada…. ¿Comprende mi tragedia? Porque mi marido, al enterarse de° esto, empezó a escribirme cartas tristes y desgarradoras:° no podía vivir sin mí. No puede, el pobre. Además es el padre de Florisel, y el recuerdo del hijo perdido estaba en el fondo° de todos mis triunfos, amargándome.

    El muchacho veía animarse° por momentos a aquella figura flaca y estrafalaria que era la mujer. Habló mucho. Evocó un hotel fantástico, el

Glosses (right margin):

se… *could he be told*

no… *she didn't remember*
se… *she would go*

impudent

¿Se… ¿Comprende? / Le… *I named him*

gauze, muslin
fascinado

fit

Fui… *Me recibieron*

enterarse… *descubrir*
 ?
background

veía… *saw become enlivened*

lujo derrochado° en el teatro el día de su «reaparición»; evocó ovaciones delirantes y su propia figura, una figura de «sílfide° cansada», recibiéndolas.

squandered

sylph, nymph

—Y, sin embargo, ahora vuelvo a mi deber…. Repartí° mi fortuna entre los pobres y vuelvo al lado de mi marido como quien va a un sepulcro.

Dividí

Rosamunda volvió a quedarse° triste. Sus pendientes eran largos, baratos; la brisa los hacía ondular°…. Se sintió desdichada, muy «gran dama»…. Había olvidado aquellos terribles días sin pan en la ciudad grande. Las burlas de sus amistades ante su traje de gasa, sus abalorios° y sus proyectos fantásticos. Había olvidado aquel largo comedor con mesas de pino cepillado,° donde había comido el pan de los pobres entre mendigos° de broncas toses.° Sus llantos,° su terror en el absoluto desamparo° de tantas horas en que hasta los insultos de su marido había echado de menos. Sus besos a aquella carta del marido en que, en su estilo tosco y autoritario a la vez,° recordando al hijo muerto, le pedía perdón y la perdonaba.

volvió… again became

___?

glass beads

pino… scrubbed pine / beggars
broncas… hoarse coughs / sobs / helplessness

a… al mismo tiempo

El soldado se quedó mirándola. ¡Qué tipo más raro, Dios mío! No cabía duda° de que estaba loca la pobre…. Ahora [ella] le sonreía…. Le faltaban dos dientes.

No… No había duda

El tren se iba deteniendo° en una estación del camino. Era la hora del desayuno, de la fonda° de la estación venía un olor apetitoso…. Rosamunda miraba hacia los vendedores de rosquillas.°

se… was stopping

restaurante

sweet fritters

—¿Me permite usted convidarla, señora?

En la mente del soldadito empezaba a insinuarse una divertida historia. ¿Y si contara° a sus amigos que había encontrado en el tren una mujer estupenda y que…?

he should tell

—¿Convidarme? Muy bien, joven… Quizá sea la última persona que me convide…. Y no me trate con tanto respeto, por favor. Puede usted llamarme Rosamunda… no he de enfadarme por eso.°

no… that won't bother me

Comprensión

A. ¿Cómo reacciona Ud.? Lea las siguientes oraciones y luego reaccione a cada una usando una de las siguientes expresiones. ¡OJO! A veces puede ser necesario usar el subjuntivo e incorporar también complementos pronominales.

es verdad	es imposible	dudo
es obvio	no creo	no es verdad
es posible		

MODELO   La autora del cuento es Carmen Laforet. →
Es verdad que la autora es Carmen Laforet.

1. Hay tres protagonistas en el cuento: Rosamunda, el soldado y Florisel.
2. Rosamunda viaja a la ciudad para visitar al soldado.
3. Rosamunda está contenta con su viaje.

4. Rosamunda tiene unos veinte años.
5. Rosamunda es soltera.
6. La ropa de Rosamunda revela mucho acerca de su carácter.
7. El soldado es un don Juan.
8. El soldado se llama Felipe.
9. El soldado considera a Rosamunda una mujer fascinante.
10. Rosamunda se considera una figura trágica.
11. A Rosamunda no le gusta su verdadero nombre.
12. Rosamunda no quiere revelar al soldado nada de su pasado.

B. En este cuento hay dos narradores principales: Rosamunda/Felisa y el narrador omnisciente. ¿Quién habla en los siguientes párrafos? ¡OJO! A veces hay una combinación de los dos.

1. en el primer párrafo
2. en el segundo párrafo
3. en el párrafo de la página 127 que empieza con «A su lado estaba un soldadillo.»
4. en el párrafo de la página 128 que empieza «(Sí, se había casado...)»

C. ¿Qué semejanzas o diferencias hay entre la versión de Rosamunda y la versión que nos da el narrador omnisciente? ¡OJO! A veces el narrador no nos da su versión directamente. En su opinión, ¿cuál podría ser (*could be*) la versión del narrador?

VERSION DE ROSAMUNDA

1. Se casó a los dieciséis años.
2. Se casó con un carnicero.
3. Tenía una vida familiar muy triste.
4. Florisel la entendía y la admiraba.
5. Rosamunda volvió a la ciudad cuando se le murió el hijo.
6. En la ciudad, Rosamunda fue acogida con mucho entusiasmo y tuvo mucho éxito.
7. El esposo escribió a Rosamunda sugiriéndole que volviera (*she return*) a casa.
8. El soldado la convida porque la encuentra irresistible.

VERSION DEL NARRADOR

1. _____
2. _____
3. _____
4. _____
5. _____
6. _____
7. _____
8. _____

D. ◙ **¡Necesito compañero!** ◙   Con un compañero de clase, elijan ocho palabras de la lista de vocabulario y preparen con ellas un resumen de «Rosamunda».

E. Los personajes del cuento comparan lo que tienen en realidad con lo que quisieran (*they would like*) tener. ¿Qué diría (*would say*) cada uno de ellos en los siguientes contextos?

1. ROSAMUNDA: Tengo un marido que _____ . Prefiero un marido que _____ .

2. EL MARIDO: Tengo una esposa que _____ . Quiero una esposa que _____ .
3. EL HIJO QUE MURIÓ: Tengo un padre que _____ . Quiero un padre que _____ .
4. LAS HIJAS: Tenemos un padre que _____ . Preferimos un padre que _____ .
   Tenemos una madre que _____ . Queremos una madre que _____ .
5. EL SOLDADO: (Antes del viaje) —No conozco a ninguna mujer que _____ .
   Ahora conozco a una mujer que _____ .

F. Complete las oraciones según la lectura.

1. El cuento tiene lugar en _____ .
2. Rosamunda habla al soldado porque _____ .
3. Rosamunda lleva ropa _____ .
4. El soldado nunca ha conocido a nadie que _____ .
5. Rosamunda dice que le espera la tumba porque _____ .
6. A Rosamunda le gusta el nombre Rosamunda porque _____ .
7. Rosamunda dice que se casó a los dieciséis años, pero en realidad _____ .
   Rosamunda no dice la verdad porque _____ .
8. Rosamunda dice que sólo tuvo un hijo porque _____ .
9. Cuando Rosamunda fue a la ciudad, encontró _____ .
10. El soldado cree que Rosamunda _____ .

Discusión

1. ¿Qué parte de la historia que narra Rosamunda le parece a Ud. inventada y
   qué parte le parece real? ¿Por qué? ¿Cómo imagina Ud. al marido de
   Rosamunda? ¿Hasta qué punto cree Ud. que la visión que nos da ella sea
   verdadera? ¿Es posible que Rosamunda haya inventado toda la historia?
2. ¿Qué visión tiene Rosamunda de sí misma? ¿Qué visión tiene el soldado de
   ella? ¿Qué visión parece tener el narrador con respecto a Rosamunda?
3. ¿Cómo va a ser la historia que inventa el soldado sobre su encuentro con
   Rosamunda? ¿Para quién(es) la va a inventar? ¿Son lectores femeninos o
   masculinos? ¿Cómo va a influir esto en la manera en que el soldado «escribe»
   su cuento?
4. ¿Con quién simpatiza Ud. en el cuento, con el soldado, con Rosamunda o
   con el narrador? ¿Cree Ud. que este narrador adopta un punto de vista
   femenino o masculino? Justifique su opinión.
5. ¿En su opinión, quién es responsable del fracaso del matrimonio, Rosamunda
   o su marido? ¿Cómo cree Ud. que va a ser la vida de Rosamunda después
   que vuelva con su marido? ¿Por qué?
6. Complete el siguiente formulario de la manera que Ud. cree que lo haría
   (*would do*) cada uno de los personajes nombrados a continuación:
   Rosamunda, el soldado, el marido, el hijo que murió, las hijas o el hijo que
   sobrevive.
   a. Nombre dos cosas que nunca haya hecho.
   b. Nombre dos cosas que hace con mucha frecuencia.
   c. Nombre una acción que haya hecho y de la que esté contento.
   d. Nombre una acción que haya hecho y de la que no esté contento.

e. Nombre algo que todavía no haya hecho pero que es posible que haga dentro de poco.

LECTURA

Aspectos textuales: poesía

Symbols

A symbol (**un símbolo**) signifies or represents something else. For example, a cross is an object made of two pieces of wood or other material that can symbolize the Christian faith, the suffering of Christ, the power of religion, or the protection offered by God to believers. The use of symbols has the same function as that of connotative language: both enable the writer to suggest multiple meanings with single words. Some symbols are universal; others vary from culture to culture.

A. A continuación hay una lista de palabras que se usan simbólicamente en la poesía. ¿Qué momentos o etapas de la vida simbolizan? Hay más de una respuesta en cada caso.

1. el amanecer
2. el invierno
3. un huevo
4. el mar
5. el mármol (*marble*)

B. Imagine que Ud. trabaja en el departamento de arte de una compañía que quiere diseñar un *logo* o símbolo para los siguientes clientes. ¿Qué sugiere en cada caso?

1. una asociación de ejercicio aeróbico
2. un grupo de médicos que se especializa en emergencias
3. una fábrica de ropa para mujeres
4. una compañía que se especializa en inversiones (*investments*)
5. una universidad

Vocabulario activo

amar *to love*
la jaula *cage*
mientras tanto *meanwhile*

Complete las oraciones en una forma lógica, usando la forma correcta de las palabras de la lista del vocabulario.

1. Yo voy a preparar la ensalada; _____, ¿por qué no pones la mesa?
2. Yo no te odio; al contrario te _____ con toda el alma (*soul*).
3. No me gusta ver los pájaros en _____; prefiero verlos libres.

HOMBRE PEQUEÑITO

Alfonsina Storni (1892–1938) was an Argentinian poet who wrote about the difficulties confronting women in a male-dominated society. Her poetry often reveals bitterness and disillusionment. As you read her poem, think about how she has used symbolism to convey her message.

Hombre pequeñito, hombre pequeñito,
Suelta° a tu canario que quiere volar...   *Free*
Yo soy el canario, hombre pequeñito,
Déjame saltar.

Estuve en tu jaula, hombre pequeñito,
Hombre pequeñito que jaula me das.
Digo pequeñito porque no me entiendes,
Ni me entenderás.°   *will you understand*

Tampoco te entiendo, pero mientras tanto
Abreme la jaula, que quiero escapar;
Hombre pequeñito, te amé media hora,
No me pidas más.

Comprensión

A. En este poema, ¿hay un hablante o una hablante? ¿A quién se dirige? ¿Por qué lo llama «pequeñito»?

B. ¿Cómo presenta el poema a la mujer? ¿Cuáles son los dos símbolos básicos del poema? ¿Por qué elige Storni estos símbolos?

C. ¿Qué significan las palabras «te amé media hora/No me pidas más»?

LECTURA

Vocabulario activo

el alma *(f.) soul*
el anillo *ring*
  callar(se) *to be quiet*

parecerse (a) *to resemble*
la voz *voice*

Complete las oraciones en una forma lógica, usando la forma correcta de las palabras de la lista del vocabulario.

1. Mi novio me compró _____ de oro.
2. Esta soprano tiene _____ magnífica.
3. Muchas religiones creen que después de la muerte _____ de la persona sigue viviendo en otro mundo.
4. Son hermanos, pero no _____ en nada.
5. Es necesario _____ cuando uno está en la biblioteca.

⌸ ME GUSTAS CUANDO CALLAS ⌸

Pablo Neruda (1904–1973), from Chile, is one of the greatest poets in Hispanic literature. The poetic work of Neruda, who received the Nobel Prize for Literature in 1971, has made a great impact on world poetry of our time. The following poem forms part of the collection entitled Veinte poemas de amor y una canción desesperada (1924), *one of his first books and one of the most translated and best known in the world.*

Me gustas cuando callas porque estás como ausente,
y me oyes desde lejos, y mi voz no te toca.
Parece que los ojos se te hubieran volado°   se... *might have left you*
y parece que un beso te cerrara la boca.

Como todas las cosas están llenas de mi alma
emerges de las cosas, llena del alma mía.
Mariposa de sueño, te pareces a mi alma,
y te pareces a la palabra melancolía.

Me gustas cuando callas y estás como distante.
Y estás como quejándote, mariposa en arrullo.°   *cooing, lullaby*
Y me oyes desde lejos, y mi voz no te alcanza:°   *reach*
déjame que me calle con el silencio tuyo.

Déjame que te hable también con tu silencio
claro como una lámpara, simple como un anillo.
Eres como la noche, callada y constelada.°   *llena de estrellas*
Tu silencio es de estrella, tan lejano y sencillo.

Me gustas cuando callas porque estás como ausente.
Distante y dolorosa como si hubieras muerto.
Una palabra entonces, una sonrisa bastan.
Y estoy alegre, alegre de que no sea cierto.

Comprensión

A. ¿Habla aquí un hablante o una hablante? ¿Quién es el *tú* del poema? ¿Cómo se presenta a este *tú*? ¿Qué cualidades tiene?

B. ¿Qué representa la amada para el hablante? ¿Por qué no quiere que hable?

C. ¿Qué connotaciones tienen en el poema las frases «mariposa de sueño» y «mariposa en arrullo»?

D. ¿Por qué el poeta compara a la amada con la noche?

E. En la última estrofa surge una nota nueva, inesperada. ¿Qué es? ¿Por qué cree Ud. que se introduce? ¿Cómo es la reacción del hablante?

DESPUES DE LEER

Discusión

1. Los dos poemas de este capítulo hablan de una relación amorosa entre un hombre y una mujer. ¿En qué sentido son semejantes?

2. En su opinión, ¿sería (*would be*) igual la reacción de un lector masculino a la de una lectora femenina ante estos dos poemas? ¿Por qué sí o por qué no? Si Ud. tuviera que (*had to*) elegir entre ser el hombre o la mujer en los dos poemas, ¿cuál elegiría (*would you choose*) ser?

Aplicación

1. ¿Qué indican «Rosamunda», «Hombre pequeñito» y «Me gustas cuando callas» sobre la sociedad descrita por los autores y sobre las relaciones entre los sexos en esas sociedades? ¿Cree Ud. que exista la misma clase de relaciones entre hombres y mujeres en los Estados Unidos? Explique.
2. En «Hombre pequeñito», el pájaro enjaulado simboliza la situación de la mujer. ¿A qué otras situaciones de la vida puede aplicarse este símbolo?
3. En este capítulo se han presentado ciertos tipos: el hombre joven e ingenuo, la mujer estrafalaria e insatisfecha con su matrimonio, el carnicero insensible y brutal, la amada que quiere independizarse. ¿Son universales estos personajes o sólo representan unos tipos hispanos? ¿Puede Ud. nombrar algunos personajes parecidos que aparecen en la televisión, las películas o los libros de los años recientes en los Estados Unidos?
4. ¿Por qué cree Ud. que Laforet hace transcurrir (*take place*) la acción de su cuento en un tren? ¿Qué otros ambientes serían (*would be*) apropiados? ¿Por qué?
5. Es muy común exagerar la historia de la propia vida cuando uno está hablando con un desconocido a quien no volverá a ver jamás. ¿Cómo cree Ud. que contarían (*would tell*) su vida los siguientes personajes si estuvieran (*they were*) en estas circunstancias?
   a. Un estudiante de su universidad. Quiere ser abogado, pero no estudia mucho porque le gustan las fiestas y al día siguiente no tiene ganas de asistir a las clases. Durante el verano piensa buscar un trabajo en la playa para poder ganar algo de dinero y, al mismo tiempo, pasarlo bien. Ahora habla con un señor distinguido, que parece ser un profesional que ha triunfado.
   b. Una estudiante de su universidad. Estudia muchísimo; casi nunca sale; recibe notas excelentes. Está aburrida de su vida y sabe que hay algo más que los estudios. Por eso, ha buscado un trabajo de verano en *Disneyworld*, donde trabajan muchos estudiantes de varias partes del país. Ahora habla con el jefe de los trabajadores estudiantiles, un hombre joven y guapo. Ella no sabe mucho de él, pero quisiera (*she would like*) saber más.

EL MUNDO
DE LOS NEGOCIOS

ANTES DE LEER

Aspectos lingüísticos

Understanding Connecting Words

Understanding relationships between clauses is extremely important when you are reading in any language. The message of the first sentence below is quite different from that of the second, even though the two clauses in each sentence are identical. The change in meaning results from the way the second clause is related to the first, as determined by the italicized word in each sentence.

> No one anticipated problems, *because* we were arriving early in April.
> No one anticipated problems, *although* we were arriving early in April.

In the first sentence, the information in the second clause explains the information in the first clause. In the second sentence, the information in the second clause contrasts with the information in the first clause.

There are many words like *because* and *although* that indicate how clauses are related. They also perform the same function between sentences, or between simple phrases within a clause or a sentence. These words fall into several general categories.

1. Some introduce the *cause* of a situation or condition.

a causa de (que)	*because of*	debido a (que)	*because of; due to*
como	*since*	porque	*because*

2. Some introduce the *effect* of a situation or condition.

así (que)	*thus*	por consiguiente	*therefore*
en consecuencia	*as a result*	por lo tanto	
		por eso	*for that reason; therefore*

3. Some introduce a *contrast*.

a diferencia de	*in contrast to*	en cambio	*on the other hand*
en contraste con		por otra parte	
a pesar de (que)	*in spite of*	no obstante	*nevertheless; however*
al contrario	*on the contrary*	sin embargo	
aunque	*even though; although*	pero	*but*
		sino	

4. Some introduce a *similarity*.

de la misma manera	
de manera semejante }	similarly; in the same way
del mismo modo	
igual que + *noun*	like + *noun*
tal como	just like; just as
tanto... como...	both . . . and . . . ; . . . as well as . . .

5. Other useful expressions are as follows.

Additional information:	además de	besides; furthermore
	en adición (a)	additionally; in addition (to)
Restatement:	es decir }	that is to say; in other words
	o sea	
General statement:	en general	in general
Specific statement:	por ejemplo	for example

The following exercises will help you recognize these words and the relationships they signal.

Ejercicio 1

Look over the connecting words above (especially those in groups 1 to 4), trying to learn to recognize the meaning of each. Then read the following sentences and decide whether the element beginning with the italicized word(s) relates to the rest of the sentence as its cause (**C**), as its effect (**E**), as a similar statement (**S**), or as a contrasting statement (**CS**).

_____1. La señora es una mujer de treinta años, pelo claro, rostro atrayente *aunque* algo duro.

_____2. El dice que quiere que el niño aproveche las vacaciones, *pero* para mí es él quien está aprovechando.

_____3. Mis padres no me aceptaban un pololo (novio) *porque* no tenía dinero.

_____4. Arrendaron (*They rented*) los trajes de baño; *por consiguiente,* unos eran muy grandes y otros quedaban muy chicos.

_____5. No es el color lo que importa, *sino* el bolsillo.

Ejercicio 2

Look over the connecting words in groups 3 to 5. After you read the following sentences, decide whether the italicized word(s) relate the following clause to the rest of the sentence as additional information (**A**), as a restatement (**RS**), as a similar statement (**S**), or as a contrasting statement (**CS**).

_____1. *Además del* caballero distinguido, aparecieron dos jóvenes.

_____2. La señora no estaba contenta con su marido; *por otra parte,* le gustaba su dinero.

_____3. Alvarito es *igual que* su abuela: dominante y arrogante.

_____4. *En contraste con* los Estados Unidos, en Chile el verano corresponde a los meses de diciembre, enero y febrero.

_____5. La señora mueve los labios cuando lee, *del mismo modo* que lo había hecho la empleada.

Ejercicio 3

Read these sentences quickly and decide whether the information following the italicized words is appropriate (**sí** or **no**) to the rest of the sentence.

_____1. *Igual que* la señora, la empleada tiene mucho dinero.

_____2. La señora es rica; *sin embargo,* no está contenta.

_____3. La empleada pasa mucho tiempo dentro de casa; *por lo tanto,* no está muy tostada (*sunburned*).

_____4. El caballero cree que el correr es bueno para la salud; *no obstante,* corre cinco kilómetros todos los días.

_____5. Ella acaba de salir del agua; *así que* tiene mucho calor.

Ejercicio 4

Read each of the following sentences and choose the appropriate alternative to complete the thought, paying particular attention to the italicized words.

1. La United Fruit Company tenía muy mala fama en Hispanoamérica; *por consiguiente,* _____ .
   a. cambiaron el nombre de la compañía
   b. conservaron el nombre de la compañía

2. *Debido a que* la compañía no les dio un aumento de sueldo, _____ .
   a. los empleados estaban muy contentos
   b. los empleados se declararon en huelga

3. Prefiero un trabajo menos competitivo; *es decir,* _____ .
   a. no quiero ser cirujano ni abogado defensor
   b. estoy estudiando para cirujano

4. *A diferencia de* los Estados Unidos, _____ .
   a. el Japón es racialmente homogéneo
   b. Chile tiene muchas montañas

5. Chile es un país con mucha costa, *tal como* _____ .
   a. el estado de California
   b. el estado de Kentucky

Aproximaciones al texto

El argumento versus el tema

The plot (**el argumento**) of a literary work is the story line, the presentation of the action or the events. If someone asks what a movie, television program, or novel was about, one usually answers by relating the plot. The theme (**el tema**), on the other hand, is the central meaning of a literary work. It can often be expressed in a few sentences containing moral, political, social, or philosophical truths about the human situation. If someone asks about the meaning of a certain work, the response usually entails a description of its theme. For example, the plot of the novel *Don Quijote* consists of the protagonist's many adventures, which would take hours to detail. For most readers, however, its theme can be stated in a few words as the conflict between idealism and realism.

As you learned in earlier chapters, readers respond to texts in different ways. Differences of opinion about plot are usually minimal; about theme, significant. This is because understanding the theme involves more interpretative activity. Generally, readers will agree on which themes are present but differ on their relative importance in the work.

A. Cuente el argumento e identifique el tema de los siguientes cuentos o películas para niños.

1. Los tres cochinitos
2. Pinocho
3. La Cenicienta
4. Caperucita Roja
5. El mago de Oz
6. E.T.

B. **◪¡Necesito compañero!◪** Con otros dos compañeros, elijan una película o un libro que los tres hayan visto o leído y escriban un resumen del argumento en diez oraciones. Luego describan dos o tres de los temas que aparecen en la obra. Pongan los temas en su orden de importancia. ¿Están todos de acuerdo en cuanto al orden?

Prelectura

A. Estudie el dibujo con que se abre este capítulo. ¿Qué imágenes despierta en Ud.?

B. Mire los tres dibujos que acompañan el drama. ¿Dónde tiene lugar la acción? ¿Quiénes son los personajes que aparecen en la obra? ¿Cuál parece ser la relación entre ellos? ¿Qué cambio se nota con respecto a las dos mujeres en los dibujos? ¿Qué conflictos parece haber en la obra?

C. En su opinión, ¿qué quiere decir «clase social»? ¿Qué características asocia Ud. con la clase alta? ¿la clase media? ¿la clase baja? ¿Ha leído Ud. alguna historia o visto alguna película en que un individuo de la clase alta cambie su posición con otro individuo de la clase baja o viceversa? ¿Para quién es más fácil el cambio? En estas obras, ¿cómo reaccionan los otros personajes? ¿Se fijan en (*Do they notice*) el cambio?

LECTURA

Vocabulario activo

la arena *sand*
   arrendar (ie) *to rent*
   bañarse *to swim, bathe*
el blusón *cover-up (clothing)*
la bolsa *bag*
el bolsillo *pocket; money
   (slang)*
la carpa *beach tent*
la clase *(social) class*

el delantal *uniform*
   duro *tough, hard*
   entretenerse (ie) *to enjoy
   oneself*
   pasarlo bien *to have a good
   time*
   prestar *to lend*
   raptar *to kidnap*
la revista *magazine*

la sangre *blood*
el sueldo *salary*
   tenderse (ie) *to stretch out*
   tirar *to throw*
   tomar el sol *to sunbathe*
   tostado *tanned*
el traje de baño *bathing suit*
   veranear *to vacation*
   el veraneo *summer vacation*

A. Nombre cuatro objetos de la lista del vocabulario que son útiles en la playa.

B. Nombre cuatro acciones de la lista del vocabulario que se hacen comúnmente durante el verano.

C. Busque sinónimos en la lista del vocabulario.

   1. el uniforme   3. el salario   5. pasarlo bien
   2. el nivel social   4. la playa   6. el dinero

D. Busque antónimos en la lista del vocabulario.

   1. pedir   2. blando   3. trabajar

E. Defina brevemente en español.

   1. tirar   2. raptar   3. la bolsa   4. la sangre   5. tostado   6. arrendar

◧ EL DELANTAL BLANCO: Parte 1 ◨

Sergio Vodanović (1926–) es un dramaturgo chileno cuya obra dramática abarca el realismo crítico e incorpora retratos complejos de personajes y actitudes. En **El delantal blanco,** *Vodanović cuestiona la validez de ciertos valores y papeles sociales.*

PERSONAJES
la señora
la empleada
dos jóvenes

la jovencita
el caballero distinguido

La playa.

Al fondo, una carpa.

Frente a ella, sentadas a su sombra, la señora y la empleada. La señora está en traje de baño y, sobre él, usa un blusón de toalla° blanca que le cubre hasta las caderas.° Su tez° está tostada por un largo veraneo. La empleada viste su uniforme blanco. La señora es una mujer de treinta años, pelo claro, rostro° atrayente aunque algo duro. La empleada tiene veinte años, tez blanca, pelo negro, rostro plácido y agradable.

terrycloth

hips / ?

cara

LA SEÑORA: (*Gritando hacia su pequeño hijo, a quien no ve y que se supone está a la orilla° del mar, justamente, al borde del escenario.*) ¡Alvarito! ¡Alvarito! ¡No le tire[1] arena a la niñita! ¡Métase al agua! Está rica… ¡Alvarito, no! ¡No le deshaga el castillo a la niñita! Juegue con ella… Sí, mi hijito… juegue…

edge

LA EMPLEADA: Es tan peleador°…

combative

LA SEÑORA: Salió al° padre…. Es inútil corregirlo. Tiene una personalidad dominante que le viene de su padre, de su abuelo, de su abuela… ¡sobre todo de su abuela!

Salió… Es igual al

LA EMPLEADA: ¿Vendrá el caballero° mañana?

marido

LA SEÑORA: (*Se encoge de hombros con desgana.°*) ¡No sé! Ya estamos en marzo, todas mis amigas han regresado y Alvaro me tiene todavía aburriéndome en la playa. El dice que quiere que el

Se… She shrugs her shoulders indifferently.

---

[1] Note that **la señora** uses the **usted** form in speaking with her son. Although this form usually denotes formality or distance, in Chile it is used to express great intimacy and affection.

niño aproveche° las vacaciones, pero para mí que es él quien   *take advantage of*
está aprovechando. (*Se saca° el blusón y se tiende a tomar sol.*)   *quita*
¡Sol! ¡Sol! Tres meses tomando sol. Estoy intoxicada de sol.
(*Mirando inspectivamente a la empleada.*) ¿Qué haces tú para no
quemarte?

LA EMPLEADA: He salido tan poco de la casa…

LA SEÑORA: ¿Y qué querías? Viniste a trabajar, no a veranear. Estás recibiendo sueldo, ¿no?

LA EMPLEADA: Sí, señora. Yo sólo contestaba su pregunta…

La señora permanece° tendida recibiendo el sol. La empleada saca de   *queda*
una bolsa de género una revista de historietas fotografiadas y
principia° a leer.   *empieza*

LA SEÑORA: ¿Qué haces?

LA EMPLEADA: Leo esta revista.

LA SEÑORA: ¿La compraste tú?

LA EMPLEADA: Sí, señora.

LA SEÑORA: No se te paga tan mal, entonces, si puedes comprarte tus
revistas, ¿eh?

La empleada no contesta y vuelve a mirar la revista.

LA SEÑORA: ¡Claro! Tú leyendo y que Alvarito reviente, que se ahogue°…   *se… he drown*

LA EMPLEADA: Pero si está jugando con la niñita…

LA SEÑORA: Si te traje a la playa es para que vigilaras a Alvarito y no para
que te pusieras a leer.

La empleada deja la revista y se incorpora° para ir donde está   *se… se levanta*
Alvarito.

LA SEÑORA: ¡No! Lo puedes vigilar desde aquí. Quédate a mi lado, pero
observa al niño. ¿Sabes? Me gusta venir contigo a la playa.

LA EMPLEADA: ¿Por qué?

LA SEÑORA: Bueno… no sé…. Será° por lo mismo que me gusta venir en   *Probablemente es*
auto, aunque la casa esté a dos cuadras.° Me gusta que vean   *blocks*
el auto. Todos los días, hay alguien que se para al lado de él
y lo mira y comenta. No cualquiera tiene un auto como el de
nosotros…. Claro, tú no te das cuenta de la diferencia. Estás
demasiado acostumbrada a lo bueno…. Dime… ¿Cómo es tu
casa?

LA EMPLEADA: Yo no tengo casa.

LA SEÑORA: No habrás nacido° empleada, supongo. Tienes que haberte   *No… You were not*
criado° en alguna parte, debes haber tenido padres…. ¿Eres   *born*
del campo?   *haberte… have grown*
    up

LA EMPLEADA: Sí.

LA SEÑORA: Y tuviste ganas de conocer la ciudad, ¿ah?

LA EMPLEADA: No. Me gustaba allá.

LA SEÑORA: ¿Por qué te viniste, entonces?

LA EMPLEADA: Tenía que trabajar.

LA SEÑORA: No me vengas con ese cuento. Conozco la vida de los inquilinos° en el campo. Lo pasan bien. Les regalan una cuadra° para que cultiven.° Tienen alimentos gratis° y hasta les sobra° para vender. Algunos tienen hasta sus vaquitas.... ¿Tus padres tenían vacas?

tenant farmers

small piece (of land) / they farm / free
les... they have extra

LA EMPLEADA: Sí, señora. Una.

LA SEÑORA: ¿Ves? ¿Qué más quieren? ¡Alvarito! ¡No se meta tan allá que puede venir una ola! ¿Qué edad tienes?

LA EMPLEADA: ¿Yo?

LA SEÑORA: A ti te estoy hablando. No estoy loca para hablar sola.

LA EMPLEADA: Ando en° los veintiuno...

Ando... Tengo casi

LA SEÑORA: ¡Veintiuno! A los veintiuno yo me casé. ¿No has pensado en casarte?

La empleada baja la vista° y no contesta.

baja... looks down

LA SEÑORA: ¡Las cosas que se me ocurre preguntar! ¿Para qué querrías° casarte? En la casa tienes de todo: comida, una buena pieza,° delantales limpios.... Y si te casaras... ¿Qué es lo que tendrías°? Te llenarías de chiquillos,° no más.

would you want

bedroom

would you have / Te... You'd be pregnant all the time

LA EMPLEADA: (*Como para sí.*) Me gustaría casarme...

LA SEÑORA: ¡Tonterías°! Cosas que se te ocurren por leer historias de amor en las revistas baratas.... Acuérdate de esto: Los príncipes azules ya no existen. No es el color lo que importa, sino el bolsillo. Cuando mis padres no me aceptaban un pololo° porque no tenía plata, yo me indignaba, pero llegó Alvaro con sus industrias y sus fundos y no quedaron contentos hasta que lo casaron conmigo. A mí no me gustaba porque era gordo y tenía la costumbre de sorberse los mocos,° pero despúes en el matrimonio, uno se acostumbra a todo. Y llega a la conclusión que todo da lo mismo, salvo la plata. Sin la plata no somos nada. Yo tengo plata, tú no tienes. Esa es toda la diferencia entre nosotros. ¿No te parece?

Rubbish!

novio

sorberse... sniffle

LA EMPLEADA: Sí, pero...

LA SEÑORA: ¡Ah! Lo crees, ¿eh? Pero es mentira. Hay algo que es más importante que la plata: la clase. Eso no se compra. Se tiene o no se tiene. Alvaro no tiene clase. Yo sí la tengo. Y podría° vivir en una pocilga° y todos se darían cuenta de° que soy alguien. No una cualquiera. Alguien. Te das cuenta, ¿verdad?

I could

pigsty / se... would know

LA EMPLEADA: Sí, señora.

LA SEÑORA: A ver... Pásame esa revista. (*La empleada lo hace. La señora la hojea.° Mira algo y lanza una carcajada.°*) ¿Y esto lees tú?

leafs through / guffaw

LA EMPLEADA: Me entretengo, señora.

LA SEÑORA: ¡Qué ridículo! ¡Qué ridículo! Mira a este roto° vestido de smoking.° Cualquiera se da cuenta que está tan incómodo en él como un hipopótamo con faja°... (*Vuelve a mirar en la re-*

loser

tuxedo

girdle

vista.) ¡Y es el conde° de Lamarquina! ¡El conde de Lamar-   count
quina! A ver… ¿Qué es lo que dice el conde? (*Leyendo.*) «Hija
mía, no permitiré jamás que te cases con Roberto. El es un
plebeyo.° Recuerda que por nuestras venas° corre sangre   commoner / ?
azul.» ¿Y ésta es la hija del conde?

LA EMPLEADA: Sí. Se llama María. Es una niña sencilla y buena. Está enamorada de Roberto, que es el jardinero° del castillo. El conde no   ?
lo permite. Pero… ¿sabe? Yo creo que todo va a terminar
bien. Porque en el número° anterior Roberto le dijo a María   issue
que no había conocido a sus padres y cuando no se conoce a
los padres, es seguro que ellos son gente rica y aristócrata
que perdieron al niño de chico o lo secuestraron…

LA SEÑORA: ¿Y tú crees todo eso?

LA EMPLEADA: Es bonito, señora.

LA SEÑORA: ¿Qué es tan bonito?

LA EMPLEADA: Que lleguen a pasar cosas así. Que un día cualquiera, uno
sepa que es otra persona, que en vez de ser pobre, se es rica,
que en vez de ser nadie se es alguien, así como dice Ud.…

LA SEÑORA: Pero no te das cuenta que no puede ser.… Mira a la hija.…
¿Me has visto a mí alguna vez usando unos aros° así? ¿Has   earrings
visto a alguna de mis amigas con una cosa tan espantosa°? ¿Y   hideous
el peinado? Es detestable. ¿No te das cuenta que una mujer
así no puede ser aristócrata?… ¿A ver? Sale fotografiado aquí
el jardinero…

LA EMPLEADA: Sí. En los cuadros° del final. (*Le muestra en la revista. La señora*   pictures
ríe encantada.)

LA SEÑORA: ¿Y éste crees tú que puede ser un hijo de aristócrata? ¿Con
esa nariz? ¿Con ese pelo? Mira… Imagínate que mañana me
rapten a Alvarito. ¿Crees tú que va a dejar por eso de tener
su aire de distinción?

LA EMPLEADA: ¡Mire, señora! Alvarito le botó el castillo de arena a la niñita
de una patada.°   kick

LA SEÑORA: ¿Ves? Tiene cuatro años y ya sabe lo que es mandar, lo que
es no importarle los demás. Eso no se aprende. Viene en la
sangre.

LA EMPLEADA: (*Incorporándose.*) Voy a ir a buscarlo.

LA SEÑORA: Déjalo. Se está divirtiendo.

La empleada se desabrocha° el primer botón de su delantal y hace un   se… unbuttons
gesto en el que muestra estar acalorada.°   ?

LA SEÑORA: ¿Tienes calor?

LA EMPLEADA: El sol está picando° fuerte.   ?

LA SEÑORA: ¿No tienes traje de baño?

LA EMPLEADA: No.

LA SEÑORA: ¿No te has puesto nunca traje de baño?

LA EMPLEADA: ¡Ah, sí!

LA SEÑORA: ¿Cuándo?

LA EMPLEADA: Antes de emplearme. A veces, los domingos, hacíamos ex-
cursiones a la playa en el camión del tío de una amiga.

LA SEÑORA: ¿Y se bañaban?

LA EMPLEADA: En la playa grande de Cartagena. Arrendábamos trajes de
baño y pasábamos todo el día en la playa. Llevábamos de
comer y...

LA SEÑORA: (*Divertida*.) ¿Arrendaban trajes de baño?

LA EMPLEADA: Sí. Hay una señora que arrienda en la misma playa.

LA SEÑORA: Una vez con Alvaro, nos detuvimos en Cartagena a echar
bencina al auto y miramos a la playa. ¡Era tan gracioso! ¡Y
esos trajes de baño arrendados! Unos eran tan grandes que
hacían bolsas por todos los lados y otros quedaban tan chicos
que las mujeres andaban con el traste° afuera. ¿De cuáles   *bottom*
arrendabas tú? ¿De los grandes o de los chicos?

La empleada mira al suelo taimada.°   *sullenly*

LA SEÑORA: Debe ser curioso... Mirar el mundo desde un traje de baño
arrendado o envuelta en un vestido barato... o con uniforme
de empleada como el que usas tú.... Algo parecido le debe
suceder a esta gente que se fotografía para estas historietas:
se ponen smoking o un traje de baile y debe ser diferente la
forma como miran a los demás, como se sienten ellos mismos.... Cuando yo me puse mi primer par de medias, el
mundo entero cambió para mí. Los demás° eran diferentes;   *others*
yo era diferente y el único cambio efectivo era que tenía
puesto un par de medias.... Dime... ¿Cómo se ve el mundo
cuando se está vestida con un delantal blanco?

LA EMPLEADA: (*Tímidamente*.) Igual. La arena tiene el mismo color... las
nubes son iguales... Supongo.

LA SEÑORA: Pero no... Es diferente. Mira. Yo con este traje de baño, con
este blusón de toalla, tendida sobre la arena, sé que estoy en
«mi lugar», que esto me pertenece°.... En cambio tú, vestida *belongs*
como empleada, sabes que la playa no es tu lugar, que eres
diferente.... Y eso, eso te debe hacer ver todo distinto.

LA EMPLEADA: No sé.

LA SEÑORA: Mira. Se me ha ocurrido° algo. Préstame tu delantal.   *Se... I just thought of*

LA EMPLEADA: ¿Cómo?

LA SEÑORA: Préstame tu delantal.

LA EMPLEADA: Pero... ¿Para qué?

LA SEÑORA: Quiero ver cómo se ve el mundo, qué apariencia tiene la
playa cuando se la ve encerrada en un delantal de empleada.

LA EMPLEADA: ¿Ahora?

LA SEÑORA: Sí, ahora.

LA EMPLEADA: Pero es que... No tengo un vestido debajo.

LA SEÑORA: (*Tirándole el blusón.*) Toma... Ponte esto.

LA EMPLEADA: Voy a quedar en calzones°...   *underwear*

Comprensión

A. Conjugue los verbos indicados usando un tiempo verbal en el pasado. Cuidado con el uso del subjuntivo. Luego determine si la oración es cierta (**C**) o falsa (**F**). Corrija las oraciones falsas.

_____ 1. La empleada (*vestir*) un traje de baño.

_____ 2. El marido de la señora (*querer*) que su familia (*quedarse*) en la playa.

_____ 3. La señora (*estar*) contenta en la playa.

_____ 4. La señora (*traer*) a la empleada a la playa para que (*tomar*) el sol.

_____ 5. La empleada (*venir*) a trabajar en la ciudad porque no (*gustarle*) el campo.

_____ 6. La señora (*creer*) que en el campo todos (*pasarlo*) bien.

_____ 7. Los padres de la señora (*querer*) que ella (*casarse*) con Alvaro porque él (*tener*) mucho dinero.

_____ 8. Antes de casarse, a la señora no (*gustarle*) que Alvaro (*sorberse*) los mocos.

_____ 9. La empleada (*estar*) segura que Roberto, el muchacho de la historieta que ella (*leer*), (*ser*) hijo de aristócratas.

_____ 10. A la señora le (*parecer*) cómico que la empleada (*creer*) las historietas que (*leer*).

_____ 11. Cuando la empleada (*vivir*) en el campo, a veces (*ir*) a la playa y (*arrendar*) un traje de baño.

_____ 12. Una vez la señora (*ver*) a unas muchachas que (*llevar*) trajes arrendados.

_____ 13. La señora (*insistir*) en que la gente de la clase baja (*mirar*) el mundo del mismo modo que la gente de la clase alta.

B. Complete la siguiente tabla con la información apropiada.

	LA SEÑORA	LA EMPLEADA
La ropa		
La edad		
El estado civil		
La actitud ante el matrimonio		
La visión de la vida del campo		
La visión de las historietas de las revistas		

Discusión

1. ¿Qué conflictos se presentaron en la primera parte de la obra?
2. ¿Qué opina la señora de la empleada? En la opinión de la señora, ¿cómo son distintas ella y la empleada?
3. En su opinión, ¿qué va a pasar en la última parte de la obra?

Vocabulario activo

acabarse *to end*
los anteojos para el sol
  sunglasses
atrás *behind*
el chiste *joke*
desconcertado
  disconcerted, confused

detenerse (ie) *to stop*
gracioso *funny*
la pelota *ball*
quedarle bien (a uno) *to*
  look nice (on someone)
recoger *to pick up*
la riña *fight, quarrel*

tutear *to address with the*
  tú *form*
la uña *toenail or fingernail*
vestirse (i, i) de *to dress as*
volverse (ue) *to turn; to*
  become

A. Busque antónimos en la lista del vocabulario.

1. delante
2. continuar
3. triste
4. la paz
5. empezar

B. Busque sinónimos en la lista del vocabulario.

1. confuso   2. convertirse

C. Dé las palabras que se corresponden con las definiciones.

1. algo que se pone para protegerse los ojos del sol
2. parte de la mano
3. ponerse cierta ropa para pasar por cierto tipo de persona
4. un objeto redondo usado en muchos deportes
5. un modo de hablar con amigos y familiares
6. una acción o unas palabras graciosas

D. Exprese las siguientes ideas usando otras palabras.

1. Ese vestido le queda muy bien.
2. ¡Niños! Recojan todos estos juguetes ahora mismo.

▣ EL DELANTAL BLANCO: Parte 2 ▣

LA SEÑORA: Es lo suficiente largo como para cubrirte. Y en todo caso vas a mostrar menos que lo que mostrabas con los trajes de baño que arrendabas en Cartagena. (*Se levanta y obliga a levantarse a la empleada.*) Ya. Métete en la carpa y cámbiate.

Prácticamente obliga a la empleada a entrar a la carpa y luego lanza al interior de ella el blusón de toalla. Se dirige al primer plano y le habla a su hijo.

LA SEÑORA: Alvarito, métase un poco al agua. Mójese las patitas siquiera°... No sea tan de rulo°.... ¡Eso es! ¿Ves que es rica el agüita? (*Se vuelve hacia la carpa y habla hacia dentro de ella.*) ¿Estás lista? (*Entra a la carpa.*)

Mójese... *Wet your feet at least* / No... *Don't act as if you have never seen the water*

*Después de un instante, sale la empleada vestida con el blusón de
toalla. Se ha prendido° el pelo hacia atrás y su aspecto ya difiere*   *caught up*
*algo de la tímida muchacha que conocemos. Con delicadeza se
tiende de bruces° sobre la arena. Sale la señora abotonándose aún*   *de... face down*
*su delantal blanco. Se va a sentar delante de la empleada, pero
vuelve un poco más atrás.*

LA SEÑORA: No. Adelante no. Una empleada en la playa se sienta siempre un poco más atrás que su patrona.° *(Se sienta sobre sus*   *mistress*
pantorrillas° y mira, divertida, en todas direcciones.)   *calves*
La empleada cambia de postura° con displicencia.° La señora toma   posición / indiferencia
*la revista de la empleada y principia a leerla. Al principio, hay una
sonrisa irónica en sus labios que desaparece luego al interesarse por
la lectura. Al leer mueve los labios. La empleada, con naturalidad,
toma de la bolsa de playa de la señora un frasco de aceite
bronceador° y principia a extenderlo con lentitud por sus piernas.*   *frasco... bottle of*
La señora la ve. Intenta una reacción reprobatoria,° pero queda   *suntan lotion*
desconcertada.   ?

LA SEÑORA: ¿Qué haces?

*La empleada no contesta. La señora opta por seguir la lectura.
Vigilando de vez en vez con la vista lo que hace la empleada. Esta
ahora se ha sentado y se mira detenidamente° las uñas.*   *closely*

LA SEÑORA: ¿Por qué te miras las uñas?
LA EMPLEADA: Tengo que arreglármelas.
LA SEÑORA: Nunca te había visto antes mirarte las uñas.
LA EMPLEADA: No se me había ocurrido.

LA SEÑORA: Este delantal acalora.

LA EMPLEADA: Son los mejores y los más durables.

LA SEÑORA: (*Divertida.*) Y tú no te ves nada de mal con esa tenida.° (*Se ríe.*) Cualquiera se equivocaría.° Más de un jovencito te podría hacer la corte°…. ¡Sería como para contarlo°!

°outfit
se… *could make a mistake*
hacer… *to court /*
¡Sería… *It would make a good story!*

LA EMPLEADA: Alvarito se está metiendo muy adentro. Vaya a vigilarlo.

LA SEÑORA: (*Se levanta inmediatamente y se adelanta.°*) ¡Alvarito! ¡Alvarito! No se vaya tan adentro… Puede venir una ola. (*Recapacita° de pronto y se vuelve desconcertada hacia la empleada.*)

se… *goes forward*
She reconsiders

LA SEÑORA: ¿Por qué no fuiste tú?

LA EMPLEADA: ¿Adónde?

LA SEÑORA: ¿Por qué me dijiste que yo fuera a vigilar a Alvarito?

LA EMPLEADA: (*Con naturalidad.*) Ud. lleva el delantal blanco.

LA SEÑORA: Te gusta el juego, ¿ah?

> *Una pelota de goma, impulsada por un niño que juega cerca, ha caído a los pies de la empleada. Ella la mira y no hace ningún movimiento. Luego mira a la señora. Esta, instintivamente, se dirige a la pelota y la tira en la dirección en que vino. La empleada busca en la bolsa de playa de la señora y se pone sus anteojos para el sol.*

LA SEÑORA: (*Molesta.*) ¿Quién te ha autorizado para que uses mis anteojos?

LA EMPLEADA: ¿Cómo se ve la playa vestida con un delantal blanco?

LA SEÑORA: Es gracioso. ¿Y tú? ¿Cómo ves la playa ahora?

LA EMPLEADA: Es gracioso.

LA SEÑORA: (*Molesta.*) ¿Dónde está la gracia?

LA EMPLEADA: En que no hay diferencia.

LA SEÑORA: ¿Cómo?

LA EMPLEADA: Ud. con el delantal blanco es la empleada; yo con este blusón y los anteojos oscuros soy la señora.

LA SEÑORA: ¿Cómo?… ¿Cómo te atreves a decir eso?

LA EMPLEADA: ¿Se habría molestado° en recoger la pelota si no estuviese° vestida de empleada?

Se… *Would you have bothered /* no… *you weren't*

LA SEÑORA: Estamos jugando.

LA EMPLEADA: ¿Cuándo?

LA SEÑORA: Ahora.

LA EMPLEADA: ¿Y antes?

LA SEÑORA: ¿Antes?

LA EMPLEADA: Sí. Cuando yo estaba vestida de empleada…

LA SEÑORA: Eso no es juego. Es la realidad.

LA EMPLEADA: ¿Por qué?

LA SEÑORA: Porque sí.

LA EMPLEADA: Un juego… un juego más largo… como el «paco-ladrón°». A unos les corresponde ser «pacos», a otros «ladrones».

cops and robbers

LA SEÑORA: (*Indignada.*) ¡Ud. se está insolentando!

LA EMPLEADA: ¡No me grites! ¡La insolente eres tú!

LA SEÑORA: ¿Qué significa eso? ¿Ud. me está tuteando?

LA EMPLEADA: ¿Y acaso tú no me tratas de tú?

LA SEÑORA: ¿Yo?

LA EMPLEADA: Sí.

LA SEÑORA: ¡Basta ya! ¡Se acabó este juego!

LA EMPLEADA: ¡A mí me gusta!

LA SEÑORA: ¡Se acabó! (*Se acerca violentamente a la empleada.*)

LA EMPLEADA: (*Firme.*) ¡Retírese!°   *Get back!*

        La señora se detiene sorprendida.

LA SEÑORA: ¿Te has vuelto loca?

LA EMPLEADA: Me he vuelto señora.

LA SEÑORA: Te puedo despedir en cualquier momento.

LA EMPLEADA: (*Explota en grandes carcajadas, como si lo que hubiera oído° fuera*   *como… as if what she had heard*
el chiste más gracioso que jamás ha escuchado.)

LA SEÑORA: ¿Pero de qué te ríes?

LA EMPLEADA: (*Sin dejar de reír.*) ¡Es tan ridículo!

LA SEÑORA: ¿Qué? ¿Qué es tan ridículo?

LA EMPLEADA: Que me despida… ¡Vestida así! ¿Dónde se ha visto a una empleada despedir a su patrona?

LA SEÑORA: Sácate esos anteojos! ¡Sácate el blusón! ¡Son míos!

LA EMPLEADA: ¡Vaya a ver al niño!

LA SEÑORA: Se acabó el juego, te he dicho. O me devuelves mis cosas o te las saco.

LA EMPLEADA: ¡Cuidado! No estamos solas en la playa.

LA SEÑORA: ¿Y qué hay con eso? ¿Crees que por estar vestida con un uniforme blanco no van a reconocer quién es la empleada y quién la señora?

LA EMPLEADA: (*Serena.*) No me levante la voz.

        La señora, exasperada, se lanza sobre la empleada y trata de sacarle el blusón a viva fuerza.

LA SEÑORA: (*Mientras forcejea.°*) ¡China! Y te voy a enseñar quién soy!   *she struggles*
¿Qué te has creído? ¡Te voy a meter presa°!   *in jail*

        Un grupo de bañistas han acudido° al ver la riña: dos jóvenes, una   *gathered*
muchacha y un señor de edad madura y de apariencia muy distinguida. Antes que puedan intervenir la empleada ya ha dominado la situación manteniendo bien sujeta° a la señora contra la   *pinned down*
arena. Esta sigue gritando ad libitum° expresiones como: «rota   *ad… improvising*
cochina°»… «ya te las vas a ver con mi marido»… «te voy a   ___?___
mandar presa»… «esto es el colmo», etc., etc.

UN JOVEN: ¿Qué sucede?

EL OTRO JOVEN: ¿Es un ataque?

LA JOVENCITA: Se volvió loca.

UN JOVEN: Puede que sea efecto de una insolación.°   *sunstroke*

EL OTRO JOVEN: ¿Podemos ayudarla?

LA EMPLEADA: Sí. Por favor. Llévensela. Hay una posta° por aquí cerca…   *first-aid station*

EL OTRO JOVEN: Yo soy estudiante de Medicina. Le pondremos una inyección para que se duerma por un buen tiempo.

LA SEÑORA: ¡Imbéciles! ¡Yo soy la patrona! Me llamo Patricia Hurtado, mi marido es Alvaro Jiménez, el político...

LA JOVENCITA: (*Riéndose.*) Cree ser la señora.

UN JOVEN: Está loca.

EL OTRO JOVEN: Un ataque de histeria.

UN JOVEN: Llevémosla.

LA EMPLEADA: Yo no los acompaño... Tengo que cuidar a mi hijito... Está ahí, bañándose...

LA SEÑORA: ¡Es una mentirosa! ¡Nos cambiamos de vestido sólo por jugar! ¡Ni siquiera tiene traje de baño! ¡Debajo del blusón está en calzones! ¡Mírenla!

EL OTRO JOVEN: (*Haciéndole un gesto al joven.*) ¡Vamos! Tú la tomas por los pies y yo por los brazos.

LA JOVENCITA: ¡Qué risa! ¡Dice que está en calzones!

Los dos jóvenes toman a la señora y se la llevan, mientras ésta se resiste y sigue gritando.

LA SEÑORA: ¡Suéltenme! ¡Yo no estoy loca! ¡Es ella! ¡Llamen a Alvarito! ¡El me reconocerá!

Mutis° de los dos jóvenes llevando en peso a la señora. La empleada se tiende sobre la arena, como si nada hubiera sucedido,° aprontándose° para un prolongado baño de sol.

EL CAB. DIST.: ¿Está Ud. bien, señora? ¿Puedo serle útil en algo?

LA EMPLEADA: (*Mira inspectivamente al señor distinguido y sonríe con amabilidad.*) Gracias. Estoy bien.

Exit

como... as if nothing
    had happened
getting ready

EL CAB. DIST.: Es el símbolo de nuestro tiempo. Nadie parece darse cuenta, pero a cada rato, en cada momento sucede algo así.

LA EMPLEADA: ¿Qué?

EL CAB. DIST.: La subversión del orden establecido. Los viejos quieren ser jóvenes; los jóvenes quieren ser viejos; los pobres quieren ser ricos y los ricos quieren ser pobres. Sí, señora. Asómbrese° Ud. También hay ricos que quieren ser pobres. Mi nuera va todas las tardes a tejer° con mujeres de poblaciones callampas.° ¡Y le gusta hacerlo! (*Transición.*) ¿Hace mucho tiempo que está con Ud.?

Sorpréndase
weave, knit
squatter

LA EMPLEADA: ¿Quién?

EL CAB. DIST.: (*Haciendo un gesto hacia la dirección en que se llevaron a la señora.*) Su empleada.

LA EMPLEADA: (*Dudando. Haciendo memoria.*) Poco más de un año.

EL CAB. DIST.: ¡Y así le paga a Ud.! ¡Queriéndose hacer pasar por una señora! ¡Como si no se reconociera a primera vista quién es quién! (*Transición.*) ¿Sabe Ud. por qué suceden estas cosas?

LA EMPLEADA: ¿Por qué?

EL CAB. DIST.: (*Con aire misterioso.*) El comunismo…

LA EMPLEADA: ¡Ah!

EL CAB. DIST.: (*Tranquilizador.*) Pero no nos inquietemos. El orden está restablecido. Al final, siempre el orden se restablece…. Es un hecho… Sobre eso no hay discusión…. (*Transición.*) Ahora, con permiso, señora. Voy a hacer mi footing° diario. Es muy conveniente a mi edad. Para la circulación, ¿sabe? Y Ud. quede tranquila. El sol es el mejor sedante.° (*Ceremoniosamente.*) A sus órdenes, señora. (*Inicia el mutis. Se vuelve.*) Y no sea muy dura con su empleada, después que se haya tranquilizado…. Después de todo… Tal vez tengamos algo de culpa nosotros mismos…. ¿Quién puede decirlo? (*El caballero distinguido hace mutis.*)

running, jogging
sedative

La empleada cambia de posición. Se tiende de espaldas para recibir el sol en la cara. De pronto se acuerda de Alvarito. Mira hacia donde él está.

LA EMPLEADA: ¡Alvarito! ¡Cuidado con sentarse en esa roca! Se puede hacer una nana° en el pie…. Eso es, corre por la arenita… Eso es, mi hijito…. (*Y mientras la empleada mira con ternura° y delectación maternal cómo Alvarito juega a la orilla del mar se cierra lentamente el Telón.*)

boo-boo
tenderness

Comprensión

A. Complete la oración de la primera columna con todas las frases posibles de la segunda columna.

1. Después de que la empleada sale de la carpa, _____ .
2. Después de que la señora sale de la carpa, _____ .
3. Para los jóvenes bañistas, _____ .
4. Para el caballero distinguido, _____ .

a. se sienta atrás de la otra
b. se pone aceite bronceador
c. se tiende en la arena
d. mueve los labios al leer
e. la señora tomó demasiado sol
f. recoge la pelota y la tira
g. el mundo está permanentemente ordenado y no puede cambiar
h. la señora está loca
i. se mira las uñas
j. los empleados deben sentir agradecimiento hacia los patrones
k. manda que la otra vigile a Alvarito

B. Complete las oraciones según la lectura. Cuidado con el uso del subjuntivo.

1. La señora le dijo a Alvarito que...
2. Antes de cambiar la ropa con la empleada, la señora creía que...
3. A la señora le sorprendió que la empleada...
4. La empleada se ríe de que la señora...
5. Los jóvenes bañistas no creen que...
6. La empleada dice que no acompaña a los jóvenes porque...
7. El caballero distinguido quiere un mundo en el que...
8. Al final de la obra la empleada le grita a Alvarito para que...

Discusión

A. TEMA/ARGUMENTO/CONFLICTO

1. Dé un breve resumen del argumento de «El delantal blanco» contestando las siguientes preguntas: ¿Quién? ¿Cuándo? ¿Dónde? ¿Qué? ¿Por qué?
2. ¿Cuáles son algunos de los posibles temas de la obra? ¿Cuál le parece el más importante? ¿Por qué?
3. El drama se concentra en dos personajes femeninos. ¿Cree Ud. que se trata de un conflicto o de una situación específicamente femenina?
4. ¿Cuál es el conflicto de la obra? Identifique en el texto los lugares en que éste se revela. ¿Cómo se relaciona el conflicto con el tema principal?
5. ¿Qué crítica social hay en el texto? ¿Qué esperaba la señora cuando sugirió el experimento? ¿Salió tal como ella lo había imaginado?

B. AMBIENTE

¿Dónde tiene lugar el drama? ¿En qué otros ambientes podría (could) transcurrir? ¿en una tienda? ¿dentro de la casa de la señora? ¿Qué cambios habría que hacer (would have to be made) si se localizara en otros ambientes?

C. PERSONAJES

1. Nombre los personajes de la obra. ¿Qué significa el hecho de que las dos

mujeres no tengan nombres?

2. Complete las siguiente oraciones para llegar a una caracterización de los varios personajes.

a. Alvaro (el marido): Antes de casarme yo quería una mujer que…: Ahora quiero una mujer que… b. La señora: De joven yo quería un marido que… Ahoro tengo un marido que… c. La empleada: Yo buscaba una señora que… Tengo una señora que… d. Alvarito: Mi madre siempre me dice que… La empleada me dice que… Yo quiero…

3. ◨¡Necesito compañero!◨   Con un compañero de clase busquen en las dos listas del vocabulario (págs. 143 y 150) cinco sustantivos o verbos que caractericen a la señora y cinco que caractericen a la empleada. Expliquen por qué asocian estas palabras con los personajes. Luego comparen su lista con la de otros dos compañeros. Si son diferentes, comenten las diferencias y procuren llegar a un acuerdo sobre cuáles son las cinco palabras que mejor definen a cada personaje.

4. ¿Por qué cree Ud. que a la criada le gusta leer historietas? En su opinión, ¿qué clase de revistas lee la señora? ¿Por qué?

5. ¿Quién es la protagonista, la señora o la empleada? Cuando ellas cambian de ropa, ¿qué cambios ocurren en su manera de tratarse? Busque ejemplos dentro de la lectura para comprobar su opinión. ¿Cuál de las dos habla más en la obra? ¿Qué importancia tiene esto?

6. A veces en una obra hay personajes estáticos (que no cambian) y a veces hay personajes dinámicos (que cambian). ¿Son estáticas o dinámicas la señora y la empleada? Explique.

7. ¿Son necesarios todos los personajes? ¿Cómo cambiaría (*would change*) la obra si se quitara a Alvarito? ¿al caballero distinguido?

E. EL LECTOR/PUBLICO

¿Qué visión del mundo tiene la señora? ¿y la criada? Como público/lectores, ¿con cuál de las dos simpatiza Ud.? ¿Qué técnicas se utilizan en la obra para hacer que el lector simpatice con una de ellas y no con la otra?

LECTURA

Aspectos textuales: poesía

Extended Metaphor

You have already studied such poetic devices as denotation, connotation, symbolism, and altered word order. Another device common to poetry is *imagery*. Imagery generally is based on comparisons between elements.

When a comparison is very explicit, it is called a *simile*. Similes are often recognizable by the words *like* or *as,* which join the two elements of the comparison: *love is like a flower.* A *metaphor* is an implied comparison: *love is a flower.* It creates a fresh relationship between two or more elements and the ideas associated with them. Metaphors involve connotation and may include the use of symbols.

Although an author may use several unrelated comparisons in a poem, he or she can also use a single comparison throughout an entire poem. This is called an *extended metaphor.* By means of this device, two distinct frames of reference are made to coexist in the work. Each frame of reference is denoted by the naming of elements that pertain to it, but the meaning of the work lies in the relationship between the two frames of reference.

In the following short passage, an extended metaphor is employed with a humorous twist. Read the passage, looking for the elements that denote the two distinct levels.

Tengo un vecino completamente loco. Hace varias semanas empezó a construir un barco muy grande y ayer le oí hablando con su mujer y sus tres hijos de como pronto iban a empezar las lluvias anunciadas. Yo escuché las noticias en la televisión anoche y el meteorólogo no dijo nada de tormentas ni de lluvias. Se lo dije a mi vecino, pero insiste en que conoce a un meteorólogo fenomenal y si éste dice que va a llover, así es. Pues hoy empezó a llover y ahora veo que mi vecino está metiendo todos sus muebles y animales en el barco. Además, ha mandado a sus hijos al parque zoológico a recoger más animales. Están todos locos. Yo no salgo de casa durante esta tormenta para nada. Parece que no va a acabar en muchos días.

LEVEL 1:   contemporary society, denoted by the television, a meteorologist, the zoo
LEVEL 2:   biblical times, denoted by the large boat, the wife and three sons, the loading of possessions and animals onto the boat, the suggestion of many days of rain ahead
MEANING AS CONNOTED BY THE RELATIONSHIP OF THE TWO LEVELS: humorous repetition of a biblical episode. The humor stems from the reference to God as a great meteorologist, from the gradual revealing of the biblical level, and from the reader's perception of the narrator's ignorance of the fate that awaits him or her.

Prelectura

A. ¿Cuáles son algunas de las connotaciones, sean positivas o negativas, de las siguientes palabras?

	POSITIVAS	NEGATIVAS
compañías multinacionales		
Jehová		
«Banana Republic»		
César		
moscas		
Centroamérica		

B.   ¿Qué sugiere para Ud. el título «La United Fruit Co.»?

C.   Estudie el dibujo que acompaña el poema. ¿De quién puede ser la mano? ¿Qué representa la forma redonda en el centro del dibujo? ¿De quién son los barcos? ¿Qué llevarán (*might they carry*) adentro? ¿Quiénes pueden ser los que están en el agua? ¿Qué queda en el muelle (*dock*)? ¿Va a quedar allí permanentemente? ¿Cuáles de los elementos del dibujo tienen connotaciones negativas y cuáles tienen connotaciones positivas?

D.   Neruda compara la United Fruit Company con un episodio bíblico. Lea rápidamente los primeros once versos (*lines*) e identifique las palabras que se relacionen con el episodio bíblico. ¿A qué episodio bíblico se alude? ¿Qué connotaciones tiene este episodio para la cultura occidental?

E.   ¿Quién es el sujeto del verbo «bautizó» en el verso diez? Reescriba los versos doce a dieciséis para que el orden de las palabras sea más fácil de entender.

Vocabulario activo

bautizar *to baptize*	**la dictadura** *dictatorship*	**la mosca** *fly*
la cintura *waistline; belt*	**jugoso** *juicy*	**el racimo** *cluster, bunch*
desembarcar *to set sail*	**la mermelada** *marmalade*	

A.   Busque antónimos en la lista del vocabulario.

1. la democracia   2. llegar

B.   ¿Qué palabra no pertenece al grupo? Explique por qué.

1. el ojo, la cintura, la cesta, la cabeza
2. el mosquito, el cerdo, la mariposa, la mosca

C.   Defina brevemente en español.

1. jugoso   2. bautizar   3. la mermelada   4. el racimo

🔳 LA UNITED FRUIT CO. 🔳

Neruda (Capítulo 6) también se destacó (distinguished himself) *como un poeta social de gran calidad. Este poema pertenece al* Canto general *(1950).*

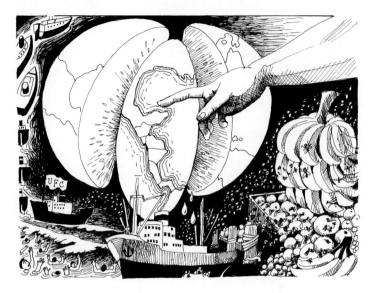

Cuando sonó la trompeta, estuvo
todo preparado en la tierra,
y Jehová repartió° el mundo   *divided up*
a Coca-Cola Inc., Anaconda,[2]
Ford Motors y otras entidades;
la Compañía Frutera Inc.
se reservó lo más jugoso,
la costa central de mi tierra,
la dulce cintura de América.

Bautizó de nuevo sus tierras
como «Repúblicas Bananas»,
y sobre los muertos dormidos,
sobre los héroes inquietos
que conquistaron la grandeza,
la libertad y las banderas,°   *flags*
estableció la ópera bufa:°   cómica, absurda
enajenó los albedríos,°   enajenó... tomó
regaló coronas de César,   control de los
desenvainó° la envidia, atrajo   hombres
la dictadura de las moscas,   reveló
moscas Trujillos, moscas Tachos,
moscas Carías, moscas Martínez,

---

[2] Anaconda Steel, Inc.

moscas Ubicos,[3] moscas húmedas
de sangre humilde y mermelada,
moscas borrachas que zumban°   *buzz*
sobre las tumbas populares,
moscas de circo, sabias° moscas   inteligentes
entendidas en° tiranía.   entendidas... que
                                        saben mucho de

Entre las moscas sanguinarias°   sangrientas
la Frutera desembarca,
arrasando° el café y las frutas,   totalmente llena de
en sus barcas que deslizaron°   se fueron
como bandejas° el tesoro   *trays*
de nuestras tierras sumergidas.

Mientras tanto, por los abismos
azucarados° de los puertos,   cubiertos de azúcar
caían indios sepultados
en el vapor de la mañana:
un cuerpo rueda,° una cosa   se mueve como una
sin nombre, un número caído,   pelota
un racimo de fruta muerta
derramada en el pudridero.°   derramada... echada
                                        en un montón de
                                        basura

Comprensión

A. Subraye todos los adjetivos en el poema. Haga una lista de los que se
   refieren a la United Fruit Company y otra de los que se refieren a
   Centroamérica. ¿Es más positiva una lista que otra? ¿Qué otras diferencias
   hay entre las dos listas?

B. ¿Por qué elige Neruda las moscas como punto de comparación con los
   dictadores? ¿Qué otros elementos añade para hacer aun más fuerte el
   impacto de esta comparación?

C. Neruda divide el poema en cuatro partes. ¿Se diferencia la última parte de
   las tres primeras? Explique su respuesta dando ejemplos concretos.

D. ¿Por qué cree Ud. que Neruda utiliza Génesis como la base de una metáfora
   extendida? ¿Qué diferencias hay entre la versión bíblica de la creación y la
   de Neruda?

---

[3] Trujillos... Rafael Leónidas Trujillo, dictador de la República Dominicana (1930–1961); Anastasio (Tacho)
Somoza, dictador de Nicaragua (1936–1956); Tiburcio Carías Andino, dictador de Honduras
(1933–1948); Tomás Martínez, dictador y jefe del partido conservador que gobernó Nicaragua desde
1863 hasta 1890; Jorge Ubico, dictador de Guatemala (1931–1944).

DESPUES DE LEER

Aplicación

1. En «El delantal blanco» se estudia la relación entre una criada y la señora de la casa. ¿Cree Ud. que es posible tener igualdad en una relación de este tipo? ¿Tiene Ud. un criado o una criada en casa? ¿Cómo es la relación de él o de ella con la familia? ¿Es diferente la relación entre el criado o la criada con su amo de la de un empleado o empleada con su jefe? Explique.

2. La empleada en «El delantal blanco» se muda del campo porque no puede encontrar trabajo allí. ¿Se mudaría Ud. (*Would you move*) a otro pueblo para encontrar trabajo? ¿a otro estado? ¿a otro país? ¿Qué cambios causó la mudanza en la vida de la criada? ¿Cuáles de estos cambios le parecen más difíciles a Ud.?

3. La señora cree que el dinero es lo más importante en un matrimonio. De los siguientes elementos, ¿cuáles le parecen a Ud. más importantes para que un matrimonio tenga éxito?

el dinero	la amistad
el éxito profesional del marido	el tener hijos
el éxito profesional de la mujer	el no tener hijos
ser de la misma religión	ser de la misma raza
ser de la misma clase social	ser del mismo país
tener el mismo nivel de educación	ser guapos
tener una buena vida sexual	compartir un *hobby*

4. En las dos obras se ve una crítica social. ¿Qué critica cada una? ¿A quién o a quiénes se culpa en cada caso? ¿Qué sabe Ud. de la situación en Centroamérica hoy en día? ¿Todavía tiene los Estados Unidos intereses económicos allí? ¿intereses políticos? Neruda critica duramente a la United Fruit Co., a la Ford, a la Coca-Cola y, por implicación, a los Estados Unidos. ¿Cuál es la imagen que se tiene de los Estados Unidos hoy en día en Centroamérica?

5. ◪¡Debate!◪ Fórmense tres grupos de cuatro o seis estudiantes para debatir el siguiente tema. La mitad de cada grupo debe preparar los argumentos positivos, mientras la otra mitad prepara los argumentos negativos. Los otros estudiantes de la clase deben preparar preguntas para hacerlas durante el debate.

AFIRMATIVO

Las compañías multinacionales deben preocuparse más por el bienestar económico de los países que les proveen las materias primas (*raw materials*).

NEGATIVO

Las compañías multinacionales no son responsables del bienestar económico de la gente de los países que les proveen los recursos económicos. Esta es la responsabilidad de los gobiernos de esos países.

CAPITULO OCHO

CREENCIAS E
IDEOLOGIAS

ANTES DE LEER

Aspectos lingüísticos

Controlled Reading Practice

In previous chapters you practiced word guessing skills, simplifying sentence structure, and recognizing connector words. Remember to put these skills to practice in the following readings. Try to read each selection in less than three minutes (about 100 words per minute). Then do the comprehension exercises that follow.

Reading Practice _____

EXTRAÑO BEISBOL

El béisbol japonés es distinto del que se practica en nuestro continente. La versión oriental incluye un bate y una pelota y sigue las mismas reglas, pero ahí terminan las semejanzas, pues ellos le han agregado los valores de la disciplina samurai, el respeto hacia la autoridad y la devoción al grupo, de todo lo cual resulta un deporte exclusivamente japonés.

Los peloteros estadounidenses comienzan a entrenar en marzo y practican cuatro horas diarias; luego marchan al campo de golf o a la piscina. En Japón, en cambio, inician el entrenamiento en el invierno y le dedican más de ocho horas cada día.

Para el oriental, los *managers* poseen las virtudes más respetadas: edad, experiencia y conocimiento; su palabra es ley. Por eso, rara vez despiden directamente a los *managers* perdedores. Se sigue en tales casos un elaborado ritual que permite al individuo en cuestión salvar su prestigio y luego renunciar.°   *to resign*

Pero la diferencia más notable entre el béisbol japonés y el norteamericano es el concepto de la armonía del grupo, o *wa*. En virtud de este espíritu, los japoneses condenan el individualismo tanto como nosotros lo aplaudimos. No hay conflictos con los salarios. El jugador acepta lo que el equipo le ofrece. Demandar más sería incurrir en el grado más deplorable de *kojinshugi* (individualismo), pues el jugador estaría demostrando que sus intereses personales están por encima de los del equipo.

En el mundo de los deportes profesionales de los Estados Unidos, la gente acepta y hasta aprueba° los arrebatos temperamentales. En Japón, las rabietas,° las bromas pesadas, las riñas y las quejas y todas esas costumbres nuestras se ven como indeseables perturbaciones a la paz espiritual del equipo.   *approve*   *tantrums*

1. ¿Cuál es la idea principal de la lectura?
   a. El béisbol es muy popular entre los japoneses.
   b. Los japoneses son mejores jugadores del béisbol que los norteamericanos.
   c. Hay una diferencia filosófica entre el béisbol japonés y el béisbol norteamericano.
   d. El béisbol japonés y el béisbol norteamericano son en el fondo el mismo juego.

2. ¿Cierto (**C**), falso (**F**) o no dice (**ND**)?
   _____ a. Hay más equipos profesionales de béisbol en Japón que en los Estados Unidos.
   _____ b. El individualismo es una actitud positiva para los beisbolistas japoneses.
   _____ c. En Japón, el entrenamiento empieza más temprano que en los Estados Unidos.
   _____ d. Los jugadores japoneses reciben salarios muy bajos.
   _____ e. Los jugadores japoneses generalmente no muestran su frustración como lo hacen los jugadores norteamericanos.

   Now go through the passage a second time, reading more slowly and concentrating on the meaning of the underlined words. Remember: if you begin to have difficulty following the sense of a passage, try to simplify it by looking for the verb and then the subject and objects. Then do these exercises.

3. La palabra reglas tiene que significar _____ .
   a. you register   b. rules   c. regular   d. you regulate

4. La palabra despiden quiere decir _____ .
   a. despair   b. they inform   c. they fire   d. insulting

5. La frase por encima de significa _____ .
   a. below   b. inform   c. for that reason   d. above

6. Las rabietas, las bromas pesadas, las riñas y las quejas son acciones _____ .
   a. muy positivas   b. muy negativas

7. Dé los cognados de las siguientes palabras españolas.
   a. distinto   d. disciplina   g. prestigio
   b. armonía   e. respeto   h. aplaudir
   c. virtud   f. entrenar

8. Identifique el prefijo o sufijo de las siguientes palabras y luego dé su raiz. Tomando como base esta información, ¿qué pueden significar las siguientes palabras?

   la autoridad   los peloteros   perdedores
   el jugador   indeseables

9. Simplifique la siguiente oración eliminando las frases preposicionales y verbales. Luego identifique los sujetos (**S**), los verbos (**V**) y los complementos (**C**) que quedan, dando una oración más simple.

Se sigue en tales casos un elaborado ritual que permite al individuo en cuestión salvar su prestigio y luego renunciar.

10. En las siguientes oraciones, ¿cuál de las frases subrayadas comunica causa, cuál comunica comparación y cuál comunica contraste?
   a. En Japón, en cambio, inician el entrenamiento en el invierno y le dedican más de ocho horas cada día.
   b. Por eso, rara vez despiden directamente a los *managers* perdedores.
   c. Los japoneses condenan el individualismo tanto como nosotros lo aplaudimos.

Reading Practice

LA MUERTE DISFRAZADA

...Ante un muerto hay que hacer dos cosas en América: alejarle° de casa y disimularlo, esto es, disimular que está muerto, devolverle todo (expresión, color, brillo° a los zapatos) menos, claro está, la sensibilidad y el movimiento.

    Para esto se erigen en todas las esquinas° del país los *Funeral Homes*, que vienen a ser los Hogares° de los Muertos.... Estos hogares, muy bien aseados°—algunos, elegantísimos—, disponen de° grandes salones, donde a horas determinadas, señaladas en los periódicos, la familia del finado recibe a sus amistades con el muerto de cuerpo presente....

    El cadáver, cuidadosamente embalsamado, acicalado,° peinado, pintado, será exhibido durante dos días, o tres, o cuatro, o media docena. Todo es cuestión de dólares. La fuerza del negocio es en Norteamérica una fuerza avasalladora° y de nada han valido hasta ahora las protestas de la razón y la sensatez°.... El caso es que el dueño del *Funeral Home*, tan pronto se presenta un parroquiano—o, mejor, el familiar de un parroquiano—, le preguntará:° «Usted quería mucho a su padre, ¿no es cierto?» Lógicamente el cliente responderá que sí y, entonces el «funeralista» le dirá° que por quinientos, seiscientos o mil dólares... su padre—el del cliente—dentro de unas horas, estará° presentable y rozagante,° a excepción de que no hablará tal y como si no se hubiese muerto°.... Y como sobre el cliente operan fuertes razones sentimentales, viejos hábitos, respetos humanos y todo lo que en el mundo opera sobre los mundanos,° terminará° aceptando....

to distance him

shine

street corners
Homes
limpios
disponen... tienen

vestido

all-conquering
good sense

will ask

will tell
will be
elegante
tal... just as if he hadn't died
seres humanos
he will end up

---

1. ¿Cuál es la idea principal de la lectura?
   a. En el *Funeral Home*, el difunto está mejor que cuando estaba vivo.

   b. El funeralista se aprovecha de (*takes advantage of*) las emociones de la familia del muerto para vender un servicio costoso.

   c. Es mejor llevar a los muertos al *Funeral Home* para que todos los amigos vean al difunto por última vez.

   d. El *Funeral Home* es un lugar muy elegante y costoso.

2. ¿Qué le pasa al difunto en el *Funeral Home*?

   a. El funeralista lo peina y lo pinta para que parezca vivo.

   b. Los amigos se olvidan de él.

   c. La familia lo exhibe y los amigos pagan dinero para verlo.

   d. Tienen un servicio simple y religioso que refleja los deseos de la familia.

3. ¿Por qué aceptan los servicios del *Funeral Home* los familiares del difunto?

   a. Quieren impresionar a sus amigos con todo el dinero que tienen.

   b. No quieren hacer el trabajo ellos mismos.

   c. Quieren mostrar su amor.

   d. Los funeralistas son amigos personales de la familia.

   Now go through the passage a second time, reading more slowly and concentrating on the meaning of the underlined words. Then do these exercises.

4. La frase se erigen significa _____ .

   a. they pass away b. are built c. are argued d. are avoided

5. La palabra señaladas quiere decir _____ .

   a. sold b. heard c. saved d. indicated

6. La palabra finado quiere decir _____ .

   a. funeral b. found c. dead person d. finalized

7. La frase de nada han valido quiere decir _____ .

   a. have not gone anywhere   c. have lost nothing

   b. have not done any good   d. have not complained at all

8. La palaba parroquiano significa _____ .

   a. parochial b. parakeet c. client d. paragraph

9. Identifique el prefijo o el sufijo y la raíz de las siguientes palabras. ¿Qué pueden significar?

        elegantísimos   pintado   exhibido

10. Simplifique las siguientes oraciones, eliminando las frases preposicionales. Luego identifique los sujetos (**S**), los verbos (**V**) y los complementos (**C**) de las oraciones que quedan, dando oraciones más simples.

   a. El caso es que el dueño del *Funeral Home*, tan pronto se presenta un parroquiano—o, mejor, el familiar de un parroquiano—, le preguntará: «Usted quería mucho a su padre, ¿no es cierto?»

   b. Y como sobre el cliente operan fuertes razones sentimentales, viejos hábitos, respetos humanos y todo lo que en el mundo opera sobre los mundanos, terminará aceptando....

Aproximaciones al texto

La caracterización

One of the most important elements in any work of fiction is *characterization*, that is, the depiction of literary characters. Characters can be revealed through monologue or dialogue; through their movements, gestures, clothing, or actions; through comparison and contrast with other characters; through identification with a specific setting; through their name or their lack of name; or through reference to a specific genre or literary code. In every instance, the reader is presented with only a limited amount of information and must fill in the "gaps" by using his or her own knowledge of cultural and literary conventions.

A. DIÁLOGO O MONÓLOGO

El siguiente diálogo viene de «El túnel» de Ernesto Sábato. Léalo y luego conteste las preguntas.

—Necesito verla, María —le dije. —Desde que nos separamos he pensado constantemente en usted, cada segundo.

Me detuve temblando. Ella no contestaba.

—¿Por qué no contesta? —le dije con nerviosidad creciente.

—Espere un momento —respondió.

Oí que dejaba el tubo.° A los pocos instantes oí de nuevo   teléfono
su voz, pero esta vez su voz verdadera; ahora también ella parecía estar temblando.

—No podía hablar —me explicó.

—¿Por qué?

—Acá entra y sale mucha gente.

—¿Y ahora cómo puede hablar?

—Porque cerré la puerta. Cuando cierro la puerta saben que no deben molestarme.

—Necesito verla, María —repetí con violencia. —No he hecho otra cosa que pensar en usted desde el mediodía.

Ella no respondió.

—¿Por qué no responde?

—Castel... —comenzó con indecisión.

—¡No me diga Castel! —grité indignado.

—Juan Pablo... —dijo entonces, con timidez.

1. ¿Quiénes hablan? ¿Dónde están?
2. ¿Cuál parece ser la relación entre ellos? ¿Parece una relación entre iguales?
3. ¿Qué diferencia se ve entre los dos personajes? Dé tres adjetivos o verbos para describir a cada uno.
4. ¿Qué edad pueden tener? ¿Cómo lo sabe Ud.?
5. ¿Cómo ve cada uno al otro?

B. LOS GESTOS, LA ROPA, LAS ACCIONES

¿Qué emoción o rasgo psicológico asocia Ud. con cada frase de la primera columna?

1. el bajar los ojos	a. la nerviosidad
2. una mujer vestida de negro	b. la felicidad
3. un hombre que se come las uñas	c. la timidez
	d. la tristeza
4. un hombre vestido con chaqueta de cuero negro y una cadena de hierro como cinturón	e. la violencia
5. una persona que ríe con frecuencia	

C. COMPARACION/CONTRASTE Y CONVENCION CULTURAL-LITERARIA

El siguiente texto viene de «El Grimorio» de Enrique Anderson-Imbert. Léalo y luego conteste las preguntas.

ESCENA EN EL INFIERNO

Sacher-Masoch se acerca al Marqués de Sade y, masoquís-
ticamente, le ruega:°   *begs*
   —¡Pégame, pégame! ¡Pégame fuerte, que me gusta!
   El Marqués de Sade levanta el puño,° va a pegarle, pero   *fist*
se contiene a tiempo y, con la boca y la mirada crueles,
sadísticamente le dice:
   —No.

1. ¿Quiénes son los dos personajes en esta lectura? ¿Son dos individuos semejantes o distintos? ¿Cómo lo sabe Ud.?
2. ¿De quién se sabe más en este trozo? ¿Qué características tiene?
3. ¿Qué se puede deducir con respecto al otro personaje como resultado de esta comparación?

D. ¿Qué revelan los nombres de los siguientes personajes acerca de su carácter?

1. Bonbon Shaker	4. Everyman
2. Archibald Randolph Bolton III	5. Primitivo Suárez
3. Uriah Heep	6. Blanca la Pura

Prelectura

A. Estudie los dos dibujos que acompañan el cuento. ¿Quiénes aparecen en ellos? ¿Dónde están? ¿Qué ropa llevan los personajes y qué revela de ellos? ¿Qué expresiones tienen en la cara? ¿Qué revelan estas expresiones? ¿Qué movimientos o gestos están haciendo? ¿Revelan algo de sus respectivas personalidades? ¿Qué posible conflicto hay en el cuento?

B. En el título, ¿qué connotaciones tienen las palabras «siesta» y «martes»? ¿Es distinto el martes del miércoles o del sábado?

C. Lea los siguientes párrafos y conteste las preguntas para mejor prepararse para la lectura.

El tren salió del trepidante° corredor de rocas bermejas,° *trembling / rojas*
penetró en las plantaciones de banano, simétricas e interminables, y el aire se hizo húmedo y no se volvió a sentir la
brisa del mar. Una humareda° sofocante entró por la ven- *gust*
tanilla del vagón. En el estrecho camino paralelo a la vía
férrea° había <u>carretas</u> de <u>bueyes</u>° cargadas de racimos verdes. *vía... railroad tracks /*
Al otro lado del camino, en intempestivos° espacios sin sem- *oxen*
brar,° había oficinas con ventiladores eléctricos, campa- *out of season*
mentos de ladrillos rojos y residencias con sillas y mesitas *sin... unplanted*
blancas en las terrazas, entre <u>palmeras</u> y rosales polvorientos.° Eran las once de la mañana y aún no había em- *rosales... dusty rose-*
pezado el calor. *bushes*

 —Es mejor que subas el <u>vidrio</u>, dijo la mujer. —El pelo
se te va a llenar de <u>carbón</u>.

 La niña trató de hacerlo pero la <u>persiana</u>° estaba blo- *Venetian blind*
queada por <u>óxido</u>.

1. ¿Cuántos personajes hay en este pasaje?
2. ¿Dónde están?
3. ¿Parece que van hacia el mar o viajan en otra dirección?
4. ¿Cómo parece ser el clima?
5. ¿Qué revela el diálogo con respecto a las preocupaciones de la madre?
   ¿Parece una madre cariñosa? ¿dura? ¿fría? ¿exageradamente protectora?
6. ¿Cómo responde la niña? ¿Qué otra posible respuesta podría (*could*) dar?
   ¿Qué revela su conducta?
7. ¿Qué pueden significar las siguientes palabras?
   a. carretas   c. vidrio   e. óxido
   b. palmeras   d. carbón

LECTURA

Vocabulario activo

agobiado *weighted down,*
 oppressed
el almendro *almond tree*
el billar *billiards*
bostezar *to yawn*
la cerradura *lock*
el cuero *leather*
derretir (i, i) *to melt*
descalzo *barefoot*
disparar *to shoot (a*
 weapon)

entreabrir *to open halfway*
envolver (ue) *to wrap*
la galleta *cookie*
hacer señas *to signal*
la hoja *page, leaf*
los lentes *glasses*
la limosna *alms, charity*
el luto *mourning*
la llanura *plains*
el párpado *eyelid*
la persiana *Venetian blind*

el ramo *branch, bunch*
el ropero *closet*
ruborizar *to blush*
el sacerdote *priest*
sudar *to sweat*
el sudor *sweat*
el varón *male*

A. Busque sinónimos en la lista del vocabulario.

    1. el hombre   2. el cura   3. las gafas

B. ¿Qué palabra no pertenece al grupo? Explique por qué.

    ruborizar, envolver, bostezar, sudar

C. ¿Qué palabra de la segunda columna asocia Ud. con una de la primera?

1. disparar	a. un traje negro
2. el cuero	b. las flores
3. el párpado	c. la puerta
4. la cerradura	d. el árbol
5. derretir	e. el ojo
6. el ramo	f. la sala de recreo
7. el luto	g. los vestidos
8. el billar	h. el papel
9. el almendro	i. el pie
10. la persiana	j. el hielo
11. el ropero	k. la pistola
12. descalzo	l. la ventana
13. la hoja	m. la piel

D. Complete las oraciones en una forma lógica, usando la forma correcta de las palabras de la lista del vocabulario.

    1. Detrás de las montañas hay _____ que se extiende por miles de millas.
    2. El niño tenía mucho sueño; _____ los ojos y después los volvió a cerrar.
    3. Los pobres nos pidieron _____ pero yo no tenía mi cartera conmigo.
    4. El policía _____ para que dobláramos a la izquierda.
    5. Si el muchacho tiene hambre por la tarde, le doy _____ .
    6. El jefe no trata a las dos secretarias con igualdad. La nueva siempre está _____ de trabajo y la otra no hace nada.

⧉ LA SIESTA DEL MARTES ⧉

Muchos creen que el género de mayor importancia dentro de la literatura hispana de hoy es la novela hispanoamericana. El colombiano Gabriel García Márquez (1928–), ganador del Premio Nóbel de Literatura, es uno de los cultivadores más importantes de este género. Su novela más conocida, Cien años de soledad, *se publicó en 1967. En ella se refleja la vida y la forma de concebir el mundo de los habitantes de los pueblos pequeños de Colombia. La acción del siguiente cuento también tiene lugar en ese ambiente.*

El tren salió del trepidante corredor de rocas bermejas, penetró en las plantaciones de banano, simétricas e interminables, y el aire se hizo húmedo y no se volvió a sentir la brisa del mar. Una humareda sofocante entró por la ventanilla del vagón. En el estrecho camino paralelo a la vía férrea

había carretas de bueyes cargadas de racimos verdes. Al otro lado del camino, en intempestivos espacios sin sembrar, había oficinas con ventiladores eléctricos, campamentos de ladrillos rojos y residencias con sillas y mesitas blancas en las terrazas, entre palmeras y rosales polvorientos. Eran las once de la mañana y aún no había empezado el calor.

—Es mejor que subas el vidrio —dijo la mujer. —El pelo se te va a llenar de carbón.

La niña trató de hacerlo pero la persiana estaba bloqueada por óxido.

Eran los únicos pasajeros en el escueto° vagón de tercera clase. Como el humo de la locomotora siguió entrando por la ventanilla, la niña abandonó el puesto y puso en su lugar los únicos objetos que llevaban: una bolsa de material plástico con cosas de comer y un ramo de flores envuelto en

sencillo

papel de periódicos. Se sentó en el asiento opuesto, alejada de la ventanilla, de frente a su madre. Ambas guardaban un luto riguroso y pobre.

La niña tenía doce años y era la primera vez que viajaba. La mujer parecía demasiado vieja para ser su madre, a causa de las venas azules en los párpados y del cuerpo pequeño, blando y sin formas, en un traje cortado como una sotana.° Viajaba con la columna vertebral firmemente apoyada contra el espaldar° del asiento, sosteniendo en el regazo° con ambas manos una cartera de charol desconchado.° Tenía la serenidad escrupulosa de la gente acostumbrada a la pobreza.

A las doce había empezado el calor. El tren se detuvo diez minutos en una estación sin pueblo para aprovisionarse° de agua. Afuera, en el misterioso silencio de las plantaciones, la sombra tenía un aspecto limpio. Pero el aire estancado dentro del vagón olía a cuero sin curtir.° El tren no volvió a acelerar. Se detuvo en dos pueblos iguales con casas de madera pintadas de colores vivos. La mujer inclinó la cabeza y se hundió en el sopor.° La niña se quitó los zapatos. Después fue a los servicios sanitarios a poner en agua el ramo de flores muertas.

Cuando volvió al asiento la madre la esperaba para comer. Le dio un pedazo de queso, medio bollo° de maíz y una galleta dulce, y sacó para ella de la bolsa de material plástico una ración igual. Mientras comían, el tren atravesó muy despacio un puente de hierro y pasó de largo por un pueblo igual a los anteriores, sólo que en éste había una multitud en la plaza. Una banda de músicos tocaban una pieza alegre bajo el sol aplastante. Al otro lado del pueblo, en una llanura cuarteada por la aridez,° terminaban las plantaciones.

La mujer dejó de comer.

—Ponte los zapatos —dijo.

La niña miró hacia el exterior. No vio nada más que la llanura desierta por donde el tren empezaba a correr de nuevo, pero metió en la bolsa el último pedazo de galleta y se puso rápidamente los zapatos. La mujer le dio la peineta.°

—Péinate —dijo.

El tren empezó a pitar° mientras la niña se peinaba. La mujer se secó el sudor del cuello y se limpió la grasa de la cara con los dedos. Cuando la niña acabó de peinarse el tren pasó frente a las primeras casas de un pueblo más grande pero más triste que los anteriores.

—Si tienes ganas de hacer algo, hazlo ahora —dijo la mujer. —Después, aunque te estés muriendo de sed no tomes agua en ninguna parte. Sobre todo, no vayas a llorar.

La niña aprobó con la cabeza. Por la ventanilla entraba un viento ardiente y seco, mezclado con el pito de la locomotora y el estrépito° de los viejos vagones. La mujer enrolló° la bolsa con el resto de los alimentos y la metió en la cartera. Por un instante, la imagen total del pueblo, en el luminoso martes de agosto, resplandeció° en la ventanilla. La niña envolvió las flores en los periódicos empapados,° se apartó un poco más de la ventanilla y miró fijamente a su madre. Ella le devolvió° una expresión

cassock
? / lap
charol... peeling patent leather

?

sin... uncured

drowsiness

bun, roll

cuarteada... cracked by dryness

?

to whistle

ruido
envolvió

?
mojados, húmedos
dio

apacible.° El tren acabó de pitar y disminuyó la marcha. Un momento
después se detuvo.

    No había nadie en la estación. Del otro lado de la calle, en la acera
sombreada° por los almendros, sólo estaba abierto el salón de billar. El
pueblo flotaba en el calor. La mujer y la niña descendieron del tren, atra-
vesaron la estación abandonada cuyas baldosas° empezaban a cuartearse°
por la presión de la hierba, y cruzaron la calle hasta la acera de sombra.

    Eran casi las dos. A esa hora, agobiado por el sopor, el pueblo hacía la
siesta. Los almacenes, las oficinas públicas, la escuela municipal, se ce-
rraban desde las once y no volvían a abrirse hasta un poco antes de las
cuatro, cuando pasaba el tren de regreso. Sólo permanecían abiertos el
hotel frente a la estación, su cantina y su salón de billar, y la oficina del
telégrafo a un lado de la plaza. Las casas, en su mayoría construidas sobre
el modelo de la compañía bananera, tenían las puertas cerradas por dentro
y las persianas bajas.° En algunas hacía tanto calor que sus habitantes
almorzaban en el patio. Otros recostaban° un asiento a la sombra de los
almendros y hacían la siesta sentados en plena calle.

    Buscando siempre la protección de los almendros, la mujer y la niña
penetraron en el pueblo sin perturbar la siesta. Fueron directamente a la
casa cural.° La mujer raspó con la uña la red metálica° de la puerta, esperó
un instante y volvió a llamar. En el interior zumbaba° un ventilador eléctrico. No se oyeron los pasos. Se oyó apenas el leve crujido° de una puerta
y en seguida una voz cautelosa° muy cerca a la red metálica: «¿Quién es?»
La mujer trató de ver a través de la red metálica.

    —Necesito al padre —dijo.

    —Ahora está durmiendo.

    —Es urgente —insistió la mujer.

    Su voz tenía una tenacidad reposada.°

tranquila

shaded

floor tiles / be split

cerradas

leaned

*del cura / raspó...
scratched the metal
screen with her
fingernail*
hummed
leve... soft creak
prudente

*tenacidad... fuerza
calma*

La puerta se entreabrió sin ruido y apareció una mujer madura y regordeta,° de cutis° muy pálido y cabellos color de hierro. Los ojos parecían demasiado pequeños detrás de los gruesos cristales de los lentes.

    algo gorda / piel

—Sigan —dijo, y acabó de abrir la puerta.

Entraron a una sala impregnada de un viejo olor de flores. La mujer de la casa los condujo hasta un escaño de madera° y les hizo señas de que se sentaran. La niña lo hizo, pero su madre permaneció de pie, absorta, con la cartera apretada en las dos manos. No se percibía ningún ruido detrás del ventilador eléctrico.

    ?

La mujer de la casa apareció en la puerta del fondo.

—Dice que vuelvan después de las tres —dijo en voz muy baja. —Se acostó hace cinco minutos.

—El tren se va a las tres y media —dijo la mujer.

Fue una réplica breve y segura, pero la voz seguía siendo apacible, con muchos matices.° La mujer de la casa sonrió por primera vez.

    con... muy expresiva

—Bueno —dijo.

Cuando la puerta del fondo volvió a cerrarse, la mujer se sentó junto a su hija. La angosta° sala de espera era pobre, ordenada y limpia. Al otro lado de una baranda de madera° que dividía la habitación, había una mesa de trabajo, sencilla, con un tapete de hule,° y encima de la mesa una máquina de escribir primitiva junto a un vaso con flores. Detrás estaban los archivos parroquiales. Se notaba que era un despacho arreglado por una mujer soltera.

    estrecha
    ?
    tapete... oilcloth cover

La puerta del fondo se abrió y esta vez apareció el sacerdote limpiando los lentes con un pañuelo. Sólo cuando se los puso pareció evidente que era hermano de la mujer que había abierto la puerta.

—¿Qué se le ofrece? —preguntó.

—Las llaves del cementerio —dijo la mujer.

La niña estaba sentada con las flores en el regazo y los pies cruzados bajo el escaño. El sacerdote la miró, después miró a la mujer y después, a través de la red metálica de la ventana, el cielo brillante y sin nubes.

—Con este calor —dijo. —Han podido esperar° a que bajara el sol.

    Han... You could have waited

La mujer movió la cabeza en silencio. El sacerdote pasó del otro lado de la baranda, extrajo° del armario un cuaderno forrado° de hule, un plumero de palo y un tintero, y se sentó a la mesa. El pelo que le faltaba en la cabeza le sobraba en las manos.

    ? / *cubierto*

—¿Qué tumba van a visitar? —preguntó.

—La de Carlos Centeno —dijo la mujer.

—¿Quién?

—Carlos Centeno —repitió la mujer.

El padre siguió sin entender.

—Es el ladrón que mataron aquí la semana pasada —dijo la mujer en el mismo tono. —Yo soy su madre.

El sacerdote la escrutó.° Ella lo miró fijamente, con un dominio reposado, y el padre se ruborizó. Bajó la cabeza para escribir. A medida que°

    estudió
    A... As, While

llenaba la hoja pedía a la mujer los datos de su identidad, y ella respondía sin vacilación, con detalles precisos, como si estuviera leyendo. El padre empezó a sudar. La niña se desabotonó la trabilla del zapato izquierdo, se descalzó el talón y lo apoyó en el contrafuerte.° Hizo lo mismo con el derecho.

    Todo había empezado el lunes de la semana anterior, a las tres de la madrugada y a pocas cuadras de allí. La señora Rebeca, una viuda solitaria que vivía en una casa llena de cachivaches,° sintió a través del rumor de la llovizna que alguien trataba de forzar desde afuera la puerta de la calle. Se levantó, buscó a tientas° en el ropero un revólver arcaico que nadie había disparado desde los tiempos del coronel Aureliano Buendía, y fue a la sala sin encender las luces. Orientándose no tanto por el ruido en la cerradura como por un terror desarrollado en ella por veintiocho años de soledad, localizó en la imaginación no sólo el sitio donde estaba la puerta sino la altura exacta de la cerradura. Agarró el arma con las dos manos, cerró los ojos y apretó el gatillo.° Era la primera vez en su vida que disparaba un revólver. Inmediatamente después de la detonación no sintió nada más que el murmullo de la llovizna en el techo de cinc. Después percibió un golpecito metálico en el andén° de cemento y una voz muy baja, apacible, pero terriblemente fatigada: «Ay, mi madre». El hombre que amaneció muerto° frente a la casa, con la nariz despedazada,° vestía una franela a rayas° de colores, un pantalón ordinario con una soga° en lugar del cinturón,° y estaba descalzo. Nadie lo conocía en el pueblo.

se… slipped it off her heel and rested in on the bench rail

knickknacks

a… gropingly

?

stoop

amaneció… was found dead in the morning mangled / *franela… striped flannel shirt rope* / *?*

—De manera que se llamaba Carlos Centeno —murmuró el padre cuando acabó de escribir.

—Centeno Ayala —dijo la mujer. —Era el único varón.

El sacerdote volvió al armario. Colgadas de un clavo en el interior de la puerta había dos llaves grandes y oxidadas, como la niña imaginaba y como imaginaba la madre cuando era niña y como debió imaginar el propio sacerdote alguna vez que eran las llaves de San Pedro. Las descolgó,° las puso en el cuaderno abierto sobre la baranda y mostró con el índice° un lugar en la página escrita, mirando a la mujer.

—Firme aquí.

La mujer garabateó° su nombre, sosteniendo la cartera bajo la axila.° La niña recogió las flores, se dirigió a la baranda arrastrando° los zapatos y observó atentamente a su madre.

El párroco° suspiró.

—¿Nunca trató de hacerlo entrar por el buen camino?

La mujer contestó cuando acabó de firmar.

—Era un hombre muy bueno.

El sacerdote miró alternativamente a la mujer y a la niña y comprobó con una especie de piadoso estupor° que no estaban a punto de llorar. La mujer continuó inalterable.°

—Yo le decía que nunca robara nada que le hiciera falta a alguien para comer, y él me hacía caso. En cambio, antes, cuando boxeaba, pasaba hasta tres días en la cama postrado° por los golpes.

—Se tuvo que sacar todos los dientes —intervino la niña.

—Así es —confirmó la mujer. —Cada bocado° que me comía en ese tiempo me sabía a los porrazos° que le daban a mi hijo los sábados en la noche.

—La voluntad de Dios es inescrutable° —dijo el padre.

Pero lo dijo sin mucha convicción, en parte porque la experiencia lo había vuelto un poco escéptico, y en parte por el calor. Les recomendó que se protegieran la cabeza para evitar la insolación.° Les indicó bostezando y ya casi completamente dormido, cómo debían hacer para encontrar la

Margin glosses:

descolgó ? / primer dedo

garabateó scribbled / axila bajo... *under her arm* / arrastrando *dragging*

párroco cura

estupor sorpresa

inalterable sin cambiar

postrado sin poder moverse

bocado *mouthful*

porrazos me... *tasted like the blows*

inescrutable imposible de entender

insolación *sunstroke*

tumba de Carlos Centeno. Al regreso no tenían que tocar.° Debían meter la   *llamar*
llave por debajo de la puerta, y poner allí mismo, si tenían, una limosna
para la Iglesia. La mujer escuchó las explicaciones con mucha atención,
pero dio las gracias sin sonreír.

Desde antes de abrir la puerta de la calle el padre se dio cuenta de que
había alguien mirando hacia adentro, las narices° aplastadas° contra la red   *nostrils / flattened*
metálica. Era un grupo de niños. Cuando la puerta se abrió por completo
los niños se dispersaron. A esa hora, de ordinario, no había nadie en la
calle. Ahora no sólo estaban los niños. Había grupos bajo los almendros. El
padre examinó la calle distorsionada por la reverberación,° y entonces com-   *(del movimiento de*
prendió. Suavemente volvió a cerrar la puerta.   *tanta gente)*

—Espere un minuto —dijo, sin mirar a la mujer.

Su hermana apareció en la puerta del fondo, con una chaqueta negra
sobre la camisa de dormir y el cabello suelto° en los hombros. Miró al padre   *loose*
en silencio.

—¿Qué fue? —preguntó él.

—La gente se ha dado cuenta —murmuró su hermana.

—Es mejor que salgan por la puerta del patio —dijo el padre.

—Es lo mismo —dijo su hermana. —Todo el mundo está en las ven-
tanas.

La mujer parecía no haber comprendido° hasta entonces. Trató de ver   *no... not to have*
la calle a través de la red metálica. Luego le quitó el ramo de flores a la niña   *understood*
y empezó a moverse hacia la puerta. La niña la siguió.

—Esperen a que baje el sol —dijo el padre.

—Se van a derretir —dijo su hermana, inmóvil en el fondo de la sala.
—Espérense y les presto una sombrilla.°   *parasol*

—Gracias —replicó la mujer. —Así vamos bien.

Tomó a la niña de la mano y salió a la calle.

Comprensión

A. Complete las oraciones según la lectura.

1. La madre quiere que su hija cierre la ventana porque __c__ .
   a. no quiere que otras personas las vean
   b. hay aire acondicionado
   c. entra el aire sucio

2. El terreno por donde pasa el tren es __c__ .
   a. de una gran variedad
   b. llano con algunos pueblos alejados entre sí
   c. montañoso y de pocos pueblos

3. Nadie estaba en el pueblo porque __c__ .
   a. era martes

   b. era agosto y todos se habían ido de vacaciones
   c. todos se encerraban en casa para protegerse del calor

4. La mujer no puede volver a ver al cura más tarde porque _b_ .
   a. tiene miedo de la gente del pueblo
   b. no quiere perder el tren
   c. el cura estará durmiendo la siesta

5. La señora Rebeca mató a Carlos Centeno porque _b_ .
   a. ella había sido víctima de otros robos
   b. ella era una mujer solitaria y temerosa
   c. le habían dicho que un ladrón andaba por el pueblo

6. Cuando el cura les habla a las dos mujeres, _c_ . _b_
   a. reprocha a la mujer por no haber criado (*raised*) bien a Carlos
   b. expresa su pena por la muerte de Carlos
   c. ve que ellas están a punto de llorar

7. El cura no quiere que las mujeres llamen a la vuelta del cementerio
   porque _c_ .
   a. no quiere que lo despierten
   b. no quiere que pierdan demasiado tiempo
   c. sabe que no tendrán (*they will not have*) bastante dinero para darle una
      limosna

B. Complete las oraciones de la primera columna con la información apropiada
   de la segunda. Luego ponga las oraciones en orden según el cuento.

   1. Las dos mujeres
   2. Cuando llegan al pueblo
   3. Todo el pueblo
   4. El tren pasa por
   5. Carlos Centeno murió
   6. Carlos Centeno
   7. El cura les dice
   8. La madre cuenta
   9. La madre y su hija

   a. las observa con hostilidad.
   b. un terreno cada vez menos fértil y
      húmedo.
   c. fusilado (*shot*) por una vieja que
      vivía sola.
   d. que nunca se sabe por qué Dios
      hace lo que hace.
   e. están vestidas pobremente pero
      tienen mucha dignidad.
   f. que su hijo sufrió mucho como
      boxeador.
   g. van directamente a la casa del
      cura.
   h. vestía pantalones baratos, con una
      soga en vez del cinturón, y no
      llevaba zapatos.
   i. insisten en ir a visitar el
      cementerio.

C. Identifique quién dice cada una de las siguientes citas y luego explique por
   qué tiene que ser ese personaje y no otro quien la dice. Indique también qué
   revela cada cita del personaje mismo.

1. «Dice que vuelvan después de las tres.»
2. «Es mejor que subas el vidrio. El pelo se te va a llenar de carbón.»
3. «De manera que se llamaba Carlos Centeno.»
4. «Es el ladrón que mataron aquí la semana pasada.»
5. «¿Nunca trató de hacerlo entrar por el buen camino?»
6. «Ay, mi madre.»
7. «Gracias, así vamos bien.»

Discusión

A. TEMA/ARGUMENTO

1. Usando los dos dibujos, prepare un resumen del argumento de «La siesta del martes».
2. En su opinión, ¿qué va a pasar cuando la madre y su hija salgan de la casa del cura?
3. Hay varios elementos del cuento que entran en conflicto. ¿Cuáles son? ¿Cuál le parece el más importante?
4. ¿Cuáles son algunos de los temas del cuento? ¿Cuál le parece el más importante?

B. AMBIENTE

¿Es importante que la acción del cuento transcurra en el interior del país y no en la costa? ¿Qué importancia tiene el que transcurre en una zona tropical? ¿en un pueblo pequeño?

C. PERSONAJES

1. Identifique quiénes son los siguientes personajes y la relación que tienen entre sí.

   la mujer   Carlos Centeno   la hermana
   la niña   el cura   la señora Rebeca

2. ¿Qué método(s) de caracterización usa García Márquez para presentar a la hija en el cuento? ¿el diálogo? ¿los gestos, la ropa, las acciones? ¿la comparación? ¿una convención cultural o literaria? ¿el nombre? Haga una lista de los distintos aspectos que usa el autor y luego analice los sentimientos de la hija hacia la madre, hacia el viaje que están haciendo y hacia el cura. ¿Cómo sabemos toda esta información?
3. ¿Qué método(s) usa el autor para caracterizar a la madre? Para determinar qué clase de persona es, haga una lista de diez de sus características y luego póngalas en orden de importancia.
4. ¿Qué método(s) se usan para representar al cura? ¿Qué datos nos da el autor para que lo juzguemos? ¿Es anticlerical el cuento? Explique.
5. ¿Cómo se representa a la hermana del cura? ¿Cree Ud. que ella representa un contraste con el cura o es más bien una repetición de él y de sus valores?

6. ¿Qué sabemos de Carlos Centeno? ¿Qué métodos se usan para darnos esta información? ¿Cree Ud. que era un ladrón? ¿Qué consejo le daba su madre? ¿Qué opina Ud. de este consejo? ¿Qué le va a pasar a la mujer que mató a Carlos Centeno?

7. ¿Cómo es la gente del pueblo en el cuento? ¿Cómo se nos presenta esta información? Se puede decir que en el cuento se ve una actitud que es común a muchos pueblos pequeños. ¿Cuál es? ¿Cree Ud. que es típicamente hispana o es propia de los pueblos norteamericanos también?

LECTURA

◫ PADRE NUESTRO ◫

Nicanor Parra (1914–) es un poeta chileno que también es profesor de matemáticas y física. Su segunda colección poética se titula Poemas y antipoemas *(1954). Como lo indica el título, Parra no emplea en ella los recursos tradicionales (imágenes, metáforas, etcétera). Al contrario, elige un lenguaje directo y satírico para captar las frustraciones de la vida moderna y para demostrar el fracaso de la civilización.*

Padre nuestro que estás en el cielo
Lleno de toda clase de problemas
Con el ceño fruncido°

ceño... *wrinkled brow*

Como si fueras un hombre vulgar y corriente
No pienses más en nosotros.

Comprendemos que sufres
Porque no puedes arreglar las cosas.

Sabemos que el Demonio no te deja tranquilo
Desconstruyendo lo que tú construyes.

El se ríe de ti
Pero nosotros lloramos contigo.

Padre nuestro que estás donde estás
Rodeado de ángeles desleales
Sinceramente
     no sufras más por nosotros.
Tienes que darte cuenta
De que los dioses no son infalibles
Y que nosotros perdonamos todo.

Comprensión

Complete las oraciones según la lectura. Si más de una respuesta es correcta, explique por qué.

1. El hablante del poema se dirige a _____ .
   a. su padre   b. Dios   c. un cura

2. El hablante quiere explicarle que _____ .
   a. necesita su ayuda
   b. entiende que él no puede controlar al Demonio
   c. le parece ridículo

3. Al final del poema _____ .
   a. el hablante perdona a Dios
   b. el hablante le pide perdón a Dios
   c. el hablante le pide a Dios que perdone al Demonio

Discusión

1. Este poema se basa en una obra muy famosa. ¿Cuál es? ¿En qué sentido podemos decir que hay una «desfamiliarización» en el poema?

2. ¿Cuál es el tema de este poema? ¿Qué sabemos de Dios y cómo lo sabemos? ¿Es religioso o antirreligioso el poema? ¿Es divertido o es triste?

3. Ahora vuelva a leer el poema con más cuidado y conteste las siguientes preguntas. ¿Por qué dice Parra que «nosotros lloramos contigo»? ¿Qué connotaciones tiene «el ceño fruncido»? ¿Qué quiere decir cuando dice «nosotros perdonamos todo»?

DESPUES DE LEER

Aplicación

1. Todos creen que el individuo tiene el derecho de defender su propiedad, pero hay muchos desacuerdos respecto a los métodos que se deben utilizar para defenderla. Imagine que Ud. es el juez que tiene que decidir los siguientes casos. ¿Cuál sería (*would be*) su decisión? Justifíquela en todos los casos.

   a. El caso de la señora Rebeca.

   b. El caso de un viejo que vive en el campo y que ha sido víctima de varios robos. Ha puesto varios letreros «Prohibida la entrada» y también ha colocado (*has set up*) un rifle en la ventana. Un ladrón intentó entrar y fue gravemente herido por el viejo.

   c. El caso de un joven que tiene un coche nuevo con estéreo, radio de honda corta, etcétera. Una noche cuando está en casa, oye que alguien intenta forzar la puerta de su coche. El joven dispara «con intención de asustar» pero mata al supuesto ladrón.

   d. El caso de un matrimonio (*married couple*) que se despierta y oye a alguien dentro de su casa. Bajan para investigar el asunto y ven a un hombre desarmado que está sacando los cubiertos de plata (*silverware*). Sueltan a su perro, y éste ataca e hiere al intruso.

2. En el cuento de García Márquez, el boxeo representa para los pobres una manera de ganarse la vida y hasta de ascender socialmente. ¿Qué profesiones ofrecen estas posibilidades en nuestra cultura? Dé ejemplos de individuos que han ascendido social y económicamente por medio de estas profesiones. ¿Qué suelen tener en común estos individuos?

3. Describa la relación entre Dios y el hombre que se sugiere en el poema de Nicanor Parra. ¿Cuál es el papel del diablo en el universo presentado por Parra? Si Dios es tal como lo describe Parra, ¿qué implicaciones hay para el universo? ¿Qué imagen de Dios prefiere Ud., la de un ser omnipotente o la que presenta Parra?

4. ¿Qué semejanzas o diferencias nota Ud. entre la actitud hacia la religión y/o la iglesia que presenta García Márquez y la de Parra? ¿y en cuanto a su actitud hacia el ser humano?

CAPITULO NUEVE

LOS HISPANOS EN LOS ESTADOS UNIDOS

ANTES DE LEER

Aspectos lingüísticos

Understanding Pronouns

You already know that Spanish direct object nouns, when they refer to persons, are preceded by the marker **a.** They generally follow the verb: **Veo *a* Juan.** Indirect object nouns, too, usually follow the verb and are preceded by **a: Escribió una carta *a* sus tías.**

Direct and indirect object nouns can be replaced by pronouns, in which case they usually precede the conjugated verb: *Lo* **veo;** *Les* **escribió una carta.** Remember that direct and indirect object pronouns are identical, except in the third person (direct object pronouns **lo/la/los/las** versus the indirect object pronouns **le/les**).

In addition, you must learn to distinguish all object pronouns from another group of pronouns that also precede the verb: subject pronouns. The forms of the subject pronouns are very different from those of object pronouns. Nevertheless, when you are reading rapidly, you may tend to read **me** as **yo, te** as **tú, nos** as **nosotros,** and so on. You may not be aware of your mistake until you find that the reading is not making any sense.

As you read, pay close attention to verb endings to help check your interpretation of the meaning of pronouns. Compare the meanings of the pronouns in these sentences.

> **Nosotros** compramos libros.
> **Nos** compró libros.

In the first sentence, the pronoun **nosotros** has to be the subject, since the **-mos** verb ending indicates that the subject is first person plural. In the second example, the pronoun **nos** must be an object, since the verb ending indicates that the subject (only implied in the sentence) is third person. However, checking the verb ending alone is not sufficient to keep you from misinterpreting structures, as the following examples show.

> Nos compramos libros.
> Nosotros compramos libros.

In both cases the verb indicates that the subject is **we;** understanding the difference in meaning between the two sentences depends on correctly recognizing **nos** as an object pronoun.

Read the following sentences quickly. Then choose the appropriate equivalent for the italicized words from the English expressions to the right.

_____1. Ahora *me parece* que a todos les pasaba igual.
    a. I seem to them
    b. It seems to me

_____2. *La trajeron* una tarde en un camión del Ejército.
    a. They brought it
    b. It brought

_____3. *Me pueden ayudar.*
    a. I can help.
    b. You can help me.

_____4. No *les abrió la puerta* ni a los vecinos.
    a. They didn't open the door for her
    b. She didn't open the door for them

_____5. *La acostaron* porque estaba como tonta.
    a. She lay down
    b. They laid her down

_____6. No *nos dijo* cómo abrir la caja.
    a. we said
    b. he said to us

Determining the Meaning of Third Person Object Pronouns

If you remember that they are object pronouns, the meanings of **me, te,** and **nos** are easy to determine because they have only one referent each: **nos** can only mean *us*, **te** can only mean *you*, and **me** can only mean *me*. On the other hand, the third person object forms can mean many different things (for example: **le** = *to him, to her, to you* [formal], *to it*), as can the third person object pronoun **se.** How can you identify the referent in such cases? There is no rule to cover every situation, but keep the following tips in mind.

1. First, check the context. Remember that nothing can be a pronoun that was not mentioned as a noun in some previous context. Look for nouns or subject pronouns that match the gender and number of the object pronouns.

   Identify the referents for each pronoun in the following sentence. Remember that the referent need not be explicitly stated in the sentence.

   ¿Les llevaste a ellos la información que te pidieron o la dejaste en la oficina?

2. Check for the object marker **a.** It will mark human direct objects. Remember, too, that indirect object pronouns are also frequently accompanied by an **a** plus a referent phrase that makes their meaning clear.

   Identify the referents for the indirect object pronouns in these sentences.
   a. No nos explicaste a nosotros por qué no ibas a venir.
   b. A nadie le va a sorprender esto.
   c. Su última película les parece insoportable a todos los que la vieron.

3. Remember that indirect objects almost always refer to people. When direct and indirect objects occur together, the direct object almost always refers to a thing, rather than to a person. If you see the word **se** before **lo/la/los/las,** it is probably an indirect object, referring to a person.

   Express the probable meaning of the italicized words in the following sentences.

a. ¿No *se lo* dije yo a ella?
b. *Se lo* trajo Ud. ayer.
c. *Se los* dieron a ellos el otro día.

Apply the preceding tips for determining the meaning of object pronouns by expressing the following sentences in English.

1. Doña Milla le dio la carta a una vecina para que se la leyera.
2. A los cuatro soldados les mandaba un teniente.
3. El teniente, sin disimular que le molestaba la compañía de los vecinos, tocó a la puerta.
4. El teniente empezó a decir: «¡Calma! ¡Calma!», pero nadie le hizo caso.
5. —Yo quiero ver a mi hijo, ¿usted me entiende? Yo no puedo dejar que lo entierren (*bury*) sin verlo por última vez.
6. No tuve que pedirle ayuda a nadie para leer la carta.

Aproximaciones al texto

La narración en primera persona

As you know, the author of a work of literature is the individual who writes the work. The narrator is the agent in the work who relates the story. The narrator is not the same as the author: the author may change or continue to evolve, but the narrator is fixed within the text. Furthermore, the author may choose a narrator who represents the very ideas that the author wishes to criticize. For example, in the novel *El túnel,* the narrator is a paranoid artist who murders the woman he loves and then tells his story to justify his actions. Although the author, Ernesto Sábato, wants us to understand his narrator and may share some of his feelings of alienation, the two are by no means the same.

Narrators can be of many different types. The narrator may be a character in the story or outside the story. An example of the latter is the "omniscient" narrator in many traditional novels, who is all-seeing and all-knowing. The narrator can be presented so as to be easily perceived by the reader or hidden so that there appears to be no narrator. In addition, the narrator may be either distant (objective) or sympathetic to the characters; either reliable (truthful) or unreliable (attempting to deceive the reader). The narrator may discuss himself or herself or other characters, but even if a narration is in the first person (I/ **yo**) it is not necessarily more truthful or objective, nor does it mean that the narrator is the main character of the work. Finally, there may be a single narrator in a text, or several, either succeeding each other in chronological order or shifting back and forth.

To a large extent, the choice of narrator determines the structure of the story, the emotional tone with which it will be told, the perspective from which the reader will view the action, and the quantity of information the reader will receive. You will find that identifying the narrator and the narrator's perspective helps to fill in the "gaps" in the text and to make sense out of it.

A. Lea los siguientes pasajes e indique cómo es el narrador.

¿Es uno de los personajes o no? ¿Es omnisciente, o tiene una visión parcial de los acontecimientos?

¿Es patente (*obvious*) la presencia del narrador o parece más bien invisible?

¿Es un narrador distanciado de la acción o es más bien parcial a los acontecimientos?

¿Es un narrador digno de confianza o no?

¿Habla en primera o tercera persona? ¿Habla de sí mismo o habla de otros?

1. Voy a escribir la historia de un pobre hombre en pocas líneas. La primera particularidad de este hombre pobre es que no tiene nombre. Unos, para nombrarle, dicen «un hombre»; otros dicen «aquél», unos terceros le dicen familiarmente «tío». Este pobre hombre, sin embargo, no es tío de nadie; en cuanto a «un hombre», hombres hay muchos sobre la tierra; y respecto a «aquél», todos los hombres de la tierra pueden ser «aquél». Todo esto demostrará al lector que este pobre hombre no es nada, no se distingue por nada; nadie le echará de menos cuando se muera; no tiene ni siquiera nombre. (Azorín, «La vida de un labrantín», Capítulo 3)

2. Una mañana se levantó y fue a buscar al amigo, al otro lado de la valla. Pero el amigo no estaba, y, cuando volvió, le dijo la madre: «El amigo se murió. Niño, no pienses más en él y busca otros para jugar». El niño se sentó en el quicio de la puerta, con la cara entre las manos y los codos en las rodillas. «El volverá», pensó. Porque no podía ser que allí estuviesen las canicas, el camión y la pistola de hojalata, y el reloj aquel que ya no andaba, y el amigo no viniese a buscarlos. (Ana María Matute, «El niño al que se le murió el amigo», Capítulo 3)

3. EL CHOFER: A mí me mandó el despachador a las calles de Campanillas 115, a recoger a una persona, a las diez de la noche. Cuando llegué y toqué el claxon (*horn*), inmediatamente se abrió la puerta y una hermosa mujer abordó el coche. Me sorprendí, cuando me dio la dirección del sitio al que la debía de llevar, pero pensé que ahí la estarían esperando (*would be waiting for her*).

    Ya rumbo al (*in the direction of*) centro nocturno, traté de entablar (*begin*) conversación, pero sólo recibía monosílabos por respuesta y el tono de su voz me dio la impresión de que estaba inmensamente triste. (Rosario Helena Saúl Aponte, «Porque lo que Dios ha unido… »)

4. —La voluntad de Dios es inescrutable, dijo el padre.

    Pero lo dijo sin mucha convicción, en parte porque la experiencia lo había vuelto un poco escéptico, y en parte por el calor. Les recomendó que se protegieran la cabeza para evitar la insolación (*sunstroke*). Les indicó bostezando y ya casi completamente dormido, cómo debían hacer para encontrar la tumba de Carlos Centeno. Al regreso no tenían que tocar. Debían meter la llave por debajo de la puerta, y poner allí mismo, si tenían, una limosna para la Iglesia. La mujer escuchó las explicaciones con mucha atención, pero dio las gracias sin sonreír. (Gabriel García Márquez, «La siesta del martes», Capítulo 8)

B. ◧¡Necesito compañero!◧   La clase ha de dividirse en cuatro grupos. Cada grupo debe elegir uno de los argumentos que se presentan a continuación en forma esquemática. Con sus compañeros, sugieren tres o más posibles maneras de narrar la historia y luego elijan la que les parezca más adecuada.

Recuerden fijarse en la forma en que se presentan los hechos y no en los hechos mismos (no lo que pasa, sino la perspectiva desde la que se enfoca). Al final, cada grupo debe explicar por qué la manera de narrar que eligieron les parece preferible a las otras. ¿Qué información les fue posible presentar en cada caso? ¿Qué información les fue posible esconder? ¿Qué prejuicios les fue posible revelar o disfrazar? ¿Qué conocimientos y experiencias fue necesario atribuir a cada personaje y cómo puede cambiar esto la narrativa? No se olviden de que también se puede usar un narrador omnisciente.

Si los otros miembros de la clase han pensado en otras maneras más interesantes de narrar la historia, deben sugerirlas al grupo y discutirlas entre todos hasta que se llegue a un acuerdo.

1. The story of how changing historical times influenced three generations of women (grandmother, mother, daughter) and their relationships with each other.
2. The adventures of two young men and a dog exploring Alaska.
3. The story of two children who run away from home and eventually find happiness with an old man who lives alone in the mountains.
4. The story of a schizophrenic man who fluctuates between being warm, intelligent, and creative and being violent, hostile, and noncommunicative.

Prelectura

A. Estudie los dibujos que acompañan «Una caja de plomo». ¿Quiénes aparecen en los dibujos? ¿Hay un personaje principal o varios? ¿Quién(es) será(n) (*might it/they be*)? ¿Dónde parece tener lugar la acción? ¿Qué conflicto parece haber? ¿entre quiénes? De acuerdo con los dibujos, ¿qué puede ser la caja de plomo?

B. ¿Qué connotaciones tienen las siguientes palabras?

> el plomo (*lead*)   el reclutamiento militar
> la guerra de Corea   el funeral militar

LECTURA

Vocabulario activo

a voces *in a loud voice*
acudir *to come, answer a call*
la bandera *flag*
caber *to fit*
la caja *box*
de repente *suddenly*
enterrar (ie) *to bury*

la espalda *back*
  de espaldas *with one's back turned*
hacer caso *to pay attention*
llevarse *to take (away)*
la pieza *room*
el plomo *lead (metal)*

el principio *beginning*
  al principio *in the beginning*
el ranchón *poor apartment complex (P.R.)*
el reclutamiento *recruitment*
el teniente *lieutenant*

A. Busque sinónimos en la lista del vocabulario.

    1. venir 2. el cuarto 3. una agrupación de apartamentos

B. ¿Qué palabra no pertenece al grupo? Explique por qué.

    1. la bandera, el teniente, el reclutamiento, el principio
    2. hacer caso, escuchar, caber, a voces

C. ¿Qué palabra de la segunda columna asocia Ud. con una de la primera?

1. la caja	a. rápidamente
2. de repente	b. morir
3. el plomo	c. el regalo
4. llevarse	d. el pecho
5. enterrar	e. quitar
6. la espalda	f. el metal

UNA CAJA DE PLOMO
QUE NO SE PODIA ABRIR

José Luis González (1926–) es un puertorriqueño que ha escrito muchos cuentos sobre la vida urbana puertorriqueña. González reside actualmente en México, pues renunció a la ciudadanía norteamericana por motivos políticos. El siguiente cuento narra el encuentro entre algunos puertorriqueños y un oficial del ejército de los Estados Unidos. El relato describe en microcosmos el tipo de conflicto que González considera inevitable entre la gente de las dos culturas.

Esto sucedió hace dos años, cuando llegaron los restos de Moncho Ramírez, que murió en Corea. Bueno, eso de «los restos de Moncho Ramírez» es un decir,° porque la verdad es que nadie llegó a saber nunca lo que había dentro de aquella caja de plomo que no se podía abrir. De plomo, sí, señor, y que no se podía abrir; y eso fue lo que puso como loca a doña Milla, la mamá de Moncho, porque lo que ella quería era ver a su hijo antes de que lo enterraran y…. Pero más vale° que yo empiece a contar esto desde el principio.

    Seis meses después que se llevaron a Moncho Ramírez a Corea, doña Milla recibió una carta del gobierno que decía que Moncho estaba en la lista de los desaparecidos en combate. La carta se la dio doña Milla a un vecino para que se la leyera porque venía de los Estados Unidos y estaba en inglés. Cuando doña Milla se enteró de° lo que decía la carta, se encerró en sus dos piezas y se pasó tres días llorando. No les abrió la puerta ni a los vecinos que fueron a llevarle guarapillos.°

    En el ranchón se habló muchísimo de la desaparición de Moncho Ramírez. Al principio algunos opinamos que Moncho seguramente se había perdido en algún monte y ya aparecería° el día menos pensado.° Otros dijeron que a lo mejor los coreanos o los chinos lo habían hecho prisionero y después de la guerra lo devolverían.° Por las noches, después de comer, los hombres nos reuníamos en el patio del ranchón y nos poníamos a discutir esas dos posibilidades, y así vinimos a llamarnos «los perdidos» y «los prisioneros», según lo que pensáramos que le había sucedido a Moncho Ramírez. Ahora que ya todo eso es un recuerdo, yo me pregunto cuántos de nosotros pensábamos, sin decirlo, que Moncho no estaba perdido en ningún monte ni era prisionero de los coreanos o los chinos, sino que estaba muerto. Yo pensaba eso muchas veces, pero nunca lo decía, y ahora me parece que a todos les pasaba igual. Porque no está bien eso de ponerse a dar por muerto° a nadie—y menos a un buen amigo como era Moncho Ramírez, que había nacido en el ranchón—antes de saberlo uno con seguridad. Y además, ¿cómo íbamos a discutir por las noches en el patio del ranchón si no había dos opiniones diferentes?

    Dos meses después de la primera carta, llegó otra. Esta segunda carta, que le leyó a doña Milla el mismo vecino porque estaba en inglés igual que la primera, decía que Moncho Ramírez había aparecido. O, mejor dicho, lo que quedaba de Moncho Ramírez. Nosotros nos enteramos de eso por los gritos que empezó a dar doña Milla tan pronto supo lo que decía la carta. Aquella tarde todo el ranchón se vació° en las dos piezas de doña Milla. Yo no sé cómo cabíamos allí, pero allí estábamos toditos, y éramos unos cuantos como quien dice. A doña Milla tuvieron que acostarla las mujeres cuando todavía no era de noche porque de tanto gritar, mirando el retrato° de Moncho en uniforme militar entre una bandera americana y un águila con un mazo de flechas° entre las garras,° se había puesto como tonta. Los hombres nos fuimos saliendo al patio poco a poco, pero aquella noche no hubo discusión porque ya todos sabíamos que Moncho estaba muerto y era imposible ponerse a imaginar.

saying

más… es mejor

se… supo

una bebida como el té

he would appear / el… when they least expected him
they would return

dar… to give up for dead

?

?

mazo… bundle of arrows / claws

Tres meses después llegó la caja de plomo que no se podía abrir. La trajeron una tarde, sin avisar, en un camión del Ejército, cuatro soldados de la Policía Militar con rifles y guantes blancos. A los cuatro soldados les mandaba un teniente, que no traía rifle, pero sí una cuarenta y cinco en la cintura. Ese fue el primero en bajar del camión. Se plantó en medio de la calle, con los puños° en las caderas° y las piernas abiertas, y miró la fachada° del ranchón como mira un hombre a otro cuando va a pedirle cuentas° por alguna ofensa. Después volteó° la cabeza y les dijo a los que estaban en el camión:

—Sí, aquí es. Bájense.

Los cuatro soldados se apearon,° dos de ellos cargando la caja, que no era del tamaño de un ataúd,° sino más pequeña y estaba cubierta con una bandera americana.

fists / hips / facade

pedirle... *to ask him to explain*
he turned

___?___

coffin

El teniente tuvo que preguntar a un grupo de vecinos en la acera cuál era la pieza de la viuda de Ramírez (ustedes saben cómo son estos ranchones de Puerta de Tierra: quince o veinte puertas, cada una de las cuales da a una vivienda, y la mayoría de las puertas sin número ni nada que indique quién vive allí). Los vecinos no sólo le informaron al teniente que la puerta de doña Milla era la cuarta a mano izquierda, entrando, sino que siguieron a los cinco militares dentro del ranchón sin despegar° los ojos de la caja cubierta con la bandera americana. El teniente, sin disimular la molestia que le causaba el acompañamiento, tocó a la puerta con la mano enguantada de blanco.° Abrió doña Milla y el oficial le preguntó:

—¿La señora Emilia viuda de Ramírez?

Doña Milla no contestó en seguida. Miró sucesivamente al teniente, a los cuatro soldados, a los vecinos, a la caja.

—¿Ah? —dijo como si no hubiera oído° la pregunta del oficial.

—Señora, ¿usted es doña Emilia viuda de Ramírez?

Doña Milla volvió a mirar la caja cubierta con la bandera. Levantó una mano, señaló, preguntó a su vez con la voz delgadita:

—¿Qué es eso?

El teniente repitió, con un dejo° de impaciencia:

—Señora, ¿usted es…

—¿Qué es eso, ah? —volvió a preguntar doña Milla, en ese trémulo tono de voz con que una mujer se anticipa siempre a la confirmación de una desgracia.° —Dígame, ¿qué es eso?

El teniente volteó la cabeza, miró a los vecinos. Leyó en los ojos de todos la misma interrogación. Se volvió nuevamente hacia la mujer; carraspeó;° dijo al fin:

—Señora… El Ejército de los Estados Unidos…

Se interrumpió, como quien olvida de repente algo que está acostumbrado a decir de memoria.

—Señora… —recomenzó. —Su hijo, el cabo° Ramón Ramírez…

Después de esas palabras dijo otras que nadie llegó a escuchar porque ya doña Milla se había puesto a dar gritos, unos gritos tremendos que parecían desgarrarle° la garganta.

Lo que sucedió inmediatamente después resultó demasiado confuso para que yo, que estaba en el grupo de vecinos detrás de los militares, pueda recordarlo bien. Alguien empujó con fuerza y en unos instantes todos nos encontramos dentro de la pieza de doña Milla. Una mujer pidió agua de azahar° a voces, mientras trataba de impedir que doña Milla se clavara las uñas en el rostro.° El teniente empezó a decir: «¡Calma! ¡Calma!», pero nadie le hizo caso. Más y más vecinos fueron llegando, como llamados por el tumulto, hasta que resultó imposible dar un paso dentro de la pieza. Al fin varias mujeres lograron llevarse a doña Milla a la otra habitación. La hicieron tomar agua de azahar y la acostaron en la cama. En la primera pieza quedamos sólo los hombres. El teniente se dirigió entonces a nosotros con una sonrisa forzada:

—Bueno, muchachos…. Ustedes eran amigos del cabo Ramírez, ¿verdad?

quitar

enguantada… que llevaba un guante blanco

como… as if she hadn't heard

poco

tragedy

he cleared his throat

corporal

?

orange blossom

cara

Nadie contestó. El teniente añadió:

—Bueno, muchachos.... En lo que° las mujeres se calman, ustedes   *En... Mientras*
pueden ayudarme, ¿no? Pónganme aquella mesita en el medio de la pieza.
Vamos a colocar ahí la caja para hacerle la guardia.

Uno de nosotros habló entonces por primera vez. Fue el viejo Sotero
Valle, que había sido compañero de trabajo en los muelles° del difunto   *docks*
Artemio Ramírez, esposo de doña Milla y papá de Moncho. Señaló la caja
cubierta con la bandera americana y empezó a interrogar al teniente:

—¿Ahí... ahí...?

—Sí, señor —dijo el teniente. —Esa caja contiene los restos del cabo
Ramírez. ¿Usted conocía al cabo Ramírez?

—Era mi ahijado°—contestó Sotero Valle, muy quedo,° como si temiera   *godchild / softly*
no llegar a concluir la frase.

—El cabo Ramírez murió en el cumplimiento° de su deber —dijo el   *realización*
teniente, y ya nadie volvió a hablar.

Eso fue como a las cinco de la tarde. Por la noche no cabía la gente en
la pieza: habían llegado vecinos de todo el barrio, que llenaban el patio y
llegaban hasta la acera. Adentro tomábamos el café que colaba° de hora en   *percolated*
hora una vecina. De otras piezas se habían traído varias sillas, pero los más
de los presentes estábamos de pie: así ocupábamos menos espacio. Las
mujeres seguían encerradas con doña Milla en la otra habitación. Una de
ellas salía de vez en cuando a buscar cualquier cosa—agua, alcoholado,
café—y aprovechaba para informarnos:

—Ya está más calmada. Yo creo que de aquí a un rato° podrá salir.   *de... ya pronto*

Los cuatro soldados montaban guardia, el rifle prensado° contra la   ___?___
pierna derecha, dos a cada lado de la mesita sobre la que descansaba la caja
cubierta con la bandera. El teniente se había apostado° al pie de la mesita,   *stationed*
de espaldas a ésta y a sus cuatro hombres, las piernas separadas y las manos
a la espalda. Al principio, cuando se coló el primer café, alguien le ofreció
una taza, pero él no la aceptó. Dijo que no se podía interrumpir la guardia.

El viejo Sotero Valle tampoco quiso tomar café. Se había sentado desde
el principio frente a la mesita y no le había dirigido la palabra a nadie
durante todo ese tiempo. Y durante todo ese tiempo no había apartado la
mirada de la caja. Era una mirada rara la del viejo Sotero: parecía que miraba
sin ver. De repente (en los momentos en que servían café por cuarta vez)
se levantó de la silla y se acercó al teniente.

—Oiga —le dijo, sin mirarlo, los ojos siempre fijos en la caja, —¿usted
dice que mi ahijado Ramón Ramírez está ahí adentro?

—Sí, señor —contestó el oficial.

—Pero... ¿en esa caja tan chiquita?

—Bueno, mire... es que ahí, sólo están los restos del cabo Ramírez.

—¿Quiere decir que... que lo único que encontraron...

—Solamente los restos, sí, señor. Seguramente ya había muerto hacía
bastante tiempo. Así sucede en la guerra, ¿ve?

El viejo no dijo nada más. Todavía de pie, siguió mirando la caja un
rato; después volvió a su silla.

Unos minutos más tarde se abrió la puerta de la otra habitación y doña Milla salió apoyada en los brazos de dos vecinas. Estaba pálida y despeinada,° pero su semblante° reflejaba una gran serenidad. Caminó lentamente, siempre apoyada en las otras dos mujeres, hasta llegar frente al teniente. Le dijo:

—Señor… tenga la bondad… díganos cómo se abre la caja.

El teniente la miró sorprendido.

—Señora, la caja no se puede abrir. Está sellada.°

Doña Milla pareció no comprender. Agrandó los ojos y los fijó largamente en los del oficial, hasta que éste se sintió obligado a repetir:

—La caja está sellada, señora. No se puede abrir.

La mujer movió de un lado a otro, lentamente, la cabeza:

—Pero yo quiero ver a mi hijo. Yo quiero ver a mi hijo, ¿usted me entiende? Yo no puedo dejar que lo entierren sin verlo por última vez.

El teniente nos miró entonces a nosotros; era evidente que su mirada solicitaba comprensión, pero nadie dijo una palabra. Doña Milla dio un paso hacia la caja, retiró con delicadeza una punta de la bandera, tocó levemente.

—Señor —le dijo al oficial sin mirarlo, —esta caja no es de madera. ¿De qué es esta caja, señor?

—Es de plomo, señora. Las hacen así para que resistan mejor el viaje por mar desde Corea.

—¿De plomo? —murmuró doña Milla sin apartar la mirada de la caja. —¿Y no se puede abrir?

El teniente, mirándonos nuevamente a nosotros, repitió:

—Las hacen así para que resistan mejor el via…

Pero no pudo terminar; no lo dejaron terminar los gritos de doña Milla, unos gritos terribles que a mí me hicieron sentir como si repentinamente° me hubiesen golpeado en la boca del estómago.°

—¡MONCHO! ¡MONCHO! HIJO MIO, NADIE VA A ENTERRARTE SIN QUE YO TE VEA. ¡NADIE, MI HIJITO, NADIE…!

Otra vez se me hace difícil contar con exactitud: los gritos de doña Milla produjeron una gran confusión. Las dos mujeres que la sostenían por los brazos trataron de alejarla de la caja, pero ella frustró el intento aflojando° el cuerpo y dejándose ir hacia el suelo. Entonces intervinieron varios hombres. Yo no: yo todavía no me libraba de aquella sensación en la boca del estómago. El viejo Sotero Valle fue uno de los que acudieron junto a doña Emilia, y yo me senté en su silla. No me da vergüenza decirlo: o me sentaba o tenía que salir de la pieza. Yo no sé si a alguno de ustedes le ha pasado eso alguna vez. No, no era miedo, porque ningún peligro me amenazaba en aquel momento. Pero yo sentía el estómago duro y apretado° como un puño, y las piernas como si súbitamente se me hubiesen vuelto de trapo.° Si a alguno de ustedes le ha pasado eso alguno vez, sabrá lo que quiero decir. Uno… bueno, ojalá que no le pase nunca. O por lo menos que le pase donde la gente no se dé cuenta.

Yo me senté. Me senté y, en medio de la tremenda confusión que me

? / ?

sealed

de repente

me… *someone had hit me in the pit of the stomach*

by slacking

tight

rags

rodeaba, me puse a pensar en Moncho como nunca en mi vida había
pensado en él. Doña Milla gritaba hasta enronquecer° mientras la iban *to grow hoarse*
arrastrando° hacia la otra habitación, y yo pensaba en Moncho, en Moncho *dragging*
que nació en aquel mismo ranchón donde también nací yo, en Moncho que
fue el único que no lloró cuando nos llevaron a la escuela por primera vez,
en Moncho que nadaba más que nadie cuando íbamos a la playa detrás del
Capitolio, en Moncho que había sido siempre cuarto bate cuando jugá-
bamos pelota en Isla Grande, antes de que hicieran allí la base aérea....
Doña Milla seguía gritando que a su hijo no iba a enterrarlo nadie sin que
ella lo viera por última vez. Pero la caja era de plomo y no se podía abrir.

Al otro día enterramos a Moncho Ramírez. Un destacamento° de sol- *detachment*
dados hizo una descarga° cuando los restos de Moncho—o lo que hubiera *volley*
dentro de aquella caja—descendieron al húmedo y hondo agujero de su
tumba. Doña Milla asistió a toda la ceremonia de rodillas sobre la tierra.

De todo eso hace dos años. A mí no se me había ocurrido contarlo hasta
ahora. Es posible que alguien se pregunte por qué lo cuento al fin. Yo diré
que esta mañana vino el cartero al ranchón. No tuve que pedirle ayuda a
nadie para leer lo que me trajo, porque yo sé mi poco de inglés. Era el aviso
de reclutamiento militar.

Comprensión

A. Complete las oraciones según la lectura.

1. Moncho luchó en Corea _____ antes de desaparecer.
    a. dos años   b. seis meses   c. unos días

2. La gente del ranchón se dividió en dos grupos: unos creían que habían
    hecho prisionero a Moncho, otros, _____ .
    a. que había muerto
    b. que se había perdido en las montañas
    c. que había desertado del ejército

3. La segunda carta está escrita en _____ .
    a. inglés   b. español   c. las dos lenguas

4. El teniente empezó a hablar con los hombres porque _____ .
    a. eran antiguos amigos suyos
    b. quería enterarse de la situación de doña Milla
    c. necesitaba su ayuda para colocar el ataúd

5. Los cuatro soldados _____ .
    a. toman café con los vecinos
    b. mantienen la guardia sin moverse
    c. salen después de dejar la caja en la mesa

6. El narrador se sentó porque _____ .
    a. sabía que estorbaba (*he was in the way*)

      b. se sentía enfermo

      c. era viejo y necesitaba descansar

B. Conteste las preguntas según la lectura.

1. EL ESCENARIO

   ¿Dónde tiene lugar la acción del cuento? ¿Cómo es el ranchón? ¿Qué revela el lugar acerca de sus habitantes?

2. LA ACCION Y EL CONFLICTO

   a. Conjugue los verbos en uno de los tiempos pasados. Luego ponga los siguientes acontecimientos en orden cronológico (1-9).

   _____ Los soldados (*llegar*) con la caja de plomo.

   _____ El narrador (*empezar*) su cuento.

   _____ Moncho (*ser*) reclutado en el ejército.

   _____ A doña Milla (*morírsele*) el marido.

   _____ Un vecino le (*leer*) a Doña Milla la primera carta.

   _____ Moncho (*morir*) en Corea.

   _____ El narrador (*tener*) la carta de reclutamiento.

   _____ Doña Milla (*recibir*) la segunda carta.

   _____ Moncho (*ser*) enterrado en Puerto Rico.

   b. ¿Qué noticias trajo la primera carta?

   c. ¿Quiénes eran «los perdidos» y «los prisioneros»?

   d. ¿Qué se supo con la llegada de la segunda carta? ¿Por qué no hablaron los hombres del ranchón la noche que lo supieron?

   e. ¿Cuándo llegó la caja al ranchón? ¿Quiénes la trajeron?

   f. ¿Qué quería doña Milla? ¿Por qué lo quería? ¿Por qué se lo negó el teniente?

3. EL TIEMPO

   ¿Cuándo ocurrió la acción del cuento? ¿Por qué lo cuenta el narrador en el momento en que lo cuenta? ¿Qué relación tienen los dos momentos?

4. LOS PERSONAJES

   a. ¿Qué relación existe entre los siguientes personajes y Moncho?

           doña Milla   el teniente   Sotero Valle   el narrador

   ¿Cómo reacciona cada uno ante la muerte de Moncho? ¿En qué se asemejan o se diferencian estas reacciones?

   b. ¿Cómo completarían (*would finish*) los siguientes personajes las oraciones que aparecen a continuación?

   EL TENIENTE: No se puede abrir la caja porque…

                  Las cajas están hechas de… porque…

   SOTERO VALLE: Los restos de Moncho fueron mandados…

                  Se me ocurrió preguntar… porque…

   DOÑA MILLA: Se me murió mi hijo y…

                  En el entierro yo me arrodillé porque…

   EL NARRADOR: Los dos grupos se llamaron «los perdidos» y «los prisioneros» porque…

                  En el velorio tuve que sentarme antes de que…

Discusión

1. ¿Quién hace las siguientes citas y qué revelan del hablante?
   a. «Señor… tenga la bondad… díganos cómo se abre la caja.»
   b. «Yo me senté. Me senté y, en medio de la tremenda confusión que me rodeaba, me puse a pensar en Moncho.»
   c. «Pero… ¿en esa caja tan chiquita?»
   d. «El cabo Ramírez murió en el cumplimiento de su deber.»

2. ¿Cómo se porta el teniente del cuento? ¿Qué piensan los puertorriqueños del cuento de su conducta?

3. ¿Quién es el narrador de «Una caja de plomo que no se podía abrir»? ¿Está dentro (es un personaje) o fuera de la acción del cuento? ¿Tiene una visión omnisciente o parcial de los acontecimientos? ¿Es aparente su presencia o no? ¿Está distanciado de la acción o no? ¿Es digno de confianza o no? ¿Es el mismo narrador en todo el relato o cambia? ¿Narra en primera o en tercera persona? ¿Narra su propia historia o la de otros personajes?

4. ¿Qué otros modos hay de narrar este cuento? Imagine todos los posibles narradores. ¿Cómo sería (would be) diferente el cuento con cada cambio de narrador? ¿Qué impacto tiene el cuento con el narrador actual? ¿Cuándo se dirige el narrador directamente al lector? ¿Hace que el cuento sea más formal o más informal? ¿más objetivo o más subjetivo? ¿más emotivo o más frío?

5. Complete la siguiente tabla para diferenciar entre los soldados y los vecinos del ranchón.

	LOS SOLDADOS	LOS VECINOS
Lengua nativa		
Manera de vestir		
Experiencia de la guerra		
Visión de la guerra		
Manera de expresar las emociones		

6. ¿Cómo es el ranchón? ¿Qué importancia tiene en el cuento? ¿Cómo reacciona el teniente cuando le acompaña todo un grupo de personas a la pieza de doña Milla? ¿Por qué cree Ud. que este grupo sigue al teniente? ¿Por qué se siente incómodo el teniente?

7. ¿Por qué interroga Sotero Valle sobre el contenido de la caja? ¿Qué importancia tiene el hecho de que la caja sea más pequeña que un ataúd normal? ¿que sea de plomo y no de madera? ¿que no se pueda abrir? ¿Cree Ud. que la reacción de los vecinos ante la caja de plomo revela una diferencia entre la cultura hispana y la anglosajona o que es más bien una reacción universal? ¿Cómo sería (would be) su reacción si tuviera que recibir una caja de plomo que no se pudiera abrir? ¿Cree Ud. que es importante ver los restos de un ser querido antes de enterrarlo? ¿tener su cuerpo presente? Cuando murieron los astronautas en el accidente del *space shuttle*, ¿por qué se insistió tanto en buscar sus restos?

Vocabulario activo

arrastrar *to drag*
la fila *line*
la ingeniosidad *cleverness,*
ingenuity

la paradoja *paradox*
plagiar *to plagiarize*
la semilla *seed*

la supervivencia *survival*
traicionero *treacherous*

A. Complete las oraciones en una forma lógica, usando la forma correcta de las palabras de la lista del vocabulario.

1. En tiempo de sequía la _____ de los animales pequeños es dudosa.
2. _____ del niño es sorprendente; siempre inventa nuevos trucos.
3. Es un hombre _____; no se puede creer nunca lo que dice.
4. Es _____ incomprensible. ¡Un hombre que siempre ha insistido en que le molestan muchísimo los hijos se casa con una viuda con ocho niños menores de doce años!

B. Defina en español.

1. la semilla   2. plagiar   3. la fila

◪ YO SOY JOAQUIN ◪

Rodolfo "Corky" Gonzales (1938–) nació en Denver y es hijo de obreros migratorios. Ha trabajado como boxeador, obrero agrícola y comerciante. Se ha dedicado al movimiento en pro de los derechos de los chicanos y, en 1969, fundó en Denver la Escuela Tlatelolco, la primera escuela para chicanos en los Estados Unidos. Es también autor de varias obras de teatro y diversos poemas. El poema «I am Joaquín/Yo soy Joaquín» fue publicado en 1967 en una versión bilingüe. A continuación se dan unos versos del poema.

Yo soy Joaquín,
perdido en un mundo de confusión,
enganchado° en el remolino° de una
                sociedad gringa,
confundido por las reglas,
despreciado por las actitudes,
sofocado por manipulaciones,
y destrozado por la sociedad moderna.
Mis padres
        perdieron la batalla económica
y conquistaron
        la lucha de supervivencia cultural.

hooked, harnessed /
whirlpool

Y ¡ahora!
  yo tengo que escoger
             en medio
    de la paradoja de
  triunfo del espíritu,
a despecho de° hambre física,   *a... despite*
           o
existir en la empuñada°   *grasp*
de la neurosis social americana,
  esterilización del alma
  y un estómago repleto.°   *lleno*

Sí,
vine de muy lejos a ninguna parte,
desinclinadamente° arrastrado por ese   *unwillingly*
        gigante, monstruoso, técnico, e
        industrial llamado
                  Progreso
       y éxito angloamericano...
Yo mismo me miro.
  Observo a mis hermanos.
      Lloro lágrimas de desgracia.
         Siembro° semillas de odio.   *I sow*
  Me retiro a la seguridad dentro del
círculo de vida—

      MI RAZA.

. . . .

Mis rodillas están costradas° con barro.°   *caked / mud*
Mis manos ampolladas del azadón.°   *ampolladas... calloused*
                                           from the hoe
Yo he hecho al gringo rico,
                aún
  igualdad es solamente una palabra—
      el Tratado de Hidalgo[1] ha sido roto
  y es solamente otra promesa traicionera.
Mi tierra está perdida
        y robada,
Mi cultura ha sido desflorada.°   *raped*
      Alargo
la fila en la puerta del beneficio°   *welfare*
y lleno las cárceles con crimen.
       Estos son
pues los regalos
      que esta sociedad tiene
para hijos de jefes
      y reyes
      y revolucionarios sanguinosos,°   *bloody*

quienes
dieron a gente ajena
        todas sus habilidades e ingeniosidad
para adoquinar° la vía con sesos y sangre   *to pave*
para
esas hordas° de extranjeros hambrientos   *hordes, masses*
          por oro,
quienes
cambiaron nuestro idioma
y plagiaron nuestros hechos
      como acciones de valor
      de ellos mismos.

Desaprobaron de nuestro modo de vivir
  y tomaron lo que podían usar.
        Nuestro arte,
        nuestra literatura,
        nuestra música, ignoraron—

---

[1] Tratado de Guadalupe Hidalgo (1848), según el cual México cedió a los Estados Unidos el derecho a los territorios que hoy incluyen los estados de Arizona, California, Nuevo México, Utah, Nevada y parte de Colorado. México también aceptó la anexión de Texas a los Estados Unidos y reconoció el Río Grande como la frontera oficial entre las dos naciones. A cambio de estas concesiones, México recibió 15 millones de dólares y garantías de que los residentes de las áreas cedidas se convertirían en ciudadanos norteamericanos y gozarían de los derechos y beneficios que dicho estatus otorga (da).

así dejaron las cosas de valor verdadero
y arrebataron° a su misma destrucción   *grabbed*
      con su gula y avaricia.
Disimularon° aquella fontana purificadora   *They overlooked*
      de naturaleza y hermandad
la cual es Joaquín.
      El arte de nuestros señores excelentes,
         Diego Rivera,
         Siqueiros,
        Orozco,[2] es solamente
otro acto de revolución para
      la salvación del género humano.
   Música de mariachi, el
   corazón y el alma
   de la gente de la tierra,
   la vida de niño
   y la alegría del amor.

Comprensión

A. Haga una lista de los adjetivos y los sustantivos que Joaquín aplica a la sociedad chicana y a la sociedad angloamericana.

¿Qué revelan estas dos listas de su visión de las dos sociedades? ¿Cómo se siente Joaquín en las dos sociedades? ¿Qué posibilidades para el futuro tiene Joaquín? ¿Por qué considera su selección una paradoja? ¿Qué valores gobiernan la consideración del camino que debe seguir?

B. ¿Quién es Joaquín? ¿Es un solo individuo o representa un grupo? ¿Qué batalla lucharon sus padres? ¿La perdieron o la ganaron? ¿Qué representa la raza para Joaquín?

C. ¿Qué contraste describe Joaquín entre el chicano del presente y el de las generaciones anteriores? ¿Cómo se explica este cambio?

D. ¿Por qué dice Joaquín que los extranjeros «dejaron las cosas de valor verdadero»?

E. ◘¡Necesito compañero!◘ Con otro compañero contesten las siguientes preguntas y luego compartan sus respuestas con la clase.
  a. ¿Qué connotaciones tienen las siguientes palabras dentro del poema?

     el progreso   el arte   el mariachi

  b. ¿Qué símbolos serían (*would be*) los más adecuados para representar la visión que Joaquín tiene de las dos culturas? Explique.

---

[2] Rivera, Siqueiros, Orozco: artistas mexicanos famosos por sus murales.

DESPUES DE LEER

Aplicación

1. ¿Cree Ud. que el reclutamiento militar obligatorio es necesario? ¿Es justo? El sistema de reclutamiento militar obligatorio de los Estados Unidos incluye a residentes de Puerto Rico, que pueden votar en las elecciones presidenciales pero que no tienen voto en el Congreso. ¿Qué opina Ud. de este sistema? ¿Qué parece opinar José Luis González? Explique su punto de vista, refiriéndose al cuento.

2. En «Una caja de plomo que no se podía abrir», doña Milla no sabe hablar inglés. ¿Qué problemas le puede causar esto en Puerto Rico? ¿Sería (*Would it be*) más difícil para ella si viviera en Nueva York? Imagine que Ud. vive en los Estados Unidos y que no habla inglés. ¿Sería (*Would be*) diferente su vida de lo que es ahora? Explique.

3. ¿Cuáles son las acusaciones que hace Rodolfo Gonzales contra la sociedad mayoritaria de los Estados Unidos? ¿Qué defensa puede Ud. ofrecer frente a esas acusaciones?

4. En «Yo soy Joaquín», Gonzales nos resume la historia de los chicanos en los Estados Unidos. Si Ud. decidiera escribir un poema que ofreciera una visión totalizadora de la historia y la cultura de los Estados Unidos, ¿qué nombres e incidentes históricos citaría (*would you cite*)?

5. Compare «Una caja de plomo que no se podía abrir» con «La siesta del martes» (Capítulo 8). ¿En qué se parecen sus argumentos? ¿los personajes? ¿Cómo reaccionan doña Milla y la mujer a su tragedia? En los dos cuentos, ¿en qué sentido hay un conflicto entre los deseos de un individuo y las reglas de un sistema? ¿En qué se diferencian los «sistemas» de los dos cuentos? ¿Cuál le parece más inflexible? ¿más injusto? ¿Por qué?

CAPITULO DIEZ

«LOS BORRACHOS», DIEGO DE VELAZQUEZ

HABITOS Y
DEPENDENCIAS

ANTES DE LEER

Aspectos lingüísticos

More About Pronouns and Connecting Words

In written as in spoken language, many words may be used to refer to something previously mentioned or to something that is yet to come: demonstrative pronouns (**esto, ésta, éste**), relative pronouns (**que, quien, lo que**), possessive adjectives and pronouns (**su, el suyo**), as well as direct and indirect object pronouns. These reference words help to establish the "flow" or coherence of a paragraph or text. Note, for example, how the underlined words relate to the other words in the following sentence:

The first time Joan met her fiancé's parents, she was very nervous about it, but they were so nice to her and did so many things that set her at ease, that she soon forgot those early fears.

The following exercise will give you practice in recognizing and interpreting reference words. As with object pronouns, the context provides the clues necessary for you to correctly identify the referents.

En el primer párrafo, las flechas señalan el referente de cada palabra indicada con un círculo. Usando flechas, señale el referente de cada palabra indicada en los otros párrafos.

La cerveza es una bebida poco agradable la primera vez que uno (la) prueba.

Cuando yo era estudiante de la universidad, (les) preguntaba a (mis) amigos,

¿cómo (les) puede gustar (algo) tan amargo (*bitter*)? (Me) contestaron que era muy buena.

¿Buena? En (ese) momento (ellos) no (me) convencieron pero años (después) estaba viajando en Alemania en un barco en el río Rhin. (Aquel) paisaje era bellísimo pero hacía un calor (que) abrasaba. (Mi) mujer bebía una cerveza.

—¿Cómo puedes beber (eso)? —(le) pregunté y (la) cogí. —Es amarga. Luego (la) probé...

—Claro que está fría..., y con (este) calor..., pero es amarga.

Probé (otra) vez.

—¡Qué fría está!

Antes de decidir si de verdad (me) gustaba, (me) (la) había terminado.

(Adapted from Fernando Díaz-Plaja, «Mis pecados capitales»)

Aproximaciones al texto

La ironía

Irony is the most complex of the various forms of humor. In its simplest form, verbal irony, it is essentially a statement of the opposite of what an author or speaker truly means. A person who looks out the window on a stormy day and exclaims, "What a *nice* day!" is employing verbal irony. In addition to verbal irony, a writer can imply situational irony or irony of character: the juxtaposition of two incongruous attitudes or characters. Some examples of situational irony are a Marxist driving a Cadillac, a pickpocket having his pocket picked, a boxer getting a black eye from his two-year-old son (and, in a sexist society, it is even more ironic if the black eye comes from a two-year-old daughter).

The reader must take an active role in decoding an ironic text because the cues are often subtle and at least two interpretations are always possible—the literal and the ironic. When irony is present, a statement or situation contradicts either other information in the text or certain cultural conventions. The speaker (narrator) invites the listener (reader) to penetrate the surface level to reach the contradictory meaning. Once the presence of incongruities or contradictions becomes apparent, the reader must be alert to further gaps, since the meaning of an ironic text is often the opposite of its surface meaning.

Note that irony differs from simple error in that a speaker in error mistakenly perceives what is being said as true. Obversely, a liar knows that what is being said is false but wants it to pass as true. Were he speaking ironically, he would want the reader to catch on to the falseness of the message without being too explicit about it.

A. ¿Cuáles de las siguientes declaraciones son irónicas? Explique la diferencia entre el significado literal y el irónico.

1. Johnny Appleseed: «¡Cómo me gustan los manzanos (*apple trees*)!»
2. Snow White: «Las manzanas son muy buenas para la salud.»
3. La madre de Napoleón: «¡Qué lástima que mi hijo sea tan chiquito! Yo prefiero que los hombres sean grandes.»
4. El presidente de una compañía que fabrica cigarrillos: «No hay ninguna prueba científica de que el tabaco sea dañino para la salud.»
5. Unos abuelos con su primer nieto: «Nuestro nieto es uno de los niños más guapos e inteligentes que hayamos visto.»
6. Un alcohólico hablando con unos jóvenes: «Las drogas son malas porque destruyen el cuerpo e impiden que uno sea un miembro productivo de la sociedad.»
7. Mahatma Ghandi: «La violencia no es nunca justificable.»
8. Un *yuppie* hablando con sus hijos: «Las posesiones materiales no son lo más importante de la vida.»

B. ◨¡Necesito compañero! ◨ Con un compañero imaginen situaciones en que cada una de las siguientes oraciones podría ser interpretada primero literalmente y luego irónicamente.

1. ¡Qué gusto verte de nuevo!
2. Quiero que sepas que esto me duele más a mí que a ti.
3. Los hijos son una gran alegría en la vejez.
4. ¡Viva la democracia!

C. ¿En qué sentido son irónicos los siguientes hechos?

1. El que Rosamunda en «Rosamunda» se case con un carnicero.
2. El que la gente de la playa crea que La señora en «El delantal blanco» está loca.
3. El que el cura en «La siesta del martes» les diga a la mujer y a su hija que «La voluntad de Dios es inescrutable».

Prelectura

A. Estudie los dibujos que acompañan la lectura. ¿Qué sugieren con respecto a un cocktail? ¿Cómo es la conversación en ese tipo de fiesta? ¿y la gente que asiste? Normalmente, ¿cuál es el propósito de un cocktail? ¿Celebrar un acontecimiento, por ejemplo? ¿Qué sugieren los tres dibujos en cuanto a la frase «A ver si nos llamamos un día de éstos para tomarnos unas copas»? ¿Cómo son los dos bares? ¿Qué diferencias nota Ud. entre los dos?

B. ¿Qué clase de fiesta le gusta a Ud.? ¿Por qué? En su opinión, ¿cuál es la actitud hacia el alcohol en los Estados Unidos? ¿hacia el consumo excesivo de alcohol? ¿Qué tipo de persona (edad, clase social, profesión, sexo) y qué actividades asocia Ud. con las siguientes bebidas?

la cerveza	el vino	el whisky
el vodka	un «Shirley Temple»	la cerveza ligera
el champán		(*light beer*)

¿Y con respecto a las siguientes combinaciones (*mixed drinks*)?

Sloe Gin Fizz   Margarita   Daiquirí   Martini

LECTURA

Vocabulario activo

acercarse (a) *to approach*
acordarse (ue) (de) *to remember*
asegurar *to assure*
el camarero *waiter*
la copa *drink (alcoholic); cup*

la charla *talk, chat*
la despedida *farewell; departure*
echar *to throw out*
la embajada *embassy*
fingir *to pretend*

el horario *schedule*
olvidar *to forget*
el olvido *forgetfulness*
la promesa *promise*
recordar (ue) *to remember*

A. Busque antónimos en la lista del vocabulario.

1. acordarse   2. la bienvenida

B. ¿Qué palabra de la segunda columna asocia Ud. con una de la primera?

1. la embajada
2. la copa
3. la basura
4. el trabajo
5. el camarero
6. asegurar
7. la charla

a. echar
b. el restaurante
c. el borracho
d. el horario
e. el diplomático
f. la conversación
g. prometer

C. Complete las oraciones en una forma lógica, usando la forma correcta de las palabras de la lista del vocabulario.

1. «No _____ que no me oíste. Te dije que no comieras galletas antes de la cena.»
2. Nunca _____ su cumpleaños.
3. Después de emborracharse una vez, se hizo _____ de no volver a hacerlo nunca.

▓ LA GULA: Parte 1 ▓

Fernando Díaz-Plaja (1918–) es el autor de numerosos estudios sobre la historia y la cultura de España. En El español y los siete pecados capitales[1] *hace un estudio cómico-serio del carácter español a través de un análisis de los siete pecados capitales. El ensayo que aparece a continuación es de* Mis pecados capitales *(1975), en el cual escribe sus memorias, organizándolas también en torno a los siete pecados capitales. La lectura es de un capítulo que trata de la gula y compara el consumo de la comida y del alcohol en las culturas hispana y anglosajona. Comienza con un comentario sobre el rito del cocktail norteamericano.*

"A ver si nos llamamos un día de éstos para tomarnos unas copas."

La charla en las reuniones de esa índole° es increíblemente inconexa. Empieza uno a contar una historieta a alguien y es interrumpido por otro que llega a saludarle a él... o a ti. Presentaciones, después de elogios,° eso de

°tipo

°compliments

---

[1] The capital sins are pride (**la soberbia**), avarice (**la avaricia**), lust (**la lujuria**), envy (**la envidia**), anger (**la ira**), gluttony (**la gula**), and sloth (**la pereza**).

«¡qué bien estás!» o «¡hace años que no nos vemos!» o «te encuentro mejor que nunca». Cuando alguien interrumpe a su vez° esa conversación, la despedida se hace con la fórmula que ha hecho famosa Forges estereotipándola en las más asombrosas° de las circunstancias—un viejo matrimonio en la cama, los prisioneros colgados del castillo° del «condesteibel», náufragos en una isla diminuta—, esa fórmula que dice: «A ver si nos llamamos un día de éstos para tomarnos unas copas». *a... in his turn*

sorprendentes
castle

Yo he estado durante años yendo a cocktails, a reuniones sociales, a cenas. (Ahí nació mi fama de *play-boy*, probablemente.) Pues bien. No recuerdo una sola vez que se hiciese verdad esa promesa ni por mi parte ni por la otra. Ni yo he llamado nunca a quien prometí hacerlo, ni ellos me han llamado a mí. La frase «un día de éstos» resulta así de lo más intemporal del mundo. Es cierto que uno resulta a veces invitado a la casa de alguno de los que te lo ha dicho, pero es porque apareces en su librillo de direcciones, y siempre por razones totalmente distintas a las dadas en la despedida. Sencillamente, porque a uno le conviene invitarte—en mi caso, sin palancas° políticas, comerciales e industriales que mover ocurre pocas veces—, porque le caes bien, porque «viste»° tener a una persona conocida en una reunión, porque les falta gente de tu sexo para equilibrar, porque alguien que asiste ha mostrado deseos de conocerte. Por cualquiera de esos motivos puedes ser invitado a una fiesta. Jamás porque en otra se dijo eso de «nos llamamos y nos tomamos unas copas». Obsérvese, además, la vaguedad de la expresión «nos llamamos». ¿Quién llama a quién? Cada uno puede imaginar que será el otro.... influencia
it looks good

...Como en el caso que explicaba: en los guateques° se interrumpe tanto a la gente, que yo acabo de interrumpirme a mí mismo. Decía que la conversación en una sala llena de gente, con unos camareros que hacen ejercicios asombrosos para servir por entre la masa°.... fiestas

masses

...A propósito.° Como Madrid sigue siendo una ciudad pequeña, cuando se reúne el «todo Madrid» somos casi siempre los mismos, pero quienes más se repiten son los camareros. Resulta que hay pocos servicios a domicilio que ofrezcan garantías,° y entonces el camarero que os ofrece una copa en la Embajada de Austria se parece tan extraordinariamente—como un hombre pueda parecerse a sí mismo—al que os la acerca en casa de la señora marquesa de X (sigue gustándome mucho esa misteriosa denominación). Esto provoca, a la segunda o tercera vez, una graciosa complicidad; el camarero se acerca más a menudo° e incluso a veces os empuja levemente con el borde de la bandeja,° diciendo en voz baja: «Los de la esquina están recién salidos del horno.°» *A... Speaking of which.*

pocos... *few bonded*
services for work in
the home

a... frecuentemente
serving tray
oven

Pues, como decía—no sé quien me ha interrumpido esta vez—, terminar una historieta en un cocktail es muy difícil. La única posibilidad consiste en recordar dónde ha quedado uno para proseguirla en la próxima ocasión en que se encuentre a la misma persona. Con paciencia y memoria, a la tercera fiesta de la temporada puede conseguir llegar al final.

El cocktail es de las ceremonias más fatigantes° del mundo. En primer lugar, porque estar de pie siempre me ha cansado más que correr, tirar a _?_

esgrima° o montar a caballo. En segundo, porque esa posición física se
agrava° con el cansancio mental, cuando los ojos tienen que reconocer las
caras, la sonrisa tiene que mostrar la satisfacción de verlas, y lo que es peor,
la memoria tiene que recordar los nombres de todos.

    Yo olvido pocas caras, pero sí muchos nombres, y mis apuros° en este
sentido han sido múltiples. En vano quiero disimular° mi absoluta ignorancia del señor que se acerca a saludarme. Intento compensar el olvido con
afectuosas expresiones, tales como «granuja»,° «sinvergonzón»,° «te hemos
echado de menos»…. Lo malo es cuando un recién llegado queda mirando
inquisitorialmente al «amigo» y éste le contesta con la misma frialdad.

    —Pero, ¡cómo! —digo con asombro inmenso, —¿no os conocéis? ¡No
me digáis que no os conocéis! ¡Si no es posible! ¡Si tenéis montones de
amigos comunes!

    Ellos siguen denegando° con la cabeza. Yo finjo que no me lo creo,
aseguro que me están tomando el pelo,° esperando que mientras tanto
alguno se presente a sí mismo. Pero no lo hacen casi nunca. Situación
horrible de la que a veces he salido sin que se dieran cuenta de mi olvido,
y en otras he tenido que confesar paladinamente° mi ignorancia. Cosa que,
por cierto, casi nunca se perdona en España con el pretexto—muy de
orgullo hispánico—de que si ellos se acuerdan de mi nombre, yo tengo que
acordarme también del suyo. Teoría absolutamente parcial por cuanto es
muy fácil que, tras° serle yo presentado en una reunión, vean un día mi
fotografía en un periódico o mi nombre en una recensión° literaria, aun
suponiendo que no entren jamás en una librería—cosa que desgraciada-
mente es más común de lo que sospechamos—, mientras que yo no tengo
ningún ancla° con que reforzar su imagen.

    El paso en falso° más increíble en este sentido me ocurrió en casa del
doctor Marañón, en Toledo. Acababa de conocer al matrimonio Roosevelt,
recién llegado; el marido era primer secretario de la Embajada de los Estados Unidos en Madrid. Al ver en la reunión a César González-Ruano,
quise hacerle partícipe del encuentro y le llamé.

    —Señores, quiero que conozcan al gran escritor español César
González-Ruano. César —dije, entonando un poco la voz para marcar más
la sorpresa—, tengo el gusto de presentarte a los señores de… ¡Eisenhower!

    —¡Oh! —dijo César.

    —¡Cómo! —dijeron ellos. Fracaso° completo que no fue más grave
porque esa rama° de los Roosevelt era del partido republicano—línea Ted,
no Franklin—y, por lo tanto, el error, diplomático, al menos no fue político.

    No ha sido la única de las equivocaciones cometidas en esas fiestas cuyo
ruido de fondo° permite las mayores incongruencias en la conversación.
Una vez, estando con una norteamericana casada con un español, el tema
derivó hacia la vida social de Madrid. Yo decía que, estando solo, me
invitaban muy a menudo, porque siempre hay una extranjera viuda o
divorciada a la que hay que atender. La muchacha me miraba como asom-
brada mientras yo repetía mi explicación.

    —No comprendo…

---

tirar… *to fence*

?

preocupaciones

esconder

you old rogue / son of a gun

diciendo que no

tomando… *kidding*

públicamente

después de
review

método

paso… *false step*

Failure
branch

ruido… *background noise*

—Digo que estando solo…

Me miró más fijamente.

¿Y no tienes aparato°?

—Hombre —dije, un poco cortado,° —he dicho que estoy solo, pero tanto… Oye, ¿tú qué has entendido?

—Que estás sordo.°

—He dicho solo, ¡solo!

…Y efectivamente, ante esa falta de comunicación, me sentí más solo que nunca.

Con todas esas dificultades, a mí me gustan los cocktails y acudo° a la mayor parte de los que dan. A veces, incluso cuando no tengo la menor idea de la cara perteneciente° al nombre que figura en la cartulina.° Generalmente, la dueña de la casa se apresura° a salir al encuentro del invitado, pero si está ocupada con otros amigos hay un grave momento de duda cuando al entrar en el salón varias señoras elegantísimas os sonríen. ¿A cuál de ellas le digo yo que le agradezco su amable invitación?

La razón de que, en general, acepte la amable llamada se debe a mi especial horario de trabajo. Comprendo fácilmente que un ejecutivo o cualquier empleado que pasa el día trajinando° fuera de su casa no oiga con ninguna alegría a la esposa diciéndole: «Anda, cámbiate de ropa y prepárate, porque estamos invitados chez Fulano°». Para mí, que estoy en casa toda la tarde, representa aspirar un aire distinto, reemplazar la soledad por el grupo y, sobre todo, cambiar las dificultades de una obra° de Calderón de la Barca[2] que tengo que explicar a mis alumnos, por la charla con mujeres que se han puesto la mejor cara y el mejor vestido para verme (en ese momento es para verme *a mí* y me niego a dejarme desilusionar).

Por otra parte, la gran ventaja del cocktail es la posibilidad de dejarlo en cuanto a uno le apetece,° que es cuando empieza a aburrirse…. Todas las amas de casa aceptan una excusa que puede muy bien no serlo, es decir, esa de «me vas a perdonar, pero tengo una cena», y si todavía es temprano, «tengo una cena, y antes, otro cocktail».

Esa excusa no es necesaria en los Estados Unidos de Norteamérica, donde las invitaciones a una copa se distinguen de las españolas por dos características. Una, por la anterioridad° con que se formula. Los primeros años de mi estancia° allí, leía dos o tres veces para estar seguro de que alguien «requería el placer de mi compañía»—es una vieja fórmula inglesa—para cocktails el día diecisiete de mayo. Yo comparaba varias veces con el periódico del día y que decía claramente que estábamos a veintidós de marzo. Telefoneaba… Oiga, ¿está bien la fecha? Claro…, y así estamos seguros de que no coincidirá con otra invitación. Así, contestaba, el peligro está en que me olvide totalmente de que usted me ha invitado. (Y, además, pensaba, ¿quién nos garantiza que seguiremos siendo amigos entonces?)

Pero si esta anticipación es incómoda, la segunda parte de la invitación resulta realmente ofensiva. Tras la fecha y la dirección de la casa, se pone:

---

[2] Calderón de la Barca (1600–1681), famoso dramaturgo de la Edad de Oro de la literatura española.

Right margin glosses:

?
taken aback

deaf

voy

belonging / invitación

se… hurries

bustling about

chez… to so-and-so's

work

gusta

earliness
visita

«de seis a ocho de la tarde». Dicho de otra manera, usted llega a las seis o a lo más tardar° a las seis y cinco, pero, desde luego, desaparece de la casa a las ocho en punto. Si eso no es echarle a uno, que baje Dios y lo vea…, como dicen los españoles, siempre dispuestos a abusar de la bondad del Señor. Dicho de otra manera, si usted lo pasa mal en la reunión, sale a las ocho, pero si lo pasa bien, sale a la misma hora. Nada de «ésta es su casa»[3] a la española-árabe. La casa del americano es la del americano, y éste decide que a las ocho está usted de más° porque su paciencia para con los invitados ha llegado ya a su límite. Desde luego, como hospitalidad…, yo imagino lo que pasaría en España si alguien dijera que fuerais a su casa de ocho a diez para cocktails. Tras la sorpresa y numerosas llamadas a otros posibles invitados, éstos se presentarían a las diez menos cuarto y no saldrían de casa hasta terminar con la última botella, el último canapé y el último gramo de paciencia de los señores de la casa.

    ¡Faltaría más,° hombre! ¡Horarios fijos a nosotros!

    Recuerdo, entre agradecido y asombrado, una gran cantidad de esos cocktails americanos. Estaba yo sentado a la mesa trabajando. De pronto, el reloj o la radio, que da la hora cada diez minutos, me advertía de mi obligación. Me vestía—contra lo que la gente cree, los americanos son muy formalistas al llegar la noche; lo han heredado probablemente de los ingleses, y se ponen muy de oscuro°—y subía al coche calculando la hora y ruta para llegar a las seis en punto. A veces había que esperar a la puerta unos minutos, porque tampoco estaba bien llegar demasiado temprano. Entrada, saludos cordiales, presentaciones precisas y concretas. Nada de «aquí un amigo… »; allí hay que dar el propio nombre y deletrearlo,° asistiendo luego a los esfuerzos de una lengua° anglosajona para decir Dí-az-Pla-ja…. Algunas veces una señora, nunca un caballero por cierto, me decía:

    —¡Huy qué difícil! No me acordaré nunca de ese nombre.

    —Ni falta° que le hace, señora —contestaba yo. Porque si no puede hacer el pequeño esfuerzo de recordar un nombre difícil, ¿para qué verme más? Pero, en general, lo repetían y luego me preguntaban de dónde era…

    —¿De España? ¡Qué interesante!

    —Pues sí, ya ve…

    —Tengo una sobrina que estuvo en Madrid el año pasado. La encantó.

    —Cuánto me alegro, señora.

Glosses (right margin):
a… *at the very latest*
de… *in the way*
Faltaría… *It would be the last straw*
?
spell it out
tongue
Ni… *No es necesario*

Comprensión

A. Identifique las *dos* respuestas correctas en cada grupo.

    1. En los cocktails _____ .

        a. las conversaciones son interrumpidas con frecuencia

---

[3] *This is your home,* la expresión española de bienvenida que implica que el visitante debe sentirse tan cómodo como si estuviera en su propia casa.

    b. se inician muchas amistades duraderas
    c. la conversación tiene una estructura poco organizada

  2. En los cocktails en Madrid _____ .
    a. hay muchas mujeres
    b. siempre está la misma gente
    c. uno se hace amigo de los camareros

  3. El autor de la lectura _____ .
    a. se cansa mucho en los cocktails
    b. casi siempre recuerda los nombres de los conocidos
    c. es conocido de (*by*) muchos por sus publicaciones

  4. Una vez en un cocktail, Díaz-Plaja hizo el error de _____ .
    a. creer que una señora americana estaba sorda, cuando ella había dicho que estaba sola
    b. presentar a los señores Roosevelt como los señores Eisenhower
    c. olvidar el nombre de unos señores a quienes había conocido varias veces

  5. Díaz-Plaja acepta las invitaciones a los cocktails porque _____ .
    a. le gusta charlar con las señoras guapas
    b. le da una oportunidad de salir de casa después de haber estado encerrado toda la tarde
    c. en ellos conoce a gente que le puede ayudar en su carrera

  6. A Díaz-Plaja los cocktails americanos le parecieron raros porque _____ .
    a. las invitaciones llegaron con mucha anticipación respecto a la fecha de la reunión
    b. las invitaciones indican la hora en que la gente debe marcharse
    c. casi nadie hablaba español

B. ¿Cúales de los siguientes problemas asocia Díaz-Plaja con un cocktail?
    1. el tomar demasiado
    2. el empezar la reunión en una hora muy tarde
    3. el terminar la reunión en una hora muy tarde
    4. el olvidar los nombres de la gente
    5. el que la anfitriona (*hostess*) olvide el nombre de él
    6. el que la anfitriona sea descortés
    7. el no saber quién es la anfitriona
    8. el ser interrumpido con frecuencia
    9. el no poder encontrar el lugar del cocktail

C. Dé una o dos oraciones que reflejen la opinión de Díaz-Plaja sobre cada uno de los siguientes temas.

    1. La expresión «A ver si nos llamamos un día de éstos para tomarnos unas copas».
    2. El problema de terminar una historia en un cocktail.
    3. Cómo salir del paso cuando uno no recuerda el nombre de un conocido en el cocktail.

4. La casa del americano es del americano.
5. El por qué una persona (no) recibe muchas invitaciones a cocktails.
6. El por qué una persona (no) asiste a los cocktails con frecuencia.

D. ¿Qué sugieren las siguientes palabras con respecto a la información presentada en la primera parte de la lectura?

> el horario   olvidar   fingir   charlar

Vocabulario activo

comportarse *to behave*
el comportamiento *behavior*
ebrio *drunk*

emborracharse *to get drunk*
embriagarse *to get drunk*
el hipo *hiccups*
el menor *minor (under age)*

el orgullo *pride*
rechazar *to reject*
la sobriedad *sobriety*
el vicio *vice*

A. Busque un sinónimo en la lista del vocabulario.

1. borracho   2. la conducta   3. cómico   4. embriagarse

B. Dé las palabras que se corresponden con las definiciones.

1. la acción de no aceptar
2. un individuo que todavía no tiene la edad mínima para beber alcohol
3. alta opinión de algo
4. un defecto moral
5. un movimiento involuntario del diafragma
6. caracterizado por el no haber en exceso tomado alcohol

◩ LA GULA: Parte 2 ◪

Bebidas, aperitivos. Todo limpio, bien servido, agradablemente preparado. Los americanos, que no tienen idea de lo que es una comida regular, sirven, en cambio, con gran variedad las cosillas sabrosas° que la preceden. Por otra parte, ningún ama de casa americana sacará jamás algo que debe estar caliente en esa situación intermedia—tan desagradable en el amor como en la gastronomía—que se llama tibieza.° Se sigue hablando de lo más y de lo menos, más de lo menos que de lo más.

> —¿Me han dicho que es usted español?
> —Efectivamente, señora.
> —¡Qué curioso! Mi hija acaba de regresar de España. La ha encantado. Si es un señor...
> —¿Y qué cree usted que pasará políticamente en España?
> —No tengo la menor idea, caballero.

Alguien mira el reloj. Las ocho en punto. Se forma una fila hacia la dueña de la casa. «Ha sido una velada° muy simpática..., mil gracias...,

tasty

lukewarm

fiesta

deliciosa velada…, gracias…, me alegro que pudiera venir… (anunciado con dos meses, ¿quién se atreve a decir que estaba ya comprometido?), hasta otro día…, gracias… de nuevo.»

Las ocho y dos minutos. Uno se encuentra en la calle, muy de oscuro y sin tener la menor idea de adónde dirigirse. No puedo volver al trabajo, porque esas dos horas han guillotinado mi atención hacia él. En los Estados Unidos, como dije al hablar de sus Pecados Capitales,[4] no hay un café donde sentarse un rato° para ver pasar a la gente. Con excepción de algunos pequeños lugares en Greenwich Village de Nueva York o de San Francisco, las cafeterías sirven para comer, no para observar. Y los bares son sombríos, con tétrica° luz, a los que sólo se va a embriagarse en la barra mientras le cuentan al barman las cuitas y los problemas de uno. O juntan las manos las parejas, casi siempre ilegítimas.

No les hubiera hecho falta a muchos esperar a° ir al bar si el cocktail hubiera sido° cocktail-cena, porque entonces hubieran podido embriagarse tranquilamente en la casa donde habían sido invitados, sin la menor sorpresa por parte de los dueños. Algo normal en las reuniones de los EEUU, de los países escandinavos, de Holanda, de Alemania. Algo afortunadamente mucho menos normal en Francia, prácticamente desconocido en Italia.

un… *unos minutos*

gloomy

No… *No one would have needed to think of*
hubiera… *had been*

---

[4] El autor hace referencia a otro de sus libros en el que examina las costumbres y el carácter norteamericanos.

...y en España. Si se acepta la contradicción aparente, quiero levantar aquí mi copa simbólica en honor de esa maravillosa sobriedad española que aún permanece a pesar de todas las influencias posibles extranjeras. Y cuando hablo de sobriedad me refiero, naturalmente, no a la ausencia de ebrios, sino a la proporción de esos ebrios con el número de españoles que pueden beber a cualquier hora del día y de la noche, con el vino al alcance° *al... within reach* de todos los bolsillos—un chato,° una caña,° un tinto o un blanco cuesta de *glass of wine / glass of beer* cuatro a diez pesetas[5] en casi toda España—y al alcance de todas las edades —en muchos lugares del extranjero se prohíbe a menores el acceso a la bebida, y en los Estados Unidos hay condados° donde el muchacho que os *counties* lleva la compra del supermercado al coche no puede siquiera cargar con° un *cargar... carry* paquete de botellas de cerveza y tiene que llevarlo el cliente en persona. Esa regla estúpida sólo sirve para que el muchacho asocie la idea de la masculinidad con la bebida y se lance a ello con la ilusión que aquí° se dedican a *en España* fumar a los once años.

Afortunadamente, en España todavía es ofensivo llamarle a uno borracho. Todavía es denigrante embriagarse en público. Cuando uno ha vivido tantos años como yo—trece—en países extranjeros, ve mejor los defectos de sus compatriotas; una de las causas de mi *El Español...*[6] fue ese ir y venir lo que me dio perspectiva de lo malo, pero también de lo bueno. Al° acostumbrado a que una fiesta americana termine con uno o dos ebrios, *Al individuo* le aparece maravilloso lo que aquí encuentran natural. Que después de cuatro horas de fiesta con barra abierta como se anuncia ahora, los invitados sepan seguir hablando, dosificando° comida y bebida sabiamente y, en fin, *measuring out for themselves* manteniendo hasta el último momento una situación digna.

Hasta tal punto tiene el español sentido de la vergüenza de la palabra, que jamás aceptará que él—o un amigo—estuviera ebrio. Dirá que estaba «un poco animado..., colocado..., se había pasado un poco» mientras que un norteamericano admitirá claramente que estaba «drunk», borracho, porque considera lógico que ése sea el final de una fiesta. Igual que el escandinavo, que el inglés, que el alemán, que el ruso.

En mi vida española he visto, naturalmente, a muchos borrachos, pero la mayoría ha sido en lugares públicos. Parece que el anonimato permite que el español suelte las bridas° de su sentido común y se olvide del respeto *suelte... let go of the reins* que se debe a sí mismo. Porque no hay nada más repugnante que el ebrio, hasta tal punto que en algunos Estados americanos ponen como castigo al° *al individuo* encontrado en esas circunstancias el que vea° al día siguiente una película *el... that he must see* del aspecto en que se encontraba bajo la influencia del alcohol. Esa mirada perdida, esa expresión tartajosa,° esa ridícula forma de caminar, ese aban- *stammering* dono de la ropa, bastan° a llevar a la inmensa mayoría de los hombres al *son suficientes* arrepentimiento.

Yo he oído muchas veces la expresión: «Bebió, y estaba de un gracioso...».

---

[5] En 1975 esto equivalía a menos de diez centavos.
[6] Una referencia a otra obra del autor.

Yo no recuerdo en toda mi vida, aquí y fuera de aquí, a un borracho que resulte gracioso.

...Su comportamiento acostumbra a oscilar entre la estupidez y la grosería. Eugenio d'Ors decía que, contra lo que cree la gente, un loco no es nunca variado y sorprendente porque en general sigue líneas muy definidas de conducta—manía persecutoria, depresiva, sexual, «de grandeza»—, mientras que el hombre normal puede presentar una infinita gama° de actividades. Por ello, terminaba «Xenius»,° un museo será siempre más interesante que un manicomio.° Igualmente ocurre con los alcohólicos, sean esporádicos o permanentes. Sus «gracias» oscilan entre jurarte eterna amistad babeándote las solapas,° a desafiar° al mundo en general y al cliente o camarero en particular, hasta caerse, vencido por el sueño, en el primer sofá. Jamás les he oído una frase ingeniosa, cosa que, además, le resulta difícil con su estropajosa° lengua. Y si por casualidad consiguen terminar una anécdota divertida y cometéis el error de reíros de ella, se ponen tan contentos que os la repiten seis veces; hasta que la odiáis.

Mi mayor resentimiento hacia la bebida es lo mismo que—en más grave—tengo en contra de la droga: es algo capaz de dominarte. En mi viaje a Nepal, uno de los más bellos e interesantes países del mundo, probé una minúscula porción de hachís, allí entonces de venta libre° —la experiencia la cuento en *El mundo de colores* y aquí sólo quiero recordar su conclusión. Algo fuera de mí, exterior a mí, me ofrecía unos paisajes, unas visiones; era algo que yo no podía mandar ni dirigir y que sólo por ello ya me irritaba, por bello y relajante que fuera. Yo, que según he contado en «Orgullo», he rechazado cualquier sujeción a una autoridad inmediata por beneficiosos que sean los resultados para mi economía o mi jerarquía, me niego igualmente a ser presa° de una droga aunque me ofrezca paraísos° artificiales. Prefiero los naturales, que también los hay—un paisaje, una música, una mujer, un libro, un deporte—, aunque sean levemente° menos intensos en color, menos fuertes en sonido. Y lo mismo puede decirse del alcohol, aparte que, en ese caso, todavía es más mentira ese abandono de la realidad disgustante, como saben bien los que a través de los siglos han intentado «beber para olvidar».

Yo gusto de la bebida. Cuando era estudiante no probaba el vino, porque en ese tiempo quería ser un buen deportista con vida ascética. Todavía recuerdo la expresión burlona de un grupo de profesores cuando en el restaurante donde mi hermano me había llevado, yo, el más joven con mucha diferencia, pedí agua mineral con la comida. Esa actitud cambió con el tiempo, y, cuando la vida me ha hecho comer sin vino, me he sentido totalmente desdichado.

...Y eso me ha pasado en tierras mahometanas° y en la sociedad de los Estados Unidos, donde, cuando llegué por vez primera, se daba sólo agua en la comida, aunque ésta se iniciara con «martini».

Recuerdo con indignación a una alemana de origen, esposa del jefe del Departamento de Lenguas Románicas de Stanford que, además de no servirme vino, tuvo la desfachatez° de preguntarme a media comida:

range / pseudonym for d'Ors
insane asylum

babeándote... drooling on your lapels / defying

stammering

de... legally for sale

prisoner / paradises

slightly

Muslim

nerve

—Usted lo pasará fatal° siendo europeo y comiendo sin vino, ¿verdad?

Le contesté que me conformaba con una cerveza, pero no me hizo el menor caso.

Cuando empecé a beber, lo hice con la copa, al uso entonces en España, de la combinación.° Poco a poco fui reduciendo el número de las bebidas a tres: whiskey, ginebra y vodka, elección que se confirmó luego al leer una revista inglesa que esas tres bebidas, siempre que fueran de primera calidad, eran las que producían menor daño en el organismo por más fáciles de eliminar. La conclusión a que habían llegado, tras estudios con voluntarios—deben de sobrar° voluntarios para esa clase de experiencias—, era que el organismo de una persona elimina en una hora una ración, un «jigger» de whiskey, sin que el bebedor sufra de los síntomas del mareo.° Dicho de otra manera, un hombre podría beber veinticuatro whiskies durante veinticuatro horas sin estar ebrio en ningún momento, siempre y cuando° comiera también durante ese plazo.° Naturalmente, estábamos hablando del equilibrio físico y mental, no del daño irrevocable que puede producir semejante cantidad de alcohol en el hígado o en el estómago. Pero debe de ser cierto, ya que en la única ocasión en que yo haya bebido ocho whiskies en una noche sin sentir más que un leve optimismo, fue en casa de unos amigos donde la fiesta empezó a las ocho de la noche y terminó a las cuatro de la madrugada,° amplio° margen de tiempo ayudado por la comida—importantísima como acolchonamiento° del estómago—y del baile—eficaz para que transpire gran cantidad de alcohol.

Hablando de acolchonamiento, en otra revista, esta vez americana, leí que había un sistema óptimo para prevenir la embriaguez. Basta con ingerir antes de ir a la fiesta medio litro de aceite de oliva que, al forrar° las paredes del estómago, impide que el licor pase, demasiado rápidamente, al sistema venoso y nervioso. Personalmente, opino que un individuo capaz de prepararse con ese repugnante procedimiento no merece° beber ni siquiera, casi, vivir. La única vez que yo recuerdo con horror haberme pasado° fue cuando, tras un viaje por carretera de diez horas, mis nuevos coinquilinos° de la casa de Austin, donde yo iba a residir durante mi profesorado° en la Universidad de Tejas, se empeñaron° en darme una fiesta y atiborrarme° de bebidas, sin casi comer. Tras cuatro cervezas intenté describir cómo se curaba el hipo en España—intento idiota que sólo podía explicar el alcohol ingerido—por el sistema de trasegar° un vaso de agua colocado inversamente, porque eso apretaba° el diafragma. Naturalmente, el estado en que me encontraba no era evidentemente el más indicado para mantener más de dos segundos la forzada posición de unir la frente y mi estómago y, de improviso,° me encontré sentado en el suelo. Nunca olvidaré la expresión de los ojos de la dueña de la casa; alarma y un poco de repugnancia. Me incorporé, me excusé y seguimos hablando de varias cosas mientras yo, por dentro, me sentía comido de vergüenza. Esta clase de anécdotas acostumbra a terminar° diciendo que, desde entonces, «juré° no probar una sola gota° de alcohol y he cumplido° mi palabra», pero en mi caso yo sabía perfectamente que no había sido víctima de un vicio general,

Usted... You must be having a terrible time

mixed drink

abound

giddiness, dizziness

siempre... as long as / período de tiempo

morning / wide
padding

line

deserves
emborrachado
housemates
teaching
se... insistieron / drown me

beber
squeezed

de... unexpectedly

acostumbra... usually ends / I swore drop / kept

sino de una circunstancia particular. Lo que sí me prometí y cumplí es no dejar jamás que el ambiente° me hiciera olvidar cuáles son las copas que yo puedo tomar sin olvidarme de mí mismo....

atmosphere

Comprensión

A. ¿Cree Ud. que Díaz-Plaja estaría de acuerdo con las siguientes afirmaciones? ¿Por qué sí o por qué no?

1. En los cocktails, los americanos les hacen preguntas muy inteligentes a los extranjeros.
2. Los borrachos no son graciosos sino estúpidos.
3. Lo malo del alcohol es que a veces llega a dominar al individuo que lo consume.
4. Según un estudio, el whisky, la ginebra y el vodka son las peores bebidas porque crean una dependencia muy rápida.
5. Si uno se emborracha una vez y cae en el ridículo, no volverá a beber nunca.

B. Basándose en la lectura, ¿qué le sugieren las siguientes palabras?

gracioso   emborracharse   borracho   menor   el comportamiento

C. Complete la tabla con la información apropiada.

EL COCKTAIL AMERICANO	EL COCKTAIL ESPAÑOL
La invitación americana Se envía con dos meses de anticipación. Indica la hora de empezar y de terminar («de seis a ocho»).	*La invitación española*
La cafetería/El bar americanos	*La cafetería/El bar españoles* La gente come, bebe y observa a los demás. Hay mucha luz. Es un lugar para familias.
La actitud americana hacia la borrachera	*La actitud española hacia la borrachera* Es una vergüenza. No es normal en una fiesta. Ocurre más cuando hay anonimato.

D. Complete las oraciones según la lectura.

1. Si un español entrara en un bar americano....
2. Si alguien se emborracha en España....
3. En la comida en Stanford, Díaz-Plaja habría (*would have*) estado más contento si la alemana hubiera (*had*)....
4. Según algunas teorías, si uno quiere beber sin emborracharse....
5. Díaz-Plaja no se habría (*wouldn't have*) emborrachado en Tejas si hubiera (*he had*)....

Discusión

1. Según las comparaciones que hace Díaz-Plaja entre la vida de España y la de otros países, ¿cuál parece ser su opinión de las culturas española y anglosajona con respecto a las relaciones interpersonales? ¿las fiestas? ¿el alcohol?
2. En su opinión, ¿cuáles de los siguientes adjetivos describen a Díaz-Plaja tal como aparece en esta selección? Busque una cita para respaldar (*back up*) cada respuesta.

humilde	irónico	intelectual
refinado	cómico	melancólico
alegre	formal	tímido
arrogante	introvertido	extrovertido
antisocial	sofisticado	inocente

¿Qué aspectos de su personalidad le son más agradables a Ud.? ¿Hay algunos aspectos menos agradables? Explique.
3. Díaz-Plaja señala la puntualidad como una característica de la cultura anglosajona. ¿Cree Ud. que tiene razón? ¿En qué otros aspectos de la vida americana se nota la presencia o ausencia de la puntualidad?
4. Según Díaz-Plaja, ¿cuál es la actitud hacia la borrachera en los EEUU? ¿Cree Ud. que su interpretación de esta actitud sea correcta? ¿Es igual para todos los grupos o es diferente según la edad, el sexo o la clase social? Explique.
5. ¿Acepta o rechaza Díaz-Plaja la prohibición del consumo del alcohol antes de cierta edad? ¿Qué argumento presenta él para respaldar su opinión? ¿Qué opina Ud. de este argumento? ¿Qué otros argumentos puede haber en favor o en contra de una edad mínima?
6. Examine los siguientes párrafos e identifique la frase o las frases irónicas. Luego explique en qué consiste la ironía.
   a. párrafo 1
   b. el diálogo en la página 212 que empieza «¡Huy qué difícil!»
   c. el párrafo en la página 216 que empieza «...y en España»
   d. el párrafo en la página 218 en que describe su borrachera en Tejas
7. ¿Cree Ud. que Díaz-Plaja habla irónicamente cuando dice que le gustan los cocktails? ¿Qué impacto tiene el uso de la ironía en esta selección? ¿Es irónica toda la lectura o sólo en ciertas partes? ¿Puede Ud. identificar otros tipos de humor que se usan en la lectura?

LECTURA

Aspectos textuales: poesía

Repetition

You have already seen how every word in a poem is important. If a single word, line, or phrase is repeated within a poem, the poet is placing special emphasis on the repeated element. Often a repeated word changes meaning over the course of the poem, because the context of the poem gives it new connotations.

In addition to repeating words or phrases, a poet may repeat certain sounds. This can add a melodic effect if the sounds are soft (vowels or the consonants *m* and *l*, for example), or it can create a dramatic, violent impact if the sounds are harsh (*rr, g, ch*). Unless you read the poem aloud, you may not notice the way the poet has used sounds to achieve poetic effect.

Another use of repetition involves the reiteration of a single concept or theme. The specific words may vary, but the basic idea is repeated throughout the poem. For example, the idea of water can be conveyed through the use of words like *rain, river, tears,* and *dew.*

You should pay close attention to repetition in all cases, since it provides an important clue to the central focus of a poem.

Scan the following selections briefly, looking up any words that are unfamiliar to you and noting the connotations and denotations of each. Then read the selections aloud. Of the different types of repetition mentioned here, which do you see in each? What effect is created by the repetition?

Casas enfiladas,° casas enfiladas,	*in a row*
casas enfiladas.	
Cuadrados,° cuadrados, cuadrados.	*Squares*
Casas enfiladas.	
Las gentes ya tienen el alma cuadrada,	
ideas en fila	
y ángulo en la espalda.	
Yo misma he vertido° ayer una lágrima,	*spilled*
Dios Mío, cuadrada.	

(Alfonsina Storni, «Cuadrados y ángulos»)

Ríe estridentes glaucos° el valle; el cielo franca	*blue-greens*
risa de azul; la aurora ríe su risa fresa;	
y en la era° en que ríen granos de oro y turquesa	*field*
exulta con cromático relincho° una potranca°...	*neigh / young mare*

(Julio Herrera y Reissig, «La casa de la montaña»)

Peregrina° paloma imaginaria   *Wandering, wonderful*
que enardeces los últimos amores;
alma de luz, de música y de flores,
peregrina paloma imaginaria.

Vuela sobre la roca solitaria
que baña el mar glacial de los dolores;
haya, a tu paso, un haz° de resplandores   *bundle*
sobre la adusta° roca solitaria.   *austere*

Vuela sobre la roca solitaria,
peregrina paloma, ala° de nieve   *wing*
como divina hostia, ala tan leve

como un copo de nieve;° ala divina,   copo... *snowflake*
copo de nieve, lirio, hostia, neblina,°   *mist*
peregrina paloma imaginaria.

(Ricardo Jaimes Freyre, «Siempre...»)

Prelectura

¿Quién era Marilyn Monroe? ¿Qué sabe Ud. de su vida? ¿de su carrera como artista del cine? ¿Qué simboliza ella dentro de la cultura norteamericana? ¿Qué sentimientos, tanto positivos como negativos, se asocian con ella? ¿Por qué?

Vocabulario activo

la cueva *cave*	**la huérfana** *orphan*	**el pecado** *sin*
culpar *to blame*	**el maquillaje** *makeup*	**el Señor** *Lord, God the Father*

A. Busque sinónimos en la lista del vocabulario.

1. Dios   2. el vicio

B. ¿Qué es... ?

1. una niña que no tiene padres
2. la acción de asignar responsabilidades por algo
3. un lugar oscuro, debajo de la tierra, a veces con formaciones geológicas muy bellas
4. lo que usan muchas mujeres para embellecerse

Ernesto Cardenal (1925-) nació en Nicaragua y actualmente ejerce el puesto de Ministro de Cultura en ese país. Fue un monje trapense en Kentucky junto con el famoso autor norteamericano Tomás Merton. Representa ahora el movimiento de la Teología de la Liberación dentro de la Iglesia Católica, el cual apoya el cambio social, político y económico en Hispanoamérica, e interviene activamente para realizarlo.

▣ ORACION POR MARILYN MONROE ▣

Señor
recibe a esta muchacha conocida en toda la tierra con el nombre de Marilyn
   Monroe
aunque ése no era su verdadero nombre
(pero Tú conoces su verdadero nombre, el de la huerfanita violada a los 9
   años
y la empleadita de tienda que a los 16 se había querido matar)
y que ahora se presenta ante Ti sin ningún maquillaje
sin su Agente de Prensa
sin fotógrafos y sin firmar autógrafos
sola como un astronauta frente a la noche espacial.
Ella soñó cuando niña que estaba desnuda en una iglesia (según cuenta el
   Time)
ante una multitud postrada, con la cabeza en el suelo
   y tenía que caminar en puntillas° para no pisar las cabezas.   *tiptoe*
Tú conoces nuestros sueños mejor que los psiquiatras.
Iglesia, casa, cueva, son la seguridad del seno° materno   *breast*
pero también algo más que eso…
Las cabezas son los admiradores, es claro
(la masa de cabezas en la oscuridad bajo el chorro° de luz).   *flood*
Pero el templo no son los estudios de la 20th Century–Fox.
El templo—de mármol y oro—es el templo de su cuerpo
en el que está el Hijo del Hombre con un látigo° en la mano   *whip*
expulsando a los mercaderes de la 20th Century–Fox
que hicieron de Tu casa de oración una cueva de ladrones.
Señor
en este mundo contaminado de pecados y radioactividad
Tú no culparás tan sólo a una empleadita de tienda
Que como toda empleadita de tienda soñó ser estrella de cine.

Y su sueño fue realidad (pero como la realidad del tecnicolor).
Ella no hizo sino actuar según el script que le dimos
—el de nuestras propias vidas—Y era un script absurdo.
Perdónala Señor y perdónanos a nosotros
por nuestra 20th Century
por esta Colosal Super-Producción en la que todos hemos trabajado.
Ella tenía hambre de amor y le ofrecimos tranquilizantes,
pero la tristeza de no ser santos se le recomendó el Psicoanálisis.
Recuerda Señor su creciente pavor° a la cámara   miedo
y el odio al maquillaje—insistiendo en maquillarse en cada escena—
y cómo se fue haciendo mayor el horror
y mayor la impuntualidad a los estudios.

Como toda empleadita de tienda
soñó ser estrella de cine.
Y su vida fue irreal como un sueño que un psiquiatra interpreta y archiva.

Sus romances fueron un beso con los ojos cerrados
que cuando se abren los ojos
se descubre que fue bajo reflectores
              y apagan° los reflectores   turn out
y desmontan° las dos paredes del aposento° (era un set cinematográfico)   deshacen / habitación
mientras el Director se aleja° con su libreta porque la escena ya fue tomada.   se...se va
O como un viaje en yate, un beso en Singapur, un baile en Río
la recepción en la mansión del Duque y la Duquesa de Windsor
vistos en la salita del apartamento miserable.
La película terminó sin el beso final.
La hallaron muerta en su cama con la mano en el teléfono.
Y los detectives no supieron a quién iba a llamar.
Fue
como alguien que ha marcado° el número de la única voz amiga   dialed
y oye tan sólo la voz de un disco que le dice: WRONG NUMBER
O como alguien que herido° por los gangsters   wounded
alarga la mano a un teléfono desconectado.

Señor
quienquiera° que haya sido el que ella iba a llamar   whomever
y no llamó (y tal vez no era nadie
o era Alguien cuyo número no está en el Directorio de Los Angeles)
              ¡contesta Tú el teléfono!

Comprensión

A. ¿Cómo afectan al lector los siguientes aspectos apuntados en el poema? ¿Qué nos comunican de la vida de Marilyn Monroe?

Marilyn Monroe no era su verdadero nombre.
Fue violada a los nueve años.
A los dieciséis se había querido matar.
Como toda empleadita de tienda soñó ser estrella de cine.
Ella no hizo sino actuar según el script que le dimos.
Sufrió de un creciente pavor a la cámara.
Empezó a sentir un odio al maquillaje.
La hallaron muerta con la mano en el teléfono.

B. El poema contrasta los sueños de Marilyn Monroe con la realidad de su vida. ¿En qué se diferencian?

C. Termine la siguiente tabla y luego conteste las preguntas sobre el sueño de Marilyn Monroe.

SUEÑO	SIGNIFICADO
La multitud postrada	
La iglesia	a. b.

1. Cardenal continúa su interpretación cuando introduce la figura del Hijo del Hombre con un látigo en la mano. En su opinión, ¿quién es este hombre? ¿Quiénes son los mercaderes en la historia del Hijo del Hombre y quiénes lo son en la vida de Marilyn Monroe?
2. ¿Qué quieren decir los versos que empiezan con «sus romances fueron un beso con los ojos cerrados»? ¿Qué connotación tiene el hecho de que los ojos estuvieran cerrados? ¿Qué le pasa cuando abre los ojos? ¿Qué revela todo esto de la vida de Marilyn Monroe?
3. Según Cardenal, ¿a quién podía estar llamando Marilyn Monroe en los últimos momentos?
4. ¿Qué opina Cardenal de la estrella? ¿La ve como mala, buena, digna de compasión, condenada? ¿Cómo cree Cardenal que la va a juzgar Dios?

Discusión

1. ¿Por qué le pide Cardenal al Señor que perdone a Marilyn Monroe y también a nosotros? ¿Qué ha hecho ella? ¿Somos nosotros en algún sentido responsables de lo que le pasó a ella?

2. Busque cada palabra o expresión que se repite en el poema. ¿Cuáles se refieren a Marilyn Monroe? ¿Qué efecto tiene esta repetición? ¿Cuáles se refieren a la sociedad en general? ¿Cómo se pinta esta sociedad? ¿Qué relación tiene con lo que le pasa a la estrella?

3. ¿Dónde emplea Cardenal el diminutivo? ¿Qué connotaciones tiene el uso del diminutivo aquí?

4. ¿Cree Ud. que la tragedia de Marilyn Monroe tiene algo que ver (*has anything to do*) con las drogas o el alcohol? Explique.

5. ¿Quiénes son los Duques de Windsor? ¿Qué representan dentro del poema? ¿Qué representan para Marilyn Monroe? ¿y para el lector del poema?

DESPUES DE LEER

Aplicación

1. Díaz-Plaja relata algunos incidentes cómicos relacionados con el problema de recordar el nombre de un conocido en un cocktail. ¿En qué otras situaciones surge este problema? ¿Ha olvidado Ud. el nombre de una persona en alguna situación parecida? ¿Se le ha olvidado a alguien el nombre de Ud.? ¿Qué puede hacer Ud. en las dos situaciones?

2. En la conversación entre Díaz-Plaja y la americana que confundió «solo» y «sordo» se ve la típica confusión que ocurre cuando uno está aprendiendo otro idioma. ¿Le ha ocurrido a Ud. un error gracioso de este tipo? ¿a un amigo? ¿a otro miembro de la clase? Descríbalo.

3. ¿Es el *cocktail party* una forma de fiesta muy común entre sus amigos o sus padres? ¿Qué otras clases de fiesta hay? ¿En qué consiste una buena fiesta? ¿Qué importancia tienen las bebidas alcohólicas? ¿Son necesarias para una buena fiesta?

   Si Ud. y sus amigos decidieran dar una fiesta, ¿cómo resolverían los siguientes problemas?
   a. las invitaciones
   b. la fecha de la fiesta y la fecha de mandar las invitaciones
   c. la duración de la fiesta
   d. el lugar
   e. la comida
   f. las bebidas
   g. el decorado
   h. la música
   i. la limpieza después de la fiesta

4. Díaz-Plaja dice que hay otras maneras de embriagarse además de las drogas y el alcohol. ¿Cuáles son? ¿Puede Ud. agregar otras que él no menciona?

5. Marilyn Monroe, como Díaz-Plaja, asistió a reuniones con gente importante. ¿Cree Ud. que la reacción de ella pudo haber sido igual que la reacción de él? ¿Por qué sí o por qué no?

6. Díaz-Plaja presenta el cocktail como un rito (*ritual*). Muchas formas de relación social tienen algo de rito o de estructura fija (el vestido, el lugar, el

decorado, la música, las fórmulas verbales, etcétera). ¿Qué ritos o estructuras tienen las siguientes reuniones?

mixers	un *prom*
happy hour	una boda

¿Cree Ud. que los cigarrillos forman parte de estos ritos? ¿Y las drogas?

7. En su opinión, ¿hay alguna diferencia entre un borracho y un alcohólico? Explique.
8. Según Díaz-Plaja, en algunas comunidades norteamericanas, una persona que se emborracha es obligada a ver, al día siguiente, una película filmada durante su borrachera. ¿Cree Ud. que este castigo sería efectivo? ¿Qué otros castigos puede Ud. imaginar para corregir a un borracho?
9. ¿Cree Ud. que hay alguna asociación entre el consumo del alcohol y la masculinidad? En los anuncios comerciales, ¿se establece alguna conexión entre el alcohol y la masculinidad o la feminidad? ¿Quiénes beben más, los hombres o las mujeres? ¿Se emborrachan las mujeres más frecuentemente que los hombres? ¿menos frecuentemente? ¿Por qué? ¿Es el alcoholismo más frecuente entre las mujeres o entre los hombres? ¿Tiene características diferentes según el sexo? Explique.

CAPITULO ONCE

LA LEY Y LA LIBERTAD INDIVIDUAL

ANTES DE LEER

Aspectos lingüísticos

More Practice with Connecting Words

Chapter 7 presented a number of connecting words that are important for understanding the relationship between two clauses or ideas. This chapter provides more practice with these same connectors.

Ejercicio 1

Review the connecting words in groups 1–4 on pages 139–140. Then read the following sentences and decide whether the element beginning with the italicized word(s) relates to the rest of the sentence as its cause (**C**), as its effect (**E**), as a similar statement (**S**), or as a contrasting statement (**CS**).

_____1. El hijo vivía con miedo *del mismo modo* que había vivido su madre.
_____2. Antonia necesitaba mi ayuda. *Por eso*, fui a visitarla.
_____3. *A pesar de que* mató a la madre, no recibió la pena de muerte.
_____4. *Tanto* Antonia *como* las otras mujeres encontraron injusta la ley.
_____5. *Como* le dijeron que el marido estaba muerto, se sintió aliviada.

Ejercicio 2

Look over the connecting words in groups 3–5 on pages 139–140. Then read the following sentences and decide if the phrase introduced by the word(s) in italics relates to the rest of the sentence as additional information (**A**), as a restatement (**RS**), as a similar statement (**S**), or as a contrasting statement (**CS**).

_____1. Le indultaron (*pardoned*) al marido cuando nació la hija del rey, *del mismo modo* que le habían indultado cuando se casó el príncipe.
_____2. Estas revistas son ridículas; *es decir*, todo el mundo sabe que no tienen nada que ver con la realidad.
_____3. No castigaron (*they didn't punish*) al criminal *sino* a la víctima.
_____4. Las otras mujeres trataron de consolarla *aunque* creían que su terror era algo exagerado.
_____5. Yo creo que todo va a terminar bien, *igual que* en todas las novelas de este tipo.

Ejercicio 3

Read these sentences quickly and decide whether the information following the italicized words is appropriate (**sí** or **no**) to the rest of the sentence.

_____1. Ella es pobre; *además*, tiene un coche nuevo y una casa de verano en la playa.

_____ 2. Ella lee muchas revistas populares; *por ejemplo,* le encantan *Glamour* y *People.*

_____ 3. El verano está terminado; *por lo tanto,* pronto van a volver a la ciudad.

_____ 4. No quiere quedarse en casa *pero* su marido insiste.

_____ 5. Es un político muy conocido; *es decir,* siempre aparece en la televisión y su foto está en los periódicos con frecuencia.

Ejercicio 4

Read each of the following sentences and choose the appropriate alternative to complete the thought. Pay particular attention to the italicized words.

1. Trabajó mucho *pero* _____ .
   a. sacó buenas notas
   b. sacó malas notas

2. Pudo ir a Harvard, *debido a que* _____ .
   a. sus padres tienen bastante dinero
   b. sus notas eran bajas

3. Este perro es muy leal (*faithful*); *además,* _____ .
   a. le gustan mucho los niños
   b. no le gustan los niños

4. Tienen un jardín muy grande; *por lo tanto,* _____ .
   a. no pueden cultivar muchas especies de flores
   b. plantaron muchos árboles

5. *Igual que* su padre, Joseph Kennedy III _____ .
   a. tiene interés en los coches
   b. tiene interés en la política

Aproximaciones al texto

La narración en tercera persona

Chapter 9 discussed the different kinds of narrators an author may choose for a work of literature and studied the use of the first person narrator in the story "Una caja de plomo que no se podía abrir." More commonly, narratives are presented in the third person, but within this type of narration there is a tremendous variety. For example, the third person narrator can be the "omniscient" narrator described in Chapter 9, one of the characters, or, as is often the case, a combination of those two perspectives. Even though the third person is used, the narrator may incorporate the point of view, the peculiar vocabulary, and the emotions of a specific character in describing events. In this way, the narrative captures different perspectives and represents a cross-section of the ideological beliefs and linguistic characteristics of a given point in history.

La narración que sigue está presentada cuatro veces. Estudie cada versión, prestando atención al lenguaje, al tono emocional y a los detalles para determinar la perspectiva desde la cual está presentada. ¿Cómo cambia la presentación con cada perspectiva?

1. Abuelo, padre e hijo decidieron hacer una visita a la ciudad de San Francisco. Primero visitaron el puente Golden Gate que cruza la bahía. Luego fueron a Nob Hill, desde donde pudieron ver una vista panorámica de toda la ciudad. Después tomaron un tranvía y bajaron a Chinatown, donde almorzaron. Por la tarde fueron a un museo de arte. A las seis tomaron el tren de regreso para su casa.

   ¿Cuál es la perspectiva en esta narración? ¿Qué vocabulario especial se usa? ¿Qué otros detalles ayudan a identificar al narrador?

2. Abuelo, padre e hijito decidieron hacer una visita a toda la ciudad de San Francisco. Para empezar visitaron el puente Golden Gate, una maravilla de la ingeniería moderna, durante cuya construcción murieron muchos obreros. Después subieron la colina a Nob Hill, donde descansaron y contemplaron el panorama de la ciudad, con sus altos rascacielos. Subieron al tranvía, todavía en uso después de muchos años. Luego bajaron en Chinatown, donde comieron en el restaurante de unos viejos amigos. Pasaron la tarde en un museo que, ¡gracias a Dios!, tiene un buen surtido de bancos para descansar. A las seis tomaron ese nuevo tren que ha costado tantos millones de dólares y regresaron a su casa.

   ¿Cuál es la perspectiva de esta narración? ¿Qué vocabulario especial se usa? ¿Qué otros detalles ayudan a identificar al narrador?

3. Abuelito, papá e hijo decidieron recorrer la ciudad de San Francisco. Primero pararon ante el puente Golden Gate, al lado de una bonita playa. Dicen que desde allí se pueden ver a veces tiburones y focas. Después anduvieron muchísimo hasta llegar a la colina de Nob Hill. Desde allí se puede ver toda la ciudad y la bahía. Hasta se ve el océano. Por allí hay vendedores de helados y de recuerdos de San Francisco. Uno tenía un globo con la ciudad de San Francisco adentro. Luego montaron en el tranvía. Había que subir rápido para no perderlo ni caerse bajo las ruedas. El tranvía bajó una colina muy inclinada, casi en línea recta, hasta llegar a Chinatown. Allí había casas con techos raros, cabinas telefónicas que parecían casas chinas, y restaurantes que servían mucho arroz. La tarde la pasaron en un museo.

   ¿Cuál es la perspectiva de esta narración? ¿Qué vocabulario especial se usa? ¿Qué otros detalles ayudan a identificar al narrador?

4. Abuelo, padre e hijo decidieron hacer una visita a la ciudad de San Francisco. Había que preparar un recorrido variado para que todos lo pasaran bien. Antes que nada, el puente Golden Gate, una maravilla de la ingeniería que está al lado de una pequeña playa. Luego una pequeña caminata hasta Nob Hill para tener una idea del tamaño de la ciudad. Después, ¡claro!, subir en el tranvía y bajar en Chinatown para almorzar. El Dragón Rojo sería un buen sitio para comer, ya que los dueños son amigos de la familia. Después a un museo—¡No se puede visitar la ciudad sin tener un poco de cultura! Y ya, para las seis, la vuelta en tren, para no cansarse demasiado.

¿Cuál es la perspectiva de esta narración? ¿Qué vocabulario especial se usa? ¿Qué otros detalles ayudan a identificar al narrador?

¿Cómo cambia el enfoque en cada narración? ¿Con cuál de las perspectivas identifica Ud. más? ¿Por qué? ¿Cuál le parece la más efectiva para presentar la información? Explique.

Prelectura

A. ¿Qué quiere decir el título de este relato? Según el título y los dibujos, ¿qué clase de personajes van a aparecer en el cuento? ¿A qué clase social pertenecen? ¿Qué edad tienen? ¿Qué sabemos de ellos en cuanto a su modo de ser? ¿Quién es el «indultado»?

B. En su opinión, ¿quiénes están en conflicto en el cuento? ¿Qué clase de cuento va a ser? ¿Cómo va a terminar?

C. Lea los dos párrafos con que empieza el relato y luego conteste las preguntas.

De cuantas mujeres enjabonaban° ropa en el lavadero° público de Marineda, _ateridas_ por el frío cruel de una mañana de marzo, Antonia la asistenta° era la más encorvada, la más abatida, la que torcía° con menos brío,° la que refregaba° con mayor _desaliento_. A veces, interrumpiendo su labor, pasábase el _dorso_ de la mano por los enrojecidos párpados, y las gotas de agua y _burbujas_ de jabón parecían lágrimas sobre su tez marchita.°

Las compañeras de trabajo de Antonia la miraban compasivamente, y de tiempo en tiempo, entre la algarabía° de las conversaciones y disputas, se cruzaba un breve diálogo, a media voz, entretejido° con exclamaciones de asombro, indignación y lástima. Todo el lavadero sabía al dedillo° los males de la asistenta, y hallaba en ellos asunto para interminables comentarios. Nadie ignoraba que la infeliz, casada con un _mozo_ carnicero, residía, años antes, en compañía de su madre y de su marido, en un barrio extramuros,° y que la familia vivía con desahogo,° gracias al asiduo trabajo de Antonia y a los cuartejos° ahorrados por la vieja en su antiguo oficio de _revendedora_, _baratillera_ y _prestamista_.

soaped up / washplace

charwoman, maid
wrung out (clothes) / energía
scrubbed

pálida

ruido

mezclado
al... en todo detalle

outside the town walls
con... cómodamente
dinero

1. ¿Tiene lugar la acción en una ciudad o en un pueblo? ¿adentro o al aire libre? ¿Qué detalles lo revelan?
2. Estos párrafos describen uno de los dibujos que acompañan al cuento. ¿Cuál es? Según el pasaje, ¿a cuáles de los personajes puede Ud. identificar?
3. ¿Cuándo tiene lugar la acción? ¿En qué estación del año? ¿Es contemporánea la acción o sucedió en otra época pasada? ¿Cómo se sabe?

4. ¿Qué se sabe de Antonia? ¿Dónde trabaja? ¿Con quiénes vive? ¿Cómo la ven las otras mujeres que vienen al lavadero? ¿con simpatía? ¿con desprecio?

5. ¿Va a ser cómico, trágico, alegre o triste este cuento? ¿Por qué piensa Ud. eso?

6. Dentro del contexto del relato (y según el dibujo) la palabra aterida probablemente significa
   a. terrified   b. numbed   c. warmed   d. refreshed

7. Dentro del contexto, ¿qué puede significar desaliento?
   a. spirit   b. health   c. despair   d. effort

8. ¿Qué significado puede tener dorso? (OJO: véase el dibujo de la página 228.)
   a. ring   b. back   c. skin   d. veins

9. En su opinión, ¿qué significa burbujas?

10. ¿Cuál es la raíz de las siguientes palabras y qué pueden significar?

    revendedora   baratillera   prestamista

LECTURA

Vocabulario activo

afligirse *to worry*
el ama (*f.*) *wet nurse*
asustar *to scare*
castigar *to punish*
la confianza *confidence*
criar *to bring up, raise*

la cuchillada *knife slash*
encinta *pregnant*
enfermizo *sickly*
la guardia civil *rural police*
el indicio *evidence*
el indulto *pardon*

infundir *to inspire*
mamar *to nurse, breastfeed*
el pleito *lawsuit*
el presidio *prison*
el presidiario *prisoner*
la suegra *mother-in-law*

A. Busque sinónimos en la lista del vocabulario.

   1. preocuparse   2. el prisionero   3. la cárcel

B. Busque antónimos en la lista del vocabulario.

   1. bien de salud   2. la inseguridad

C. ¿Qué palabra no pertenece al grupo? Explique por qué.

   1. el ama, mamar, encinta, castigar
   2. la guardia civil, el pleito, infundir, matar
   3. asustar, espantar, la cuchillada, criar

D. Defina brevemente en español.

   1. la suegra   2. el indicio   3. el indulto

◲EL INDULTO: Parte 1◲

Emilia Pardo Bazán (1851–1921) fue una española de gran cultura que cultivó la novela, el ensayo, el cuento y el periodismo, llegando a ser considerada uno de los novelistas más importantes del siglo XIX español. Fue una mujer de una gran energía que además de crear una obra literaria de enormes dimensiones, estuvo muy vinculada a los movimientos feministas de su época.

De cuantas mujeres enjabonaban ropa en el lavadero público de Marineda, ateridas por el frío cruel de una mañana de marzo, Antonia la asistenta era la más encorvada, la más abatida, la que torcía con menos brío, la que refregaba con mayor desaliento. A veces, interrumpiendo su labor, pasábase el dorso de la mano por los enrojecidos párpados, y las gotas de agua y burbujas de jabón parecían lágrimas sobre su tez marchita.

Las compañeras de trabajo de Antonia la miraban compasivamente, y de tiempo en tiempo, entre la algarabía de las conversaciones y disputas, se cruzaba un breve diálogo, a media voz, entretejido con exclamaciones de asombro, indignación y lástima. Todo el lavadero sabía al dedillo los males de la asistenta, y hallaba en ellos asunto para interminables comentarios. Nadie ignoraba que la infeliz, casada con un mozo carnicero, residía, años antes, en compañía de su madre y de su marido, en un barrio extramuros, y que la familia vivía con desahogo, gracias al asiduo trabajo de Antonia y a los cuartejos ahorrados por la vieja en su antiguo oficio de revendedora, baratillera y prestamista. Nadie había olvidado tampoco la lúgubre tarde en

que la vieja fue asesinada, encontrándose hecha astillas° la tapa del arcón° donde guardaba sus caudales° y ciertos pendientes y brincos de oro. Nadie, tampoco, el horror que infundió en el público la nueva de que el ladrón y asesino no era sino el marido de Antonia, según esta misma° declaraba, añadiendo que desde tiempo atrás roía° al criminal la codicia° del dinero de su suegra, con el cual deseaba establecer una tablajería° suya propia. Sin embargo, el acusado hizo por probar la coartada,° valiéndose del testimonio de dos o tres amigotes de taberna, y de tal modo envolvió el asunto, que, en vez de ir al palo,° salió con veinte años de cadena.° No fue tan indulgente la opinión como la ley: además de la declaración de la esposa, había un indicio vehementísimo: la cuchillada que mató a la vieja, cuchillada certera y limpia, asestada° de arriba abajo, como las que los matachines° dan a los cerdos, con un cuchillo ancho y afiladísimo, de cortar carne. Para el pueblo no cabía duda en que el culpable debió subir al cadalso.° Y el destino de Antonia comenzó a infundir sagrado terror cuando fue esparciéndose° el rumor de que su marido se la había jurado° para el día en que saliese del presidio, por acusarle. La desdichada quedaba encinta, y el asesino la dejó avisada de que, a su vuelta, se contase° entre los difuntos.

Cuando nació el hijo de Antonia, ésta no pudo criarlo, tal era su debilidad y demacración° y la frecuencia de las congojas° que desde el crimen la aquejaban. Y como no le permitía el estado de su bolsillo pagar ama, las mujeres del barrio que tenían niños de pecho° dieron de mamar por turno a la criatura, que creció enclenque,° resistiéndose de° todas las angustias de su madre. Un tanto repuesta° ya, Antonia se aplicó con ardor al trabajo, y aunque siempre tenían sus mejillas esa azulada palidez que se observa en los enfermos del corazón, recobró su silenciosa actividad, su aire apacible.

«¡Veinte años de cadena! En veinte años—pensaba ella para sus adentros—, él se puede morir o me puedo morir yo, y de aquí allá, falta mucho todavía.»

La hipótesis de la muerte natural no la asustaba; pero la espantaba° imaginar solamente que volvía su marido. En vano las cariñosas vecinas la consolaban, indicándole la esperanza remota de que el inicuo parricida° se arrepintiese, se enmendase, o, como decían ellas, se volviese de mejor idea. Meneaba° Antonia la cabeza entonces, murmurando sombríamente:

—¿Eso él? ¿De mejor idea? Como no° baje Dios del cielo en persona y le saque aquel corazón perro y le ponga otro…

Y, al hablar del criminal, un escalofrío° corría por el cuerpo de Antonia.

En fin, veinte años tienen muchos días, y el tiempo aplaca° la pena más cruel. Algunas veces, figurábasele a Antonia que todo lo ocurrido era un sueño, o que la ancha boca del presidio, que se había tragado° al culpable, no le devolvería jamás; o que aquella ley que al cabo supo castigar el primer crimen sabría prevenir el segundo. ¡La ley! Esa entidad moral, de la cual se formaba Antonia un concepto misterioso y confuso, era sin duda fuerza terrible, pero protectora; mano de hierro° que la sostendría al borde del abismo. Así es que a sus ilimitados temores se unía una confianza indefinible, fundada sobre todo en el tiempo transcurrido° y en el que aún faltaba para cumplirse la condena.

---

hecha… *in splinters* / tapa… *lid of the trunk*

?

esta… Antonia

gnawed / greed

carnicería

hizo… *tried to prove his alibi*

gallows / de… en la cárcel

struck / carniceros

gallows

spreading

se… *had it in for her*

se… *she should count herself*

? / angustia

niños… *nursing babies*

enfermizo / resistiéndose… *suffering because of*
Un… Más tranquila

daba miedo

inicuo… *wicked killer of a parent*

Shook

Como… A menos que

shudder

calma

se… *had swallowed up*

iron

pasado

¡Singular enlace el de los acontecimientos![1]

No creería de seguro el rey, cuando vestido de capitán general y con el pecho cargado de condecoraciones daba la mano ante el ara a una princesa,[2] que aquel acto solemne costaba amarguras sin cuento° a una pobre asistenta, en lejana capital de provincia.° Así que Antonia supo que había recaído indulto en° su esposo, no pronunció palabra, y la vieron las vecinas sentada en el umbral° de la puerta, con las manos cruzadas, la cabeza caída sobre el pecho, mientras el niño, alzando° su cara triste de criatura enfermiza, gimoteaba:°

—Mi madre... ¡Caliénteme la sopa, por Dios, que tengo hambre!

El coro benévolo y cacareador° de las vecinas rodeó a Antonia. Algunas se dedicaron a arreglar la comida del niño; otras animaban a la madre del mejor modo que sabían. ¡Era bien tonta en afligirse así! ¡Ave María Purísima! ¡No parece sino que aquel hombre no tenía más que llegar a matarla![3] ¡Había Gobierno, gracias a Dios, y Audiencia, y serenos;° se podía acudir a los celadores, al alcalde°...

—¡Qué alcalde!—decía ella con hosca° mirada y apagado acento.

—O al gobernador, o al regente, o al jefe de municipales. Había que ir a un abogado, saber lo que dispone la ley...

Una buena moza, casada con un guardia civil, ofreció enviar a su marido para que le «metiese un miedo» al picarón;° otra, resuelta y morena, se brindó a° quedarse todas las noches a dormir en casa de la asistenta. En suma: tales y tantas fueron las muestras de interés de la vecindad, que Antonia se resolvió a intentar algo, y sin levantar la sesión, acordóse[4] consultar un jurisperito,° a ver qué recetaba.

Cuando Antonia volvió de la consulta, más pálida que de costumbre, de cada tenducho° y de cada cuarto bajo salían mujeres en pelo° a preguntarle noticias, y se oían exclamaciones de horror. ¡La ley, en vez de protegerla, obligaba a la víctima a vivir bajo el mismo techo, maritalmente con el asesino!

—¡Qué leyes, divino Señor de los cielos! ¡Así los bribones que las hacen las aguantaran![5] —clamaba indignado el coro. —¿Y no habrá algún remedio, mujer, no habrá algún remedio?

—Dice que nos podemos separar... después de una cosa que le llaman divorcio.

—¿Y qué es divorcio, mujer?

—Un pleito muy largo.

Todos dejaron caer los brazos con desaliento: los pleitos no se acaban nunca, y peor aún si se acaban, porque los pierde siempre el inocente y el pobre.

fin

en... *in a far-off provincial capital*
había... había sido perdonado
threshold
raising
lloraba

cackling

Audiencia... *Courts and night watchmen*
mayor

gloomy

villain

se... ofreció

law professor

pequeña tienda / en... *disheveled*

---

[1] ¡Singular... *Events have a strange way of turning out!*
[2] daba.. *was marrying a princess before the altar*
[3] ¡Ave... *Holy Mother of God! How could she be so silly as to think that that man had only to arrive to be able to kill her!*
[4] sin... *without calling a close to the meeting, she agreed*
[5] Así... *If only the fools who made them had to live with them!*

—Y para eso —añadió la asistenta —tenía yo que probar antes que mi marido me daba mal trato.

—¡Aquí de Dios! ¿Pues aquel tigre no le había matado a la madre? ¿Eso no era mal trato? ¿Eh? ¿Y no sabían hasta° los gatos que la tenía amenazada con matarla también? *even*

—Pero como nadie lo oyó…. Dice el abogado que se quieren pruebas claras….

Se armó una especie de motín.° Había mujeres determinadas a hacer, decían ellas, una exposición al mismísimo rey,° pidiendo contraindulto.° Y, por turno, dormían en casa de la asistenta, para que la pobre mujer pudiese conciliar el sueño.° Afortunadamente, el tercer día llegó la noticia de que el indulto era temporal,° y al presidiario aún le quedaban algunos años de arrastrar el grillete.[6] La noche que lo supo Antonia fue la primera en que no se enderezó° en la cama, con los ojos desmesuradamente° abiertos, pidiendo socorro.

Se… A kind of revolt got started.
al… to the king himself / counterpardon
conciliar… dormirse
provisionary
no… she didn't sit bolt upright / disproportionately

Comprensión

A. Complete las oraciones según la lectura.

1. Las compañeras de Antonia creían que ella era _____ .
   a. estúpida   b. perezosa   c. digna de compasión

2. Antonia vivía de _____ .
   a. fregar (*to scrub*) y lavar ropa
   b. vender la carne
   c. dinero heredado de su madre

3. La madre de Antonia murió _____ .
   a. por trabajar demasiado
   b. después de una larga enfermedad
   c. asesinada

4. Antes de marcharse, el asesino _____ .
   a. juró volver y matar a Antonia
   b. pudo ver el nacimiento de su hijo
   c. demostró cierto remordimiento

5. Durante los primeros años que su marido estuvo en el presidio, Antonia _____ .
   a. vivió de la limosna
   b. volvió a trabajar de lavandera
   c. estuvo tan triste que no pudo trabajar

---

[6] arrastrar… *to drag the shackle (stay in prison)*

6. Antonia pensaba que en veinte años _____ .
   a. su esposo podría volverse de mejor idea
   b. o ella o su marido estaría muerto
   c. su marido estaría en la cárcel todavía

7. El marido de Antonia recibió un indulto porque _____ .
   a. fue un prisionero modelo
   b. el rey se casó
   c. ella lo pidió

8. Para las vecinas de Antonia, los pleitos _____ .
   a. eran siempre muy cortos y justos
   b. eran siempre muy largos e injustos
   c. eran largos, pero a veces justos

B. Busque cinco palabras de la lista del vocabulario y escriba un resumen de la lectura en dos oraciones.

C. Describa a Antonia, usando cinco adjetivos. Luego, describa a su marido, usando cinco adjetivos. Luego, describa a los dos usando cinco sustantivos para cada uno.

D. Complete las siguientes oraciones usando los tiempos perfectos apropiados.

1. Antes del asesinato de su madre, Antonia _____ .
2. Todo el pueblo estaba seguro de que el marido de Antonia _____ .
3. Dos amigos del carnicero negaron que él _____ .
4. El marido se había marchado al presidio antes de que su hijo _____ .
5. Antonia piensa que en veinte años su marido _____ .
6. Para divorciarse, Antonia tiene que probar que su marido _____ .

E. Conteste las preguntas según la lectura.

1. ¿Siempre había trabajado Antonia en el lavadero? ¿Cómo se había ganado la vida la madre de Antonia?
2. ¿Quién mató a la madre de Antonia? ¿Por qué la mató?
3. ¿Quién acusó al asesino? ¿Qué importancia tiene este hecho con respecto al resto del cuento?
4. ¿Qué indicio apoyaba la acusación?
5. ¿Qué sentencia recibió el criminal? ¿Por qué no fue condenado a muerte?
6. ¿Por qué no pudo Antonia amamantar (to nurse) a su hijo? ¿Qué hicieron sus vecinas y amigas para ayudarla?
7. ¿Cómo reaccionó Antonia al oír la nueva (news) del indulto que había recibido su marido? ¿Tuvieron la misma reacción sus amigas del barrio? Explique.
8. ¿Por qué fue Antonia a consultar al jurisperito? ¿De qué se enteró en la consulta?
9. ¿Volvió el marido a casa después de recibir el indulto? ¿Por qué sí o por qué no?

Vocabulario activo

el bulto *shape, form*
  caritativo *charitable*
  encogerse de hombros *to
    shrug one's shoulders*
el ensimismamiento
  self-absorption; withdrawal

el escaparate *shop window*
la fiebre *fever*
  guiñar *to wink, blink*
la hembra *female*

la pesadilla *nightmare*
el plazo *time period*
  reparar en *to notice*
el rincón *corner (of a room)*

A. Busque sinónimos en la lista del vocabulario.

  1. la mujer 2. la ventana

B. ¿Qué palabra de la segunda columna asocia Ud. con una de la primera?

  1. el cuarto
  2. el sueño
  3. el ojo
  4. el plazo
  5. la fiebre
  6. la timidez
  7. la indiferencia

  a. el período
  b. enfermo
  c. el rincón
  d. la pesadilla
  e. guiñar
  f. encogerse de hombros
  g. el ensimismamiento

C. Defina brevemente en español.

  1. el bulto 2. reparar en 3. caritativo

EL INDULTO: Parte 2

Después de este susto pasó más de un año y la tranquilidad renació para la asistenta, consagrada° a sus humildes quehaceres.° Un día, el criado de la casa donde estaba asistiendo creyó hacer un favor a aquella mujer pálida, que tenía su marido en presidio, participándole° cómo la reina iba a parir,° y habría indulto de fijo.°

    Fregaba° la asistenta los pisos, y al oír tales anuncios soltó el estropajo,° y descogiendo las sayas que traía arrolladas⁷ a la cintura, salió con paso de autómata, muda y fría como una estatua. A los recados° que le enviaban de las casas respondía que estaba enferma, aunque en realidad sólo experimentaba un anonadamiento general, un no levantársele los brazos a labor alguna. El día del regio parto° contó los cañonazos de la salva, cuyo estampido⁸ le resonaba dentro del cerebro, y como hubo quien le advirtió° que el vástago° real era hembra, comenzó a esperar que un varón habría

dedicada / tareas

diciéndole / tener un niño
de... seguramente
She was scrubbing / ?

messages

regio... royal birth
como... ya que alguien le dijo
hijo

⁷ descogiendo... *undoing the skirt that she had rolled up*
⁸ contó... *she counted the cannon shots of the salute, the sound of which*

ocasionado más indultos. Además, ¿por qué le había de coger el indulto a su marido? Ya le habían indultado una vez, y su crimen era horrendo; ¡matar a la indefensa vieja que no le hacía daño alguno, todo por unas cuantas tristes monedas de oro! La terrible escena volvía a presentarse ante sus ojos: ¿merecía indulto la fiera que asentó° aquella tremenda cuchillada? Antonia recordaba que la herida tenía los labios blancos, y parecía ver la sangre cuajada al pie del catre.°

Se encerró en su casa, y pasaba las horas sentada en una silleta junto al fogón.° ¡Bah! ¡Si había de° matarla, mejor era dejarse morir!

Sólo la voz plañidera° del niño la sacaba de su ensimismamiento.

—Mi madre, tengo hambre. Mi madre, ¿qué hay en la puerta? ¿Quién viene?

Por último, una hermosa mañana de sol se encogió de hombros, y tomando un lío° de ropa sucia, echó a andar camino del° lavadero. A las preguntas afectuosas respondía con lentos monosílabos, y sus ojos se posaban° con vago extravío° en la espuma del jabón que le saltaba al rostro.

¿Quién trajo al lavadero la inesperada nueva, cuando ya Antonia recogía su ropa lavada y torcida e iba a retirarse? ¿Inventóla alguien con fin° caritativo, o fue uno de esos rumores misteriosos, de ignoto° origen, que en vísperas de° acontecimientos grandes para los pueblos, o los individuos, palpitan y susurran° en el aire? Lo cierto es que la pobre Antonia, al oírlo, se llevó instintivamente la mano al corazón, y se dejó caer hacia atrás sobre las húmedas piedras del lavadero.

la... the beast that struck

cuajada... coagulated at the foot of the bed

fuego / había... iba a

quejosa

bundle / camino... hacia el

se... miraban / distracción

propósito

desconocido

en... on the night before

palpitan... *throb and whisper*

—Pero ¿de veras murió? —preguntaban las madrugadoras° a las recién   *early risers*
llegadas.

—Sí, mujer…

—Yo lo oí en el mercado…

—Yo, en la tienda…

—¿A ti quién te lo dijo?

—A mí, mi marido.

—¿Y a tu marido?

—El asistente del capitán.

—¿Y al asistente?

—Su amo…

Aquí ya la autoridad pareció suficiente y nadie quiso averiguar más,
sino dar por firme y valedera la noticia. ¡Muerto el criminal, en víspera de
indulto, antes de cumplir el plazo de su castigo! Antonia la asistenta alzó
la cabeza, y por primera vez se tiñeron° sus mejillas de un sano color y se   *se… se colorearon*
abrió la fuente de sus lágrimas. Lloraba de gozo,° y nadie de los que la   *alegría*
miraban se escandalizó. Ella era la indultada; su alegría, justa. Las lágrimas
se agolpaban a sus lagrimales, dilatándole° el corazón, porque desde el   *se… came rushing to*
crimen se había quedado cortada, es decir, sin llanto. Ahora respiraba   *her eyes, dilating*
anchamente, libre de su pesadilla. Andaba tanto la mano de la Providencia
en lo ocurrido,[9] que a la asistenta no le cruzó por la imaginación que podía
ser falsa la nueva.

Aquella noche, Antonia se retiró a su casa más tarde que de costumbre,
porque fue a buscar a su hijo a la escuela de párvulos,° y le compró ros-   *escuela… nursery*
quillas de «jinete»,° con otras golosinas° que el chico deseaba hacía tiempo,   *school*
y ambos recorrieron las calles, parándose ante los escaparates, sin ganas de   *rosquillas… special*
comer, sin pensar más que en beber el aire, en sentir la vida y en volver a   *type of pastry /*
tomar posesión de ella.   *____?*

Tal era el enajenamiento° de Antonia que ni reparó en que la puerta de   *absent-mindedness*
su cuarto bajo no estaba sino entornada.° Sin soltar de la mano al niño entró   *half-closed*
en la reducida estancia° que le servía de sala, cocina y comedor, y retrocedió   *cuarto*
atónita viendo encendido el candil. Un bulto negro se levantó de la mesa,
y el grito que subía a los labios de la asistenta se ahogó° en la garganta.   *se… murió*

Era él. Antonia, inmóvil, clavada al suelo, no le veía ya, aunque la
siniestra imagen se reflejaba en sus dilatadas pupilas. Su cuerpo yerto°   *stiff*
sufría una parálisis momentánea; sus manos frías soltaron al niño, que,
aterrado, se le cogió a las faldas. El marido habló:

—¡Mal contabas conmigo° ahora! —murmuró con acento ronco,° pero   *¡Mal… Little did you*
tranquilo.   *expect me / hoarse*

Y al sonido de aquella voz donde Antonia creía oír vibrar aún las
maldiciones y las amenazas de muerte, la pobre mujer, como desencan-
tada,[10] despertó, exhaló un ¡ay! agudísimo,° y cogiendo a su hijo en brazos,   *piercing*
echó a correr hacia la puerta. El hombre se interpuso.

---

[9] Andaba… *The event seemed so much an act of Providence*

[10] como… *as if coming out of a trance*

—¡Eh…, chis! ¿A dónde vamos, patrona°? —silabeó° con su ironía de presidiario. —¿A alborotar° al barrio a estas horas? ¡Quieto aquí todo el mundo!

Las últimas palabras fueron dichas sin que las acompañase ningún ademán° agresivo, pero con un tono que heló° la sangre de Antonia. Sin embargo, su primer estupor se convertía en fiebre, la fiebre lúcida del instinto de conservación. Una idea rápida cruzó por su mente: ampararse del° niño. ¡Su padre no le conocía; pero, al fin, era su padre! Levantóle en alto y le acercó a la luz.

—¿Ese es el chiquillo? —murmuró el presidiario, y descolgando el candil llególo al rostro del chico.

Este guiñaba los ojos, deslumbrado,° y ponía las manos delante de la cara, como para defenderse de aquel padre desconocido, cuyo nombre oía pronunciar con terror y reprobación universal. Apretábase a su madre, y ésta, nerviosamente, le apretaba también, con el rostro más blanco que la cera.°

—¡Qué chiquillo tan feo! —gruñó el padre, colgando de nuevo el candil. —Parece que lo chuparon las brujas.°

Antonia, sin soltar al niño, se arrimó a° la pared, pues desfallecía.° La habitación le daba vueltas alrededor, y veía lucecitas azules en el aire.

—A ver: ¿no hay nada de comer aquí? —pronunció el marido.

Antonia sentó al niño en un rincón, en el suelo, y mientras la criatura lloraba de miedo, conteniendo los sollozos, la madre comenzó a dar vueltas por el cuarto, y cubrió la mesa con manos temblorosas. Sacó pan, una botella de vino, retiró del hogar una cazuela de bacalao,° y se esmeraba[11] sirviendo diligentemente, para aplacar al enemigo con su celo.° Sentóse el presidiario y empezó a comer con voracidad, menudeando° los tragos de vino. Ella permanecía en pie, mirando, fascinada, aquel rostro curtido,° afeitado y seco que relucía con ese barniz° especial del presidio. El llenó el vaso una vez más y la convidó.°

—No tengo voluntad… —balbució° Antonia: y el vino, al reflejo del candil, se le figuraba un coágulo de sangre.

El lo despachó encogiéndose de hombros, y se puso en el plato más bacalao, que engulló° ávidamente, ayudándose con los dedos y mascando grandes cortezas de pan. Su mujer le miraba hartarse,° y una esperanza sutil se introducía en su espíritu. Así que° comiese, se marcharía sin matarla. Ella, después, cerraría a cal y canto° la puerta, y si quería matarla entonces, el vecindario° estaba despierto y oiría sus gritos. ¡Sólo que, probablemente, le sería imposible a ella gritar! Y carraspeó para afianzar[12] la voz. El marido, apenas se vio saciado° de comida, sacó del cinto un cigarro, lo picó° con la uña y encendió sosegadamente° el pitillo° en el candil.

—¡Chis!… ¿Adónde vamos? —gritó viendo que su mujer hacía un movimiento disimulado hacia la puerta. —Tengamos la fiesta en paz.

---

[11] se… *she went out of her way*
[12] carraspeó… *she cleared her throat to strengthen*

old gal / pronunció
agitar

gesto / *froze*

ampararse… *protect
herself with*

dazzled

wax

lo… *some witches got
hold of him*
se… *flattened herself
against* / *she felt faint*

cazuela… *dish of cod*
buen trabajo
repitiendo con
   frecuencia
tanned
relucía… *shone with
that veneer*
la… *invited her to join
him*
stammered

he bolted down
satisfacerse
Así… Tan pronto como
a… firmemente
vecindad

satisfecho
cortó / tranquilamente /
   cigarro

—A acostar al pequeño —contestó ella sin saber lo que decía. Y refugióse en la habitación contigua llevando a su hijo en brazos. De seguro que el asesino no entraría allí. ¿Cómo había de tener valor para tanto? Era la habitación en que había cometido el crimen, el cuarto de su madre. Pared por medio° dormía antes el matrimonio; pero la miseria que siguió a la muerte de la vieja obligó a Antonia a vender la cama matrimonial y usar la de la difunta. Creyéndose en salvo,° empezaba a desnudar al niño, que ahora se atrevía a sollozar más fuerte, apoyado en su seno;° pero se abrió la puerta y entró el presidiario.

Antonia le vio echar una mirada oblicua en torno suyo, descalzarse° con suma tranquilidad, quitarse la faja,° y, por último, acostarse en el lecho° de la víctima. La asistenta creía soñar. Si su marido abriese una navaja,° la asustaría menos quizá que mostrando tan horrible sosiego.° El se estiraba° y revolvía en las sábanas,° apurando la colilla° y suspirando de gusto, como hombre cansado que encuentra una cama blanda y limpia.

—¿Y tú? —exclamó dirigiéndose a Antonia. —¿Qué haces ahí quieta como un poste? ¿No te acuestas?

—Yo… no tengo sueño —tartamudeó° ella, dando diente con diente.

—¿Qué falta hace tener sueño? ¡Si irás a pasar la noche de centinela![13]

—Ahí… ahí… no… cabemos… Duerme tú… Yo aquí, de cualquier modo…

El soltó dos o tres palabras gordas.°

Pared… *Next door*

en… sin peligro
pecho

quitarse los zapatos
sash / cama
pocket knife
calma / se… *stretched*
sheets / apurando…
  terminando el
  cigarro

stammered

feas

---

[13] ¡Si… *Do you think you're going to spend the night on guard?*

—¿Me tienes miedo o asco, o qué rayo° es esto? A ver como° te acuestas, o si no...

Incorporóse° el marido, y extendiendo las manos mostró querer saltar de la cama al suelo. Mas ya Antonia, con la docilidad fatalista de la esclava, empezaba a desnudarse. Sus dedos apresurados rompían las cintas, arrancaban violentamente los corchetes, desgarraban las enaguas.[14] En un rincón del cuarto se oían los ahogados sollozos del niño....

Y el niño fue quien, gritando desesperadamente, llamó al amanecer° a las vecinas que encontraron a Antonia en la cama, extendida, como muerta. El médico vino aprisa, y declaró que vivía, y la sangró,° y no logró sacarle gota de sangre. Falleció a las° veinticuarto horas, de muerte natural, pues no tenía lesión° alguna. El niño aseguraba que el hombre que había pasado allí la noche la llamó muchas veces al levantarse, y viendo que no respondía echó a correr como un loco.

> *qué... what the devil /*
> *A... You'd better*
>
> *Sat up*
>
> *dawn*
>
> *he bled*
>
> *Falleció... Murió*
>   *después de*
>   *?*

Comprensión

A. El siguiente resumen contiene varios errores de contenido. Corríjalos y escriba el resumen de nuevo.

> Después de un año un amigo le dijo a Antonia que el rey había muerto y en consecuencia, habría un indulto general. Antonia se alegró mucho y fue a anunciarlo a todas su amigas. Un día se fue al lavadero donde le dijeron que su marido había muerto. Como celebración, Antonia y su hijo planearon un viaje. Cuando regresaron a la casa, no notaron que la puerta estaba abierta. Adentro estaba el marido. Antonia trató de convencerle de que saliera pero no tuvo éxito. El marido estaba muy contento de ver a su hijito. Entonces los dos comieron y el marido bebió varias copas de vino. Después se acostó. Antonia se acostó con su hijo, en el suelo, y durante la noche se levantó y mató a su marido mientras él dormía.

B. Conjugue los verbos en los tiempos apropiados y después ordene las oraciones según el orden en que aparecen en el cuento (1–10).

_____ Alguien le dijo que su marido (recibir) un indulto.

_____ Antonia y su hijo pasearon por el pueblo y (comprar) unos pasteles.

_____ Su marido la (esperar) en casa cuando volvió del trabajo.

_____ Su hijo le (pedir) comida.

_____ En el lavadero le dijeron que su marido (morir).

_____ Antonia preparó la cena aunque (temblar) de miedo.

_____ Antonia estaba contenta de que la reina (parir) una hembra y no un varón.

_____ Antonia pensó que quizá su marido no la (matar).

_____ El marido insistió en que Antonia (acostarse) con él.

---

[14] arrancaban... *pulled violently at snaps, tore her underskirts.*

_____ El niño dijo que el hombre (intentar) despertar a Antonia y después (salir) corriendo.

C. ◨**¡Necesito compañero!◨**   De los siguientes adjetivos, ¿cuáles pueden usarse para describir a Antonia, al niño y al marido? Trabajando con un compañero de clase, pónganlos en orden de importancia para cada individuo.

fatalista	bueno	humilde
optimista	cariñoso	inteligente
débil	agresivo	obediente
llorón	enérgico	pasivo
patético	tierno	arrogante
trabajador	afortunado	estoico
cansado	brusco	pesimista
noble	tímido	abnegado
brutal	heroico	valiente
resuelto	fuerte	estúpido
grosero	perezoso	independiente
materialista		

D. ◨**Entre todos.◨**   Compárense las listas de características para los tres individuos, tratando de llegar a un acuerdo sobre los tres adjetivos más apropiados para cada individuo. ¿Hay algún adjetivo que falte para describir a cada personaje adecuadamente? ¿Cuál es?

E. Conteste según la lectura.

1. ¿Atacó el marido a Antonia? ¿Por qué le tenía Antonia tanto miedo?
2. ¿Cómo reaccionó el niño frente a su padre?
3. ¿Por qué pensaba Antonia que ella y su hijo iban a estar seguros en el otro cuarto? ¿Tenía razón?
4. ¿Por qué gritó el niño al día siguiente? ¿Qué declaró el médico? ¿Qué le pasó al marido?

DESPUES DE LEER

Discusión

1. ¿Se narra este cuento en primera o tercera persona? ¿Se narra todo el cuento desde la misma perspectiva o no? ¿Cuál es la perspectiva que adopta el narrador...?
   a. en el segundo párrafo del cuento en la página 234
   b. en el segundo párrafo de la segunda parte en la página 239
   c. en el párrafo en la página 240 que empieza con «¿Quién trajo al lavadero... »?
   d. en el párrafo en la página 242 que empieza con «El lo despachó... »?

¿Cree Ud. que el narrador simpatiza con Antonia o que la critica? ¿Qué datos del cuento confirman su opinión? ¿Está Ud. de acuerdo con la opinión del narrador? Explique.

2. En su opinión, ¿qué habría podido hacer Antonia para evitar lo que ocurrió? Piense en la formación que habría tenido Antonia viviendo en un pueblo pequeño en el siglo XIX. Luego explique por qué no tomó las medidas que le sugirieron sus vecinas.

3. Casi todos los personajes del cuento son mujeres. ¿Tienen las otras mujeres las mismas características que tiene Antonia? En su opinión, ¿que mujer—o mujeres—del cuento se aproxima más a la típica mujer española del siglo XIX?

4. ¿Qué importancia tiene el niño en el cuento? ¿En qué sería diferente el cuento si Antonia no hubiera sido madre? ¿Qué se aprende de ella y de los otros personajes a través de sus relaciones con el niño?

5. El marido no aparece físicamente en el cuento hasta la última parte; sin embargo ya se sabe mucho de él. ¿Cómo se le presenta en la primera parte del cuento? ¿Cómo se comunica esta información al lector? ¿Qué efecto produce esta manera de informar al lector?

6. ¿Cómo es el marido que vuelve del presidio? Analice el encuentro entre él y Antonia, buscando indicios que denotan sus intenciones. ¿Cree Ud. que el marido realmente pensaba matar a Antonia? ¿Cómo muere Antonia? ¿Cree Ud. que es una muerte inverosímil (*unrealistic*)? ¿Por qué sí o por qué no?

Aplicación

1. Además de la situación sociopolítica de la mujer, el cuento trata el tema de la justicia. Haga una lista de todas las referencias a la ley. ¿Se nota un cambio en esta actitud a lo largo del cuento? Comente. ¿Piensa Ud. que la actitud hacia la ley revelada en el cuento sea característica sólo de la gente española de aquella época? ¿Se puede observar esta actitud en los Estados Unidos hoy en día? Comente.

2. ¿Cuál parece ser la motivación para dar indultos durante la época del cuento? ¿Sabe Ud. los criterios que se usan en el sistema norteamericano? ¿Cree Ud. que se deben dar indultos? ¿Qué criterios ofrecería para ellos?

3. ¿Qué paralelo hay entre Antonia y otras mujeres maltratadas por sus maridos? ¿Qué servicios se ofrecen hoy en día a estas mujeres? ¿Cómo las trata la ley? ¿Ha habido algún cambio al respecto en los últimos años?

4. ¿Qué paralelo hay entre Antonia y otras mujeres protagonistas de los cuentos de este libro?

CAPITULO DOCE

«LA PERSISTENCIA DE LA MEMORIA», SALVADOR DALI

EL TRABAJO Y EL OCIO

ANTES DE LEER

Aspectos lingüísticos

Controlled Reading Practice

Throughout this text you have practiced a number of strategies for increasing your reading speed. In this chapter you will practice all of these strategies in a timed reading.

Reading Practice

Read the following selection in slightly under 2 minutes (reading speed = 150 words per minute). Then answer the questions.

ᒀ

LA SITUACION SOCIAL DE LA MUJER PUERTORRIQUEÑA

El matrimonio es el destino tradicional que la sociedad puertorriqueña ofrece a sus jóvenes mujeres. Cuando se casa, la mujer acepta que el varón será su cabeza y que ella estará sujeta a él. Dentro de esa relación la mujer tiene a su cargo la función de la reproducción, la crianza de los niños y de todas las tareas domésticas. Y esas tareas se entienden como la responsabilidad primaria de una mujer. Cualquier otra actividad, incluyendo el trabajo asalariado, deberá supeditarse a las actividades del hogar. Esto, claro, variará según la necesidad económica de la familia. Sin embargo, siempre se entiende que el salario devengado por la mujer es de tipo suplementario y transitorio ya que ella abandonará el empleo una vez que no haya necesidad económica en la familia. La influencia directa de la mujer sobre el futuro del país y sobre el mundo es, pues, incierta y pasajera. Cuando la mujer está en el hogar, su contacto con la sociedad se establece únicamente a través de su marido.

La segregación de papeles sociales se les enseña a los niños tanto en la escuela como en el hogar. En muchos textos primarios se presenta a las niñas desempeñando actividades pasivas: jugando con muñecas, ayudando a sus mamás en el hogar, recogiendo flores, mirando a los niños jugar a la pelota, etc. Los juegos masculinos, por el contrario, son de índole activa: la pelota, construir carros y correr con ellos, trepar a los árboles, montar a caballo y otras cosas de este tipo. En la escuela secundaria se perpetúan estas diferencias. Los cursos de

«mecánica» están <u>vedados</u> a estudiantes mujeres; y en los cursos
de «economía doméstica» sólo hay mujeres.

---

1. Según la lectura, en el matrimonio la mujer puertorriqueña tiene _____ .
   a. una manera de influir en el mundo directamente
   b. su responsabilidad primaria
   c. sólo uno de muchos trabajos posibles
   d. una responsabilidad fácil

2. Según la lectura, ¿qué repercusiones tienen muchos libros que se leen en las escuelas?
   a. Enseñan a las mujeres a ser pasivas.
   b. Les enseñan nuevas habilidades comerciales a las mujeres.
   c. Presentan a las mujeres como participantes activas en cuestiones de importancia.
   d. Presentan una visión idealista de la sociedad.

   Here is an outline of the main points of the selection. Look it over briefly, then read the passage again carefully, underlining its main ideas. Finally, fill in the outline with information from the reading. Try not to look back at the passage once you begin this exercise.

3. La situación social de la mujer puertorriqueña

   A. El matrimonio es el destino tradicional que la sociedad puertorriqueña ofrece a sus jóvenes mujeres.
      1. relación entre el hombre y la mujer: _____
      2. responsabilidad primaria de la mujer: _____
      3. importancia económica de la mujer: _____

   B. La segregación de los papeles sociales se les enseña a los niños tanto en la escuela como en el hogar.
      1. imagen femenina en los textos primarios: _____
      2. imagen masculina en los textos primarios: _____
      3. segregación en los cursos en la secundaria: _____

4. Identifique el prefijo o sufijo y la raíz de las siguientes palabras y luego dé su significado.

   asalariado   reproducción   responsabilidad   incierta   pasajera

5. Simplifique las siguientes oraciones, eliminando las frases preposicionales. Luego identifique los sujetos (**S**), los verbos (**V**) y los complementos (**C**) de las oraciones que quedan, dando oraciones más simples.

   Cuando se casa, la mujer acepta que el varón será su cabeza y que ella estará sujeta a él.

   Cualquier otra actividad, incluyendo el trabajo asalariado, deberá supeditarse a las actividades del hogar.

6. Identifique los pronombres y las otras palabras de referencia en las siguientes oraciones y luego explique a qué palabra se refieren.

Cuando la mujer está en el hogar, su contacto con la sociedad se establece únicamente a través de su marido.

La segregación de papeles sociales se les enseña a los niños tanto en la escuela como en el hogar.

7. Busque por lo menos cinco términos de enlace (*connecting words*) en la lectura y explique la relación entre las dos cláusulas o frases que junta cada una.
8. Dentro del contexto, la frase <u>sujeta a</u> quiere decir _____ .
   a. in love with
   b. the same as
   c. obedient to
   d. suggested to
9. La palabra <u>cargo</u> significa _____ .
   a. responsibility
   b. transportation
   c. I carry
   b. protection
10. La palabra <u>supeditarse</u> significa _____ .
    a. be superior   b. increase   c. supply   d. come second
11. La palabra <u>devengado</u> quiere decir _____ .
    a. earned   b. spent   c. desired   d. saved
12. La palabra <u>desempeñando</u> significa _____ .
    a. admiring
    b. being excluded from
    c. carrying out
    d. ignoring
13. La palabra <u>índole</u> quiere decir _____ .
    a. lazy   b. type   c. counter   d. likewise
14. La palabra <u>vedados</u> significa _____ .
    a. open   b. rejected   c. varied   d. forbidden

Aproximaciones al texto

El orden de la narración y el concepto del tiempo

In preceding chapters you learned about the plot and the theme of a story. In discussing plot, a further distinction can be made between the order of the events as they would have occurred in "real" time (**el orden de los acontecimientos**) and the order of the events as presented within the narrative (**el orden de la narración**). In some texts these two chronologies are identical—the narrative is presented exactly as it would have occurred in "real" life. For example, the hero is born, grows up, defeats his enemies, achieves his goal, and then dies. Nevertheless, most texts show a disjunction between the order of events and the order of narration; that is, the two do not follow the same temporal sequence. Sometimes the narration may jump ahead to explain something that is going to occur, thus adding to the suspense or clarifying the significance of an event. Or the narration may move back in time to explain the antecedents of an event or to provide background information about a character.

In many modern texts, the disjunction between the order of the events and the order of the narration is used to challenge the concept of "real" time. As Einstein argued, time is a relative rather than absolute concept. Modern writers often exploit this idea. A writer may emphasize how the perception of time changes according to an individual's emotional state. For example, boredom decelerates the perception of time (*That class sure seemed longer than an hour!*); interest accelerates the perception (*We had a great time! That hour really flew by.*) Or a writer may contrast moving forward in time with moving backward (evolution versus memory). Examples of this might be moving backward in time from adulthood to childhood or traveling backward to a previous historical period. Other writers contrast the movement of time with other aspects of the human experience in which time stands still: life versus death, existence versus dream, time versus eternity.

The disjunction between the order of events and narrative order affects the way a reader responds to the text. It determines how much the reader knows about a character, as well as the reader's feelings and expectations about him/her. It also communicates important information concerning the vision of time itself.

Study the following plot summaries of two stories; then answer the questions that follow them.

A. Resumen de «Díles que no me maten» de Juan Rulfo

Cuando empieza el cuento, un hombre (Juvencio) habla con otro (Justino) y le ruega que vaya y les diga a los demás que no le maten. Justino se niega, diciéndole que es seguro que lo van a matar a Juvencio y que tiene miedo de que le hagan daño a él (Justino) si se mete (*gets involved*). Juvencio vuelve a rogar, diciéndole que él es sólo un viejo indefenso. Por fin Justino va para hablar con un sargento o un coronel para defender a Juvencio.

Juvencio recuerda cómo lo trajeron al lugar esa misma mañana. Sabe que lo van a matar. No puede dormir ni comer. Sólo quiere vivir.

No puede creer que vuelva el viejo asunto (*the old matter would come up again*): lo de don Lupe, a quien él (Juvencio) había matado treinta y cinco años antes. Lupe era su amigo y dueño de unas tierras muy ricas. Durante la sequía (*dry spell*), Lupe no había permitido que las vacas de Juvencio entraran en sus tierras. Cuando Juvencio insistió, Lupe mató un novillo (*calf*). Entonces Juvencio mató a Lupe.

A Juvencio le quitaron todas las tierras y lo condenaron a cárcel, pero él escapó y vino a vivir con su hijo, Justino. Juvencio creía que todo ya estaba olvidado. La viuda de don Lupe había muerto y sólo quedaban vivos sus dos hijos pequeños.

Y ahora habían tomado preso a Juvencio, cuando menos lo esperaba. Pero no pudo creer que lo fueran a matar.

Lo habían capturado cuando estaba en el campo. Juvencio los vio y pudo huir pero no lo hizo. No creía que vinieran por él.

Lo llevan a ver al coronel. El coronel le pregunta si había conocido a don Lupe. Le revela a Juvencio que él es hijo de don Lupe y que va a vengar (*avenge*) la muerte de su padre. Después, manda que se lleven a Juvencio y que lo fusilen.

Haga dos listas comparando el orden de los acontecimientos con el orden de la narración. Los primeros elementos de cada lista están incluidos. Complete la lista siguiendo el mismo formato.

ORDEN DE LOS ACONTECIMIENTOS	ORDEN DE LA NARRACION
Lupe y Juvencio eran amigos.	Juvencio y Justino hablan.
Hubo una sequía.	Juvencio le pide a Justino que le
Lupe le negó el uso de sus	ayude a salvar la vida.
tierras a Juvencio.	

B. Resumen de «La noche boca arriba» de Julio Cortázar

Un joven en una motocicleta viaja por las calles de una ciudad moderna. Una mujer desobedece la señal roja y el ciclista se desvía (*veers*) para no chocar con ella. El ciclista se desmaya (*faints*) y cuando se despierta descubre que tiene el brazo roto y heridas en la cabeza y en la rodilla. Una ambulancia lo lleva al hospital. Vagamente, está consciente de que le sacan radiografías y de que lo llevan a la sala de operaciones.

Entonces tiene un sueño. Está en una selva, huyendo de los aztecas, quienes lo buscan para sacrificarlo a sus dioses. Siente un olor (*smell*) horrible y salta.

Una enfermera (*nurse*) dice que se va a caer de la cama. Se despierta y descubre que tiene el brazo enyesado (*in a cast*), tiene fiebre y mucha sed. Bebe un poco de caldo (*broth*) y vuelve a dormirse.

Se encuentra de nuevo en la selva. Ha perdido la senda (*path*). Oye gritos. Siente que lo toman preso (*prisoner*).

Se despierta. Otro enfermo le consuela, diciéndole que la fiebre le causa pesadillas (*nightmares*), y le aconseja que beba agua. Se siente mejor. Piensa en el accidente pero no puede recordarlo bien.

Vuelve a dormirse. Se encuentra atado (*tied up*) en una celda (*cell*) húmeda. Se abre la puerta, entra el sacerdote azteca, y unos indios lo alzan (*raise*) y lo llevan al altar del sacrificio.

Se despierta. Todos los demás pacientes duermen. Trata de alcanzar la botella de agua pero cae dormido otra vez sin haber bebido.

Está todavía en los brazos de los aztecas, quienes lo llevan al altar de sacrificio. Trata de despertar, de volver al hospital donde se siente seguro, pero no puede. Se da cuenta de que no va a despertar, porque el sueño era el accidente, el hospital, un mundo extraño en el que había luces verdes y rojas, y él estaba montado en un insecto de metal que hacía un ruido extraño.

1. Haga dos listas comparando el orden de los acontecimientos con el orden de la narración en el resumen de «La noche boca arriba».
2. ¿Cuáles pueden ser los efectos que se proponían lograr Rulfo y Cortázar al elegir el orden de acontecimientos en sus narraciones? Justifique su respuesta.

    a. aumentar el suspenso

    b. confundir al lector

    c. aclarar el carácter de los personajes

    d. aclarar los antecedentes (*background*)

    e. simplificar la presentación

    f. hacer más melodramática la presentación

    g. hacer que el lector simpatice más con el protagonista

    h. desfamiliarizar

    i. presentar un mensaje moral

3. En el primer cuento, ¿cuál es la relación entre la vida pasada de Juvencio y su situación presente? ¿El paso del tiempo cambia el modo de ser de Juvencio en este cuento? ¿Cree Ud. que Juvencio cometería el mismo crimen de nuevo? ¿Por qué sí o por qué no? En su opinión, ¿cómo va a reaccionar su hijo a su muerte?

4. En el segundo cuento, ¿cuál es el contraste que se presenta (lo pasado/lo presente, lo temporal/lo atemporal, la vida/la muerte, la memoria/el futuro, lo real/lo ideal, la realidad/el sueño, la historia/la ficción)? ¿Logra el autor este contraste por medio del personaje, por el tema, por el uso del tiempo, por el comentario directo del narrador, por el ambiente o por el tono? Explique.

Prelectura

A. Estudie los dibujos que acompañan el cuento. ¿Quiénes parecen ser los personajes principales? ¿En qué época tiene lugar la acción y en qué lugares? ¿Hay algo que le parezca extraño en los dibujos? ¿Qué puede indicar?

B. ¿En qué se diferencian los elementos de cada uno de los siguientes pares? Explique.

        el sueño / la realidad
        el aburrimiento / el ideal
        el intelectual / el hombre de acción
        el bibliotecario / el *cowboy*
        la ciudad / el campo
        el hospital / el aire libre

C. En Argentina, el sur del país corresponde a lo que es el oeste en los Estados Unidos. ¿Qué connotaciones tiene el oeste en la cultura de los Estados Unidos? ¿Son positivas o negativas? ¿Cuáles son algunos de los argumentos más típicos en libros o películas sobre el oeste?

D. Lea el siguiente párrafo para tener una idea de su contenido. Luego vuelva a leerlo y conteste las preguntas. Cada palabra subrayada tiene dos posibles significados indicados en el margen. En cada caso, elija el significado apropiado según el contexto. Después, conteste las preguntas al final de la lectura.

El hombre que desembarcó en Buenos Aires en 1871 se llamaba Johannes Dahlmann y era pastor de la iglesia evangélica; en 1939, uno de sus nietos, Juan Dahlmann, era secretario de una biblioteca municipal en la calle Córdoba y se sentía hondamente argentino. Su abuelo materno había sido aquel Francisco Flores, del 2 de infantería de línea, que murió en la frontera de Buenos Aires, lanceado por indios de Catriel; en la discordia de sus dos linajes (*bloodlines*), Juan Dahlmann (tal vez a impulso de la sangre germánica) eligió el [linaje] de ese antepasado romántico, o de muerte romántica. Un estuche (*box*) con el daguerrotipo de un hombre inexpresivo y barbudo (*bearded*), una vieja espada, la dicha y el coraje (*joy and bravado*) de ciertas músicas, el hábito de estrofas del *Martín Fierro*,[1] los años, el desgano y la soledad, fomentaron ese criollismo algo voluntario, pero nunca ostentoso.[2] A costa de algunas privaciones, Dahlmann había logrado salvar el casco de una estancia (*small parcel of land*) en el Sur, que fue de los Flores; una de las costumbres de su memoria era la imagen de los eucaliptos balsámicos y de la larga casa rosada (*pink*) que alguna vez fue carmesí. Las tareas y acaso la indolencia lo retenían en la ciudad. Verano tras verano se contentaba con la idea abstracta de posesión y con la certidumbre de que su casa estaba esperándolo, en un sitio preciso en la llanura. En los últimos días de febrero de 1939, algo le aconteció.

not at all / very much

military position / church position
speared / saved

history / ancestor

photo / lock of hair

enthusiasm / disinterest

failed / managed

sweet-smelling / burned
destroyed / red
disgust / laziness

certainty / fear

happened / counted

1. ¿Cuál es la idea principal de la lectura?
   a. la vida diaria de Juan Dahlmann
   b. la relación entre Juan Dahlmann y sus antepasados
   c. la importancia de su profesión en la vida de Juan Dahlmann
   d. los problemas que crea la estancia en el Sur para Juan Dahlmann
2. ¿Cuáles son las dos herencias distintas que entran en conflicto en Dahlmann?
3. ¿Qué representa la estancia en el Sur para Dahlmann? ¿Por qué no va a visitarla?
4. ¿Qué posibles connotaciones tiene la palabra «romántico», tanto en su sentido general como dentro del contexto de la lectura?
5. ¿Qué imagen tiene la profesión de «secretario en una biblioteca»? ¿Qué tipo de persona se asocia con este trabajo? ¿Qué nos revela de Dahlmann este trabajo?
6. En su opinión, ¿qué le puede haber ocurrido a Dahlmann y qué va a pasar en el resto del cuento? (Use las fotos, el título y esta lectura para su respuesta.)

---

[1] Famosa obra de la literatura argentina sobre un gaucho del mismo nombre.
[2] ese... *that voluntary but never ostentatious nationalism*

LECTURA

Vocabulario activo

acontecer *to happen*
el andén *platform*
el anochecer *evening*
el antepasado *ancestor*
el cirujano *surgeon*
el ejemplar *copy; edition*

la estancia *rural estate*
la frente *forehead*
el jinete *horseman*
  leve *slight*
el linaje *lineage, bloodline*

la madrugada *dawn, early*
  morning
el rastro *trace*
  rozar *to graze, brush against*
el sanatorio *hospital*

A. Busque sinónimos en la lista del vocabulario.

1. ligero
2. la noche

3. ocurrir
4. la copia

5. el pariente

B. Complete las oraciones en una forma lógica, usando la forma correcta de las palabras de la lista del vocabulario.

1. Llevaron al viejo al _____ porque ya no lo podían cuidar en casa.
2. Elena es una _____ excelente. Empezó a montar a caballo cuando tenía cuatro años.
3. Tienen mucho orgullo de su _____; su bisabuelo era príncipe.

C. Dé las palabras que se corresponden con las definiciones.

1. marca o señal que queda cuando algo o alguien pasa por un lugar
2. un médico que sana a sus pacientes por medio de operaciones con instrumentos especiales
3. tocar levemente

D. Defina brevemente en español.

1. la estancia
2. el andén

3. la frente
4. la madrugada

⊓ EL SUR: Parte 1 ⊓

Jorge Luis Borges (1899–1986), escritor argentino, debe su fama mundial a la calidad y originalidad de sus cuentos, ensayos y poemas. Escritor y erudito de gran inteligencia, conocía profundamente las literaturas inglesa, francesa y española entre otras. En sus obras tienen un papel importante el mundo de los sueños y el de las fronteras que separan la realidad y la fantasía.

GUIA PARA EL LECTOR: En sus obras, Borges hace uso de varias técnicas asociadas con los cuentos policíacos. Por eso el lector tiene que emplear a veces los métodos de un detective para captar el significado de la obra. En este cuento hay diversas pistas (*clues*) que permitirán al lector percibir el significado del cuento a otro nivel diferente. Se indicarán estas pistas con tres asteriscos (***). Siga estas pistas; se comentarán al final.

El hombre que desembarcó en Buenos Aires en 1871 se llamaba Johannes Dahlmann y era pastor de la iglesia evangélica; en 1939, uno de sus nietos, Juan Dahlmann, era secretario de una biblioteca municipal en la calle Córdoba y se sentía hondamente argentino. Su abuelo materno había sido aquel Francisco Flores, del 2 de infantería de línea, que murió en la frontera de Buenos Aires, lanceado por indios de Catriel; en la discordia de sus dos linajes, Juan Dahlmann (tal vez a impulso de la sangre germánica) eligió el de ese antepasado romántico, o de muerte romántica. Un estuche con el daguerrotipo de un hombre inexpresivo y barbudo, una vieja espada, la dicha y el coraje de ciertas músicas, el hábito de estrofas del *Martín Fierro*, los años, el desgano y la soledad, fomentaron ese criollismo algo voluntario, pero nunca ostentoso. A costa de algunas privaciones, Dahlmann había logrado salvar el casco de una estancia en el Sur, que fue de los Flores; una de las costumbres de su memoria era la imagen de los eucaliptos balsámicos y de la larga casa rosada que alguna vez fue carmesí. Las tareas y acaso la indolencia lo retenían en la ciudad. Verano tras verano se contentaba con la idea abstracta de posesión y con la certidumbre de que su casa estaba esperándolo, en un sitio preciso en la llanura. En los últimos días de febrero de 1939, algo le aconteció.

Ciego a las culpas, el destino puede ser despiadado° con las mínimas distracciones. Dahlmann había conseguido, esa tarde, un ejemplar descabalado° de las *Mil y Una Noches* de Weil;[1] ávido de examinar ese hallazgo, no esperó que bajara el ascensor y subió con apuro las escaleras; algo en la oscuridad le rozó la frente ¿un murciélago,° un pájaro? En la cara de la mujer que le abrió la puerta vio grabado° el horror, y la mano que se pasó por la frente salió roja de sangre. La arista de un batiente° recién pintado que alguien se olvidó de cerrar le había hecho esa herida. Dahlmann logró dormir, pero a la madrugada estaba despierto y desde aquella hora el sabor° de todas las cosas fue atroz.° La fiebre lo gastó° y las ilustraciones de las *Mil y Una Noches* sirvieron para decorar pesadillas. Amigos y parientes lo visitaban y con exagerada sonrisa le repetían que lo hallaban muy bien. Dahlmann los oía con una especie de débil estupor y le maravillaba que no supieran que estaba en el infierno. Ocho días pasaron, como ocho siglos. Una tarde, el médico habitual se presentó con un médico nuevo y lo condujeron a un sanatorio de la calle Ecuador, porque era indispensable sacarle

(glosses en el margen:)
sin compasión
ejemplar... copia incompleta
bat
engraved
arista... *edge of a window frame*
taste
horrible / debilitó

---

[1] Mil... *The Thousand and One Nights*, narrated by Scheherazade, who forestalled her execution for 1,001 nights by telling a tale each night and then breaking off the narrative, promising to resume it the following evening. Weil is the editor of this particular edition.

ANTON PIECK

una radiografía.° Dahlmann, en el coche de plaza° que los llevó, pensó que en una habitación que no fuera la suya podría, al fin, dormir. Se sintió feliz y conversador; en cuanto llegó, lo desvistieron, le raparon° la cabeza, lo sujetaron con metales a una camilla, lo iluminaron hasta la ceguera° y el vértigo, lo auscultaron° y un hombre enmascarado le clavó una aguja° en el brazo. Se despertó con náuseas, vendado,° en una celda que tenía algo de pozo° y, en los días y noches que siguieron a la operación, pudo entender que apenas había estado, hasta entonces, en un arrabal° del infierno. El hielo no dejaba en su boca el menor rastro de frescura. En esos días, Dahlmann minuciosamente° se odió; odió su identidad, sus necesidades corporales, su humillación, la barba que le erizaba la cara. Sufrió con estoicismo las curaciones, que eran muy dolorosas, pero cuando el cirujano le dijo que había estado a punto de morir de una septicemia,° Dahlmann se echó a llorar, condolido de° su destino. Las miserias físicas y la incesante previsión de las malas noches no le habían dejado pensar en algo tan abstracto como la muerte. Otro día, el cirujano le dijo que estaba reponiéndose° y que, muy pronto, podría ir a convalecer a la estancia. Increíblemente, el día prometido llegó.

A la realidad le gustan las simetrías y los leves anacronismos; Dahlmann había llegado al sanatorio en un coche de plaza y ahora un coche de

rayos X / coche... taxi

afeitaron
blindness
escucharon el corazón/ *needle*
bandaged
tenía... *seemed like a well*
suburbio pobre

con muchos detalles

blood poisoning
condolido... *pitying*

plaza lo llevaba a Constitución.° La primera frescura del otoño, después de
la opresión del verano, era como un símbolo natural de su destino
rescatado° de la muerte y la fiebre. La ciudad, a las siete de la mañana, no
había perdido ese aire de casa vieja que le infunde° la noche; las calles eran
como largos zaguanes,° las plazas como patios. Dahlmann la reconocía con
felicidad y con un principio de vértigo; unos segundos antes de que las
registraran° sus ojos, recordaba las esquinas, las carteleras,° las modestas
diferencias de Buenos Aires. En la luz amarilla del nuevo día, todas las
cosas regresaban a él.

   Nadie ignora que el Sur empieza del otro lado de Rivadavia.° Dahlmann
solía repetir que ello no es una convención° y que quien atraviesa esa calle
entra en un mundo más antiguo y más firme. Desde el coche buscaba entre
la nueva edificación, la ventana de rejas, el llamador, el arco de la puerta,
el zaguán, el íntimo patio.[2]

*la estación de
   ferrocarril en
   Buenos Aires*
ransomed

da

vestibules

actually saw / billboards

*avenida principal de
   Buenos Aires*
*solamente un
estereotipo*

grate

---

[2]buscaba… Es decir, buscaba todo lo viejo, lo **antiguo**.

En el *hall*° de la estación advirtió° que faltaban treinta minutos. Recordó bruscamente que en un café de la calle Brasil (a pocos metros de la casa de Yrigoyen°) había un enorme gato que se dejaba acariciar por la gente, como una divinidad desdeñosa. Entró. Ahí estaba el gato, dormido. Pidió una taza de café, la endulzó° lentamente, la probó (ese placer le había sido vedado° en la clínica) y pensó, mientras alisaba° el negro pelaje,° que aquel contacto era ilusorio y que estaban como separados por un cristal, porque el hombre vive en el tiempo, en la sucesión, y el mágico animal, en la actualidad, en la eternidad del instante.***

A lo largo del penúltimo andén el tren esperaba. Dahlmann recorrió los vagones y dio con uno casi vacío. Acomodó en la red° la valija;° cuando los coches arrancaron,° la abrió y sacó, tras alguna vacilación, el primer tomo° de las *Mil y Una Noches*. Viajar con este libro, tan vinculado a la historia de su desdicha, era una afirmación de que esa desdicha había sido anulada y un desafío° alegre y secreto a las frustradas fuerzas del mal.***

A los lados del tren, la ciudad se desgarraba° en suburbios; esta visión y luego la de jardines y quintas° demoraron° el principio de la lectura. La verdad es que Dahlmann leyó poco; la montaña de piedra imán° y el genio° que ha jurado matar a su bienhechor[3] eran, quién lo niega, maravillosos, pero no mucho más que la mañana y que el hecho de ser. La felicidad lo distraía de Shahrazad y de sus milagros superfluos; Dahlmann cerraba el libro y se dejaba simplemente vivir.***

waiting room / notó

ex presidente de Argentina

?

prohibido / acariciaba / ?

luggage rack (made of netting) / maleta

started up / ?

misfortune

challenge

se... *was breaking up*

villas / *delayed*

montaña... *magnetic mountain* / genie

---

[3] la montaña... Se refiere a unas aventuras del libro las *Mil y Una Noches*.

El almuerzo (con el caldo° servido en boles de metal reluciente, como en los ya remotos veraneos de la niñez***) fue otro goce° tranquilo y agradecido.

sopa
placer

Mañana me despertaré en la estancia, pensaba, y era como si a un tiempo fuera dos hombres:*** el que avanzaba por el día otoñal y por la geografía de la patria, y el otro, encarcelado en un sanatorio y sujeto a metódicas servidumbres.° Vio casas de ladrillo sin revocar,° esquinadas y largas, infinitamente mirando pasar los trenes; vio jinetes en los terrosos caminos; vio zanjas y lagunas y haciendas; vio largas nubes luminosas que parecían de mármol, y todas estas cosas eran casuales, como sueños de la llanura.*** También creyó reconocer árboles y sembrados° que no hubiera podido nombrar, porque su directo conocimiento de la campaña era harto° inferior a su conocimiento nostálgico y literario.

obligaciones / casas...
houses of unplastered
brick
ditch

planted fields
muy

Alguna vez durmió y en sus sueños estaba el ímpetu del tren. Ya el blanco sol intolerable de las doce del día era el sol amarillo que precede al anochecer y no tardaría en ser rojo. También el coche era distinto; no era el que fue en Constitución, al dejar el andén:*** la llanura y las horas lo habían atravesado y transfigurado.° Afuera la móvil sombra del vagón se alargaba hacia el horizonte. No turbaban° la tierra elemental ni poblaciones ni otros signos humanos. Todo era vasto, pero al mismo tiempo era íntimo y, de alguna manera, secreto. En el campo desaforado,° a veces no había otra cosa que un toro. La soledad era perfecta y tal vez hostil, y Dahlmann pudo sospechar que viajaba al pasado y no sólo al Sur.*** De esa conjetura fantástica lo distrajo el inspector, que, al ver su boleto, le advirtió que el tren no lo dejaría en la estación de siempre sino en otra, un poco anterior y apenas conocida por Dahlmann. (El hombre añadió una explicación que Dahlmann no trató de entender ni siquiera de oír, porque el mecanismo de los hechos no le importaba.***)

habían... had
penetrated and
transformed *disturb*

inmenso

Comprensión

A. Complete el resumen de esta parte de la lectura agregando las palabras necesarias.

Juan Dahlmann vive en _____ y es descendiente de _____ . Tiene _____ en el campo en _____ pero no la ha visitado por _____ . Un día compró una copia de _____ y subió rápidamente las escaleras de su casa para leerla. En la escalera, _____ y en consecuencia cayó enfermo. Después de ocho días, lo llevaron _____ . El médico le dijo que cuando estuviera curado, podía ir a _____ .

En el camino hacia la estación Dahlmann se siente _____ . Puesto que tiene treinta minutos antes de que el tren salga, decide visitar _____ donde hay _____ enorme. En el tren no lee su libro mucho porque _____ le parece más interesante. Cuando viene el inspector del tren, le dice a Dahlmann que _____ .

B. Use la información presentada en la lectura para contestar las preguntas. Debe usar los tiempos apropiados del progresivo cuando sea posible.

1. Juan Dahlmann está en su trabajo. ¿Qué estará haciendo?
2. ¿Cómo se hizo daño Dahlmann? ¿Qué estaba haciendo?
3. ¿Qué estaba haciendo Dahlmann cuando hizo su viaje a la estación de ferrocarril?
4. ¿Qué estaba haciendo (o no estaba haciendo) cuando hizo su viaje al Sur en el tren?
5. Si Dahlmann estuviera en su hacienda, ¿qué estaría haciendo? Qué no estaría haciendo?

C. ¿Qué sugieren las siguientes palabras con respecto a Juan Dahlmann y a su historia?

el linaje	el pasado	el sanatorio
la fiebre	la estancia	

Vocabulario activo

alcanzar *to reach*
el almacén *store; grocery*
comprometer *to oblige; to compromise*
el cuchillo *knife*
el disparate *foolishness*

el duelo *duel*
el filo *edge (of a knife); blade*
la miga *bread crumb*
el mostrador *counter*
el parecido *resemblance*
el patrón *owner*

pelear *to fight*
la pelea *fight*
el peón *farm worker*
el puñal *dagger*
el roce *touch, grazing*
torpe *clumsy*

A. Busque sinónimos en la lista del vocabulario.

1. lograr   2. obligar   3. el toque   4. el dueño

B. Complete las oraciones en una forma lógica, usando la forma correcta de las palabras de la lista del vocabulario.

1. Le dieron _____ de pan al ratoncillo.
2. Se vende fruta fresca y barata en _____ .
3. El asesino quedó pensativo, tocando levemente el _____ de un cuchillo.

C. Dé las palabras que se corresponden con las definiciones.

1. arma de tamaño pequeño parecida al cuchillo
2. un hecho absurdo, contrario a la razón
3. semejanza entre dos o más personas o cosas
4. una lucha entre dos o más personas
5. un hombre que trabaja en el campo
6. sin gracia de movimiento
7. mesa grande detrás de la cual se colocan los productos en una tienda

D. Defina brevemente en español.

1. el cuchillo   2. el duelo

⊓EL SUR: Parte 2 ⊓

El tren laboriosamente se detuvo, casi en medio del campo. Del otro lado de las vías° quedaba la estación, que era poco más que un andén con un cobertizo.° Ningún vehículo tenían, pero el jefe opinó que tal vez pudiera conseguir uno en un comercio que le indicó a unas diez, doce, cuadras.

Dahlmann aceptó la caminata° como una pequeña aventura. Ya se había hundido° el sol, pero un esplendor final exaltaba la viva y silenciosa llanura, antes de que la borrara° la noche. Menos para no fatigarse que para hacer durar esas cosas, Dahlmann caminaba despacio, aspirando° con grave felicidad el olor del trébol.°

El almacén, alguna vez, había sido punzó,° pero los años habían mitigado para su bien° ese color violento. Algo en su pobre arquitectura le recordó un grabado en acero,° acaso de una vieja edición de *Pablo y Virginia*.[4]*** Atados al palenque° había unos caballos. Dahlmann, adentro, creyó reconocer al patrón; luego comprendió que lo había engañado su parecido con uno de los empleados del sanatorio.*** El hombre, oído el caso,° dijo que le haría atar la jardinera;° para agregar° otro hecho a aquel día y para llenar ese tiempo, Dahlmann resolvió comer en el almacén.

train tracks
lean-to, shed

paseo largo
se... had gone down
engulfed
   ?
clover
de color escarlata
habían... had faded, for the better
grabado... steel etching
fence

oído... once he heard the story / two-wheeled horse cart / añadir

---

[4] *Pablo...* libro famoso de la época romántica francesa

En una mesa comían y bebían ruidosamente unos muchachones, en los que Dahlmann, al principio, no se fijó. En el suelo, apoyado en el mostrador, se acurrucaba,° inmóvil como una cosa, un hombre muy viejo. Los muchos años lo habían reducido y pulido° como las aguas a una piedra o las generaciones de los hombres a una sentencia. Era oscuro, chico y reseco,° y estaba como fuera del tiempo, en una eternidad.*** Dahlmann registró con satisfacción la vincha, el poncho de bayeta, el largo chiripá y la bota de potro° y se dijo, rememorando inútiles discusiones con gente de los partidos del Norte o con entrerrianos,° que gauchos de ésos ya no quedan más en el Sur.***

Dahlmann se acomodó° junto a la ventana. La oscuridad fue quedándose con el campo, pero su olor y sus rumores aún le llegaban entre los barrotes de hierro.° El patrón le trajo sardinas y después carne asada; Dahlmann las empujó° con unos vasos de vino tinto. Ocioso, paladeaba° el áspero sabor y dejaba errar la mirada° por el local, ya un poco soñoliento.° La lámpara de kerosén pendía de uno de los tirantes; los parroquianos° de la otra mesa eran tres; dos parecían peones de chacra;° otro, de rasgos achinados° y torpes, bebía con el chambergo° puesto. Dahlmann, de pronto, sintió un leve roce en la cara. Junto al vaso ordinario de vidrio turbio, sobre una de las rayas del mantel,° había una bolita de miga. Eso era todo, pero alguien se la había tirado.

Los de la otra mesa parecían ajenos a él. Dahlmann, perplejo, decidió que nada había ocurrido y abrió el volumen de las *Mil y Una Noches*, como para tapar la realidad. Otra bolita lo alcanzó a los pocos minutos, y esta vez los peones se rieron. Dahlmann se dijo que no estaba asustado, pero que sería un disparate que él, un convaleciente, se dejara arrastrar por desconocidos a una pelea confusa. Resolvió salir; ya estaba de pie cuando el patrón se le acercó y lo exhortó con voz alarmada:

—Señor Dahlmann, no les haga caso a esos mozos, que están medio alegres.°

Dahlmann no se extrañó de que el otro, ahora, lo conociera, pero sintió que estas palabras conciliadoras agravaban, de hecho, la situación. Antes, la provocación de los peones era a una cara accidental, casi a nadie; ahora iba contra él y contra su nombre y lo sabrían los vecinos. Dahlmann hizo a un lado al patrón,° se enfrentó con los peones y les preguntó qué andaban buscando.

El compadrito° de la cara achinada se paró, tambaleándose.° A un paso de Juan Dahlmann, lo injurió° a gritos, como si estuviera muy lejos. Jugaba a exagerar su borrachera y esa exageración era una ferocidad y una burla. Entre malas palabras y obscenidades, tiró al aire un largo cuchillo, lo siguió con los ojos, lo barajó,° e invitó a Dahlmann a pelear. El patrón objetó con trémula voz que Dahlmann estaba desarmado. En ese punto, algo imprevisible ocurrió.

Desde un rincón, el viejo gaucho extático, en el que Dahlmann vio una cifra° del Sur (del Sur que era suyo), le tiró una daga desnuda que vino a caer a sus pies. Era como si el Sur hubiera resuelto que Dahlmann aceptara el duelo. Dahlmann se inclinó a recoger la daga y sintió dos cosas. La

se... *squatted*

polished

muy seco

vincha... ropa típica del gaucho
gente de Entre Ríos (provincia de Argentina)
se... *settled down*

barrotes... *iron bars*
las... *washed them down* / Ocioso... *Idle, he savored* ~~harsh~~
dejaba... *he let his gaze wander* / *sleepy*
clientes
small-farm
Chineselike / *broad-brimmed hat* ~~muddy, dirty~~
rayas... *stripes of the tablecloth*

~~cover~~

borrachos
~~miss~~

hizo... *moved the owner to one side*

tipo / *tottering*
insultó

lo... *caught and juggled it*

símbolo

primera, que ese acto casi instintivo lo comprometía a pelear. La segunda, que el arma, en su mano torpe, no serviría para defenderlo, sino para justificar que lo mataran. Alguna vez había jugado con un puñal, como todos los hombres, pero su esgrima° no pasaba de una noción de que los golpes deben ir hacia arriba y con el filo para adentro. *No hubieran permitido en el sanatorio que me pasaran estas cosas*, pensó.***

swordplay

—Vamos saliendo —dijo el otro.

Salieron, y si en Dahlmann no había esperanza, tampoco había temor. Sintió, al atravesar el umbral,° que morir en una pelea a cuchillo, a cielo abierto y acometiendo,° hubiera sido una liberación para él, una felicidad y una fiesta, en la primera noche del sanatorio, cuando le clavaron la aguja.*** Sintió que si él, entonces, hubiera podido elegir o soñar su muerte, ésta es la muerte que hubiera elegido o soñado.***

threshold

attacking

Dahlmann empuña con firmeza el cuchillo, que acaso no sabrá manejar, y sale a la llanura.

grasp

Comprensión

A. ¿Cierto (**C**) o falso (**F**)? Corrija las oraciones falsas.

_____1. A Dahlmann le molestaba la apariencia del viejo gaucho.

_____2. Dahlmann pensaba salir del almacén para evitar una pelea con los campesinos.

_____3. El hombre que insultó a Dahlmann no tenía mucha experiencia con el uso del cuchillo.

_____4. Dahlmann no tenía mucha experiencia con el uso de la daga.

_____5. Dahlmann tenía miedo de morir en la pelea.

B. ¿Quién podría decir las siguientes palabras: Dahlmann, su médico, el patrón, el gaucho o los peones?

1. ¡Estos tipos de la ciudad son ridículos! No saben nada de manejar dagas.
2. Yo le doy mi daga. Sea valiente y pelee bien.
3. No dejan que estas cosas pasen en la ciudad.
4. El Sur todavía tiene estos tipos maravillosos que han desaparecido de otras partes.
5. Al ponerse bien, Ud. puede hacer un viaje al Sur.
6. ¡Vamos a enseñarle a ese tío cómo son los hombres del campo!
7. No se enfade, señor. Ellos no querían ofenderle.

C. Explique la causa de las siguientes acciones.

1. Dahlmann tuvo que caminar a un almacén.
2. Dahlmann creyó reconocer al patrón.
3. Dahlmann se sintió ofendido.
4. El viejo gaucho le tiró la daga a Dahlmann.
5. Dahlmann no sabe usar la daga.
6. Dahlmann se compromete a pelear.

DESPUES DE LEER

Discusión

1. Borges dijo que se puede leer «El Sur» de varias maneras. Una es tomar todo lo que pasa en el cuento como una realidad objetiva. Basándose en esta interpretación, dé un resumen del cuento señalando el orden de los acontecimientos y el orden de la narración. ¿Son idénticos, muy parecidos o muy diferentes?

2. ◙ ¡Necesito compañero! ◙ Otra manera de leer el cuento es la sugerida por las pistas indicadas con los tres asteriscos (***). Con un compañero de clase hagan una lista de lo que pasa en el cuento cada vez que aparezca una pista. El conjunto de las pistas sugiere el otro nivel del cuento. Describan lo que ocurre en el cuento en este segundo nivel. Según esta interpretación, ¿cómo es la relación entre el orden de los acontecimientos y el orden de la narración?

3. ◙ Entre todos. ◙ Después de un sueño muy real, a veces es difícil distinguir lo que uno ha vivido realmente y lo que uno ha soñado. ¿Cómo logra Borges producir esta confusión en «El Sur»? ¿Qué elementos del «sueño» se mezclan con elementos parecidos o idénticos a la «realidad»? A continuación hay listas de los dos tipos de elementos. Trabajando juntos, terminen las listas agregando otros hechos.

LA REALIDAD	EL SUEÑO
El abuelo de Dahlmann murió lanceado por unos indios.	Dahlmann va a morir apuñalado por una daga.
Hay un grabado de un almacén en una edición de *Pablo y Virginia*.	El almacén le recuerda el grabado de *Pablo y Virginia*.
Dahlmann llegó al hospital en un coche de plaza.	
	Dahlmann cree reconocer al patrón del almacén.

4. ¿Cree Ud. que los dos niveles existen a lo largo del cuento? ¿Empieza el segundo nivel en un momento determinado del cuento? Comente.

5. ¿Cuál de los dos posibles niveles de lectura le gusta más a Ud.? ¿Por qué?

6. Los sicoanalistas creen que los sueños revelan mucho sobre los verdaderos deseos de una persona; es decir, nos vemos en los sueños como nos gustaría ser en la realidad cotidiana. ¿Qué relación tiene esta teoría con lo que pasa a Dahlmann al final del cuento? ¿Está Ud. de acuerdo con esta teoría? Comente.

7. ¿Qué diferencias hay en el tratamiento del tiempo en los dos niveles del cuento? ¿Cómo pasa el tiempo en la vida normal de Dahlmann? ¿Cómo pasa cuando está en el sanatorio? ¿Cómo pasa cuando está en el tren? ¿Cómo

presenta Borges al viejo gaucho? ¿Por qué? En las *Mil y Una Noches,* ¿qué visión del tiempo se presenta? ¿Qué relación tiene esto con Juan Dahlmann y con su viaje?

8. ¿En qué tiempo verbal está narrada la mayor parte del cuento? ¿En qué tiempo verbal está narrado el último párrafo? ¿Qué significado puede tener?

Aplicación

1. En «El Sur», ¿qué contrastes presenta Borges entre el campo y la ciudad? ¿Existen también estos contrastes en los Estados Unidos? ¿Qué parte de los Estados Unidos corresponde al Sur de la Argentina? ¿En qué sentido son semejantes estas dos zonas?
2. Muchos creen que Dahlmann representa lo intelectual en el cuento de Borges. Si es así, ¿qué representan los clientes del almacén? ¿y el viejo gaucho? Explique. ¿Está contento Dahlmann con la vida de un intelectual? ¿Cómo lo sabe Ud.? ¿Qué profesiones modernas son semejantes a la del gaucho? ¿Qué profesión norteamericana lo es también?
3. En «El Sur», Borges sugiere que en cierto sentido el destino determina la vida de Dahlmann. ¿Dónde y cómo se ve la fuerza del destino en el cuento? En su opinión, ¿qué papel desempeña el destino en la vida del ser humano?
4. ¿Cuáles son las dos formas de morir que se presentan en «El Sur»? Si Ud. fuera Dahlmann, ¿cuál de las dos preferiría? ¿Qué manera de vivir preferiría, la de un intelectual o la de un gaucho?
5. La figura del vaquero está de moda hoy en día en muchos aspectos de la vida norteamericana: en las películas, en la televisión, en los anuncios, en la forma de vestir de muchas personas. ¿Qué papel desempeña el vaquero en el folklore norteamericano? ¿Qué es lo que simboliza para el norteamericano actual?
6. ¿Qué paralelos hay entre Dahlman y otros hombres protagonistas de los cuentos de este libro?

Spanish-English Vocabulary

This vocabulary does not include exact or reasonably close cognates of English; also omitted are certain common words well within the mastery of second-year students, such as cardinal numbers, articles, pronouns, possessive adjectives, and so on. Adverbs ending in **-mente** and regular past participles are not included if the root word is found in the vocabulary or is a cognate.

The gender of nouns is given except for masculine nouns ending in **-l, -o, -n, -e, -r,** or **-s,** and feminine nouns ending in **-a, -d,** -**ión,** or **-z.** Nouns with masculine and feminine variants are listed when the English correspondents are different words (*grandmother, grandfather*); in most cases (**trabajador, piloto**), however, only the masculine form is given. Adjectives are given only in the masculine singular form. Verbs that are irregular or that have a spelling change will be followed by an asterisk. In addition, both stem changes will be given for stem-changing verbs.

The following abbreviations are used in this vocabulary:

adj.	adjective	*n.*	noun
adv.	adverb	*pl.*	plural
f.	feminine	*p.p.*	past participle
inf.	infinitive	*sing.*	singular
inv.	invariable	*v.*	verb
m.	masculine		

A

abajo below, under; **de arriba abajo** from top to bottom
abalanzarse* to spring forward
abalorio glass bead; beadwork
abandono abandonment
abatido depressed, dejected
abierto *p.p.* open
abismo abyss
abnegación self-denial
abnegado self-sacrificing
abofetear to slap
abogado lawyer
abordar to board, get into
aborrecer* to hate, detest
abotonar to button

abrasar to burn
abrazar* to hug
abrir* to open
abrumador overwhelming
absorto *p.p.* absorbed
abstenerse (ie)* to abstain
abuela grandmother
abuelo grandfather; *pl.* grandparents
aburrimiento boredom
aburrir to bore
acabar to finish; **acabar de +** *inf.* to have just (*done something*)
acalorar to warm
acariciar to caress
acaso perhaps
accionar to act; to activate (*a*

machine)
aceite oil
aceituna olive
acento accent, tone
acera sidewalk
acerca de *adv.* about, concerning, with regard to
acercar(se)* to approach, move close
acero steel
acicalado well-dressed
acoger* to welcome, accept
acolchonamiento padding
acometer to attack
acomodar to accommodate; **acomodarse** to get comfortable
acompasado rhythmic

aconsejar to advise
acontecer* to occur, happen
acontecimiento happening, event
acordar (ue) to agree; **acordarse de** to remember
acoso harassment
acostar (ue) to put to bed; **acostarse** to go to bed
acostumbrarse to become accustomed
acotación stage direction (*theater*)
actitud attitude
actual present-day, current
actualidad present time
actuar* to act
acudir to run to; to answer a call
acuerdo agreement; **de acuerdo con** according to; **estar de acuerdo** to agree
acunar to rock (*a child in the cradle*)
acurrucarse* to squat
achacoso sickly, unhealthy
achinado Chinese-like
adecuado appropriate
adelantar to accelerate, move forward
adelante forward
ademán gesture
además moreover; **además de** besides
adentro inside; **para sus adentros** to oneself
adivinar to guess
admitir to admit, consider
admonitorio *adj.* warning, counseling
adoquinar to pave
adquirir (ie) to acquire
adusto gloomy, austere
advertir (ie, i) to warn
afectuoso affectionate
afeitar(se) to shave
afianzar* to strengthen (*figurative*)
aficionado *n.* fan; *adj.* fond, enthusiastic
afilado sharp
afilador knife sharpener
afligirse* to get upset, worry
aflojar to relax
afortunado fortunate
afrontar to confront
afuera outside
agarrar to grasp
agitar to wave
agobiado weighted down, oppressed

agolpar(se) to crowd together
agotamiento exhaustion
agotar to exhaust
agradable pleasant, agreeable
agradar to please
agradecido grateful
agrandar to enlarge
agravar to make worse
agregar* to add
agrícola *inv.* agricultural
agua water
aguantar to put up with, endure
aguardar to await
agudo sharp
águila eagle
aguja needle
agujero hole
ahí there
ahijado godchild
ahogar* to strangle; to choke, smother
ahogo oppression
ahora now
ahorrar to save (*money*)
aire air
aislante insulation
aislar to isolate
ajeno belonging to another; foreign
ajo garlic
ajustar to adjust
ala wing
alargarse* to lengthen
alba dawn
albarrada drywall
albedrío: libre albedrío free will
alborotar to disturb
alcalde mayor
alcance: al alcance within reach
alcanzar* to reach
aldea small village
alegrarse to become happy
alegre happy
alegría happiness
alejar(se) to put at a distance, move away
alemán *n.* and *adj.* German
Alemania Germany
aletear to flutter, flap
algarabía noise, clamor
algo something; *adv.* somewhat
aliado ally
alimentación nourishment
alimentar(se) to nourish, feed (oneself)
alimento food

alisar to polish, smooth
alma soul
almacén store
almendra almond
almendrado almond-shaped
almendro almond tree
almorzar (ue)* to eat lunch
almuerzo lunch
alrededor *n.m.* surroundings; **alrededor de** *adv.* around
altivez arrogance, pride
alto tall; high
altura height
aludir (a) to mention
alumno student
alzar* to raise, lift
allá there; **el más allá** the beyond, the hereafter
allanamiento submission; forced entry
allanar to force entry into
allí there
ama housekeeper; wet nurse
amable pleasant
amamantar to nurse (*an infant*)
amanecer* to dawn, become day
amante *m./f.* lover
amar to love
amargo bitter
amargura bitterness
amarillento yellowish, yellowing
amarillo yellow
ambiente atmosphere
ambos *adj.* both
amenaza threat
amenazar* to threaten
amigo friend
amistad friendship
amo boss, master
amor love
amoroso *adj.* loving; pertaining to love
amparar to protect
amplio wide, ample
anciano old person
ancla anchor
ancho wide
andanza act, action
andar* to walk, be in motion; to function
andén (*train*) platform
anfitrión *m.* host
angosto narrow
ángulo angle
angustia anguish
anillo ring
animar(se) to animate, encourage

ánimo mind, soul
anoche last night
anochecer* to become night, get dark
anonadamiento annihilation
anonimato anonymity
ansia desire
ante before, faced with
anteojos eyeglasses
antepasado ancestor
anterior previous
antes (de) before
antiguo ancient; former
antipático unkind, displeasing
anular to annul
anunciar to announce
anuncio advertisement
añadir to add
año year
apacible peaceful
apagado low, muted
apagar* to turn off (electrical)
aparador cupboard; dresser
aparato appliance
aparecer* to appear
apartar to set aside;
  apartarse to move away from
aparte (de) aside (from)
apasionarse to become impassioned
apearse to get down
apellido surname, last name
apenas hardly
apetecer* to long for, crave
aplacar* to calm
aplastar to flatten, smash
aplicar* to apply
aposento room
apostar (ue) to bet
apoyar to support
apoyo support
aprender to learn
apresurarse to hurry
apretar (ie) to squeeze; to tighten
aprisa promptly
aprobar (ue) to approve
aprontarse to get ready hurriedly
aprovechar to use;
  aprovecharse (de) to take advantage
aproximarse to come close
apuntar to aim
apurar to worry
apuro haste; jam, difficulty
aquejar to afflict
arar to plow
árbol tree
arco arch

arcón chest, trunk
archivar to file (documents)
archivo file
ardiente burning
ardor ardor, passion
arena sand
arenoso sandy
argamasa mortar
argumento plot (literary)
aridez dryness
árido dry
arma weapon
armario closet, chest
armarse to start up
aro earring
arrabal suburb
arrancar* to pull up, root out; to start up (vehicle)
arrastrar to drag
arrebatar to snatch away
arrebato fit, fury
arreglar to arrange
arreglo arrangement
arremeter to attack
arrendar (ie) to rent, lease
arrepentimiento repentance
arriba over, above; **de arriba abajo** from head to toe
arriesgar* to risk
arrimar(se) to draw close to
arrodillarse to kneel
arrojar to throw
arrollado rolled up
arroyo stream
arroz m. rice
arruinar to ruin
arrullo cooing
asar to roast
ascensor elevator
asco disgust
asear to clean, tidy
asegurar to assure
asemejar to make similar;
  asemejarse a to resemble
asentar (ie) to seat, place
asentir (ie, i) to assent, agree
asesinado murdered, killed
asesino murderer
asestar to strike (a blow)
así thus, so
asiento seat
asilo refuge
asir* to grab
asistenta charwoman
asistir (a) to attend
asomar(se) to show; to lean out of (a window)
asombrarse to be astonished
asombro astonishment, shock
asombroso astonishing

áspero harsh
astilla splinter
astuto clever
asunto matter
asustar to frighten
ataque attack
atar to tie; to lace up
ataúd m. casket
atavío dress
atemorizar* to terrify
atender (ie) to take care of
aterido numb
aterrado frightened
atestado crowded
atiborrar to fill up, stuff
atisbo glimmer
atónito astonished
atraer* to attract
atrás adv. back; **hacia atrás** backward
atravesar (ie) to cross
atrayente attractive
atreverse (a) to dare
atropellar to run over, knock down
atropello insult, outrage
atroz atrocious
aullido howl
aumentar to grow, increase
aumento increase
aun even
aún still, yet
aunque although, even though
auricular telephone receiver
aurora dawn, daybreak
auscultar to listen (medical)
ausencia absence
ausente absent
autómata m. robot
autoridad authority
autoritario authoritarian
avanzar* to advance
avaricia miserliness
avasallador adj. subduing, enslaving
ave f. bird, fowl
avejentar to age
avergonzado ashamed
averiguar* to find out, verify
avión m. airplane
avisar to announce; to advise
aviso announcement
axila armpit
ayer yesterday
ayuda help, aid
ayudar to help
azahar orange blossom
azorado uneasy; distrustful
azúcar sugar
azucarado sugary

azucarera sugar bowl
azul blue
azulado bluish

B

babear to dribble
bacalao cod
bahía bay
bailar to dance
baile dance
bajar to lower; bajarse to get down
bajo low, under
balbucir* to stammer
baldosa tile
balsa raft
balsámico balmy
banco bench; seat
bandeja tray
bandera flag
bañadera bathtub
bañar(se) to bathe; to swim
bañista m./f. bather; swimmer
baño bath, bathroom; traje de baño bathing suit
baranda railing
baratillera peddler
barato cheap
barba beard
barbudo bearded
barca boat
barco boat
barniz m. layer, veneer
barrio neighborhood
barrote heavy bar
barruntar to foresee, guess
basarse en to be based on
base f. basis; a base de on the basis of
bastante adj. enough; adv. rather, quite; sufficiently
bastar to be sufficient
basura garbage
batalla battle
bate bat
batiente jamb of a door
batir to flap; to beat
bautizar* to baptize
bayeta type of flannel
bebedor drinker, drunkard
beber to drink
bebida drink, beverage
becado on a scholarship
beleño henbane (plant)
belleza beauty
bello beautiful

bendición blessing
beneficiar to benefit, help
beneficio benefit
benévolo kind, gentle
bermejo bright red
berro watercress
besar to kiss
beso kiss
bestia beast
biblioteca library
bibliotecario librarian
bienestar well-being
bienhechor benefactor
bienvenida welcome
bigote moustache
billar billiards
billete ticket
binar to dig or plough a second time
bisabuelo great-grandfather
blanco white
blando soft
blanquecino whitish
bloquear to block
blusa blouse
bobo stupid, dumb; foolish
boca mouth
bocado bite, mouthful
bofetada hard slap
bol bowl
boleto ticket
bolsa purse
bolsillo pocket; purse
bollo bread roll
bondad goodness
bonito pretty
borde border
borrachera drunkenness
borracho drunk, drunken
borrar to erase
bosque forest
bostezar* to yawn
bota boot
botar to throw away
botella bottle
boxeador boxer
boxear to box
boxeo boxing
bramar to roar
brazada armful
brazo arm
bribón vagabond, rascal
brillar to shine
brillo shine
brinco small jewel for headdress
brindar to toast, drink to
brío spirit, verve
brisa breeze
broma joke
bronceador adj. tanning

bronco rough, hoarse
brotar to pour out, spill forth
bruja witch
brujo sorcerer, warlock
buen (bueno) good
buey m. ox, castrated bull
bulto shape, form
burbuja bubble
burla joke
burlarse de to tease, make fun of
burlón joking
buscar* to look for
búsqueda search
butaca armchair
buzo diver

C

caballero gentleman
caballo horse
cabello hair
caber* to fit; no caber duda to be no doubt
cabeza head
cabizbajo downcast, dejected
cabo corporal (military); end; al cabo in the end; al fin y al cabo when all is said and done
cacareador adj. cackling
cacique Indian chief; political boss
cachivaches odds and ends
cada inv. each, every
cadalso (execution) scaffold
cadena chain
cadera hip
caer* to fall
cahiz m. measure equivalent to $18\frac{1}{2}$ bushels
caja box
calabaza pumpkin
calcetines socks
caldo broth
calefacción heat, heating system
calentar(se) (ie) to heat up
calesita merry-go-round
calidad quality, characteristic
cálido hot
caliente hot (temperature)
calor heat; tener calor to be hot

calzado shod
calzones *pl.* underwear
callar to hush; **callarse** to be
    quiet
calle *f.* street
cama bed
cámara chamber
camarero waiter
cambiar to change
cambio change; **en cambio**
    on the other hand
camilla stretcher
caminar to walk
caminata long walk;
    excursion
camino road
camión *m.* truck
camisa shirt
camiseta T-shirt
campamento camp
campana bell
campesino farmer
campiña field, landscape
campo countryside; field
canasta basket, hamper
canción song
cancha field, court (*sports*)
canica marble
cansado tired
cansancio fatigue
cansarse to get tired
cantar to sing
cantidad quantity
cantueso spike
caña glass of wine
cañonazo cannon shot
capacidad capacity
capaz capable
Caperucita Roja Little Red
    Riding Hood
capitán captain
capítulo chapter
captar to grasp (*an idea*)
cara face
cárabo large horned owl
carbón coal
carcajada loud laugh,
    guffaw
cárcel *f.* jail
cardelina goldfinch
cargar* to load, burden; to
    carry
cargo burden; **tener a su**
    cargo to have the
    responsibility for; **estar a**
    cargo de to be responsible
    for
caricia caress
cariño affection
cariñoso affectionate
caritativo charitable

carmesí *m.* bright red
carne *f.* meat, flesh
carnicero butcher
caro expensive
carpa tent
carraspear to clear one's
    throat
carrera career; race
carretera highway
carta letter
cartel sign; poster
cartelera billboard
cartera purse
cartero postman
cartulina thin, smooth
    cardboard (*as for*
    invitations)
casado married
casarse (con) to get married
    (to)
casco fragment; helmet
casi almost
caso case; **hacer caso** to pay
    attention
castaño brown
castigar* to punish
castigo punishment
castillo castle
casualidad: **por**
    casualidad by chance
caudaloso mighty
causa: **a causa de** because of
cautela caution
cauteloso cautious
cavar to dig
caza hunt, hunting
cazuela stewing pan, crock
cebolla onion
cegado blinded
cegador *adj.* blinding,
    dazzling
ceguera blindness
celda cell
celo zeal; *pl.* jealousy
celoso jealous
cena dinner, supper
cenar to eat supper
Cenicienta Cinderella
censura censorship
ceño frown
cepillado polished
cera wax
cerca *n.* fence; *adv.* near
cerdo pig
cerebro brain
cerezo cherry tree
cerrado fenced-in pasture
cerradura lock
cerrar (ie) to close; **cerrar el**
    paso to block the way
certero well-aimed, accurate

certeza certainty
certidumbre *f.* assurance,
    certainty
cerveza beer
cesar to cease
césped *m.* lawn
cesta basket, hamper
cicatriz mark; scar
ciego blind
cielo heaven; sky
científico scientist
cierto certain, true
cifra emblem
cigarrillo cigarette
cinta band; ribbon
cinto belt
cintura belt; waistline
cinturón belt
circo circus
cirujano surgeon
cita date; appointment
ciudad city
ciudadanía citizenship
ciudadano citizen
clamar to cry out
claro clear, obvious
cláusula clause
clavar to nail; to stick
clave *n.f.* key; *adj.* important
clavo nail
claxon automobile horn
clima *m.* climate
coalla woodcock
coartada alibi
cobertizo lean-to
cobrar to charge (*money*); to
    take on
cocina kitchen
cocinar to cook
cocinero cook
coche car
cochina sow; slut (*figurative*)
codicia greed
codo elbow
codorniz quail
coger* to pick; to take; to
    catch by surprise
cohete rocket
coinquilino joint tenant
cola tail; line
colar (ue) to percolate
colgar (ue)* to hang up
colilla stub of a cigar or
    cigarette
colina hill
colmado abundant, filled
colmena beehive
colmo end, last straw
colocar* to set, place
collar necklace
comedor dining room

comenzar (ie)* to begin
comer to eat
comerciante *m./f.* trader, merchant
comercio commerce
comida meal, food
comitiva suite; retinue
comodidad comfort
compadre name given by a parent to a child's godfather
compañero companion
compañía company
compartir to share
complejidad complexity
complemento object (*in grammar*)
completo: por completo completely
componer* to compose
comportamiento conduct, behavior
comportarse to behave
comprar to buy
comprender to understand
comprobar (ue) to verify, ascertain
comprometer to compromise
concebir (i, i) to conceive
concluir* to conclude
condado county
conde count
condecoración medal
condenar to condemn
condolido compassionate
conducir* to drive; to lead, direct
confianza confidence
confidencia secret
confundir to confuse
congoja anguish, dismay
conjunto group
conocer* to know, be acquainted with
conocimiento knowledge
conquistar to conquer
consagrado dedicated
conseguir (i, i)* to obtain, get
consejo advice
consiguiente: por consiguiente therefore
consolar (ue) to console
constar (de) to consist (of)
construir* to build
consuelo consolation, solace
consulta consultation, appointment
consumo consumption
contador accountant, bookkeeper

contar (ue) to count; to tell
contener (ie)* to contain
contentarse to be satisfied
contestar to answer
contra against; **en contra de** against, in disagreement with
contrafuerte leather strap on a shoe
contrario a contrary to; **al (por el) contrario** on the contrary
contribuir* to contribute
convalecer* to convalesce, get better
convencerse* to become convinced
convenir (ie, i)* to agree; to be fitting
conversador talkative
convidar to invite (*to eat*)
copa glass
copo: copo de nieve snowflake
coraje anger; courage
corazón heart
corchete clasp, hook and eye
corear to sing in chorus
corneja grey or hooded crow
coro chorus
corona crown
corralillo small yard, pen
corredor runner
corregir (i, i)* to correct
correr to run
corrida (de toros) bullfight
corriente common; running
cortar to cut
corte *f.* court
corteza crust
cortina curtain
corto short
cosa thing
cosecha crop, harvest
costa coast
costar (ue) to cost
costoso costly, expensive
costumbre *f.* custom
cotidiano daily, everyday
crear to create
crecer* to grow
creencia belief
creer* to believe
cretino idiot
criado servant
crianza raising (*animals*); rearing, bringing up (*children*)
criar* to raise; to bring up
criatura creature; infant
cristal (looking) glass

crítica criticism
criticar* to criticize
crujido creaking
cruzar* to cross
cuaderno notebook
cuadra stable; city block
cuadrado *adj.* square
cuadrarse to stand at attention
cuádriga chariot drawn by four horses
cuadro scene; picture
cuajado coagulated
cualquier, cualquiera any
cuanto: en cuanto a as for; **en cuanto** inasmuch as; **unos cuantos** a few
cuartear to split
cuarto *n.* room; *adj.* fourth
cubierto *n.* silverware, utensils; *p.p.* covered
cubrir* to cover
cuchillada knife blow
cuchillo knife
cuello collar; neck
cuenta: darse cuenta (de) to realize; **pedir cuentas** to call someone to account
cuento story
cuero leather
cuerpo body
cueva cave
cuidado care; **tener cuidado** to be careful
cuidar to take care of
culpa fault
culpable guilty
culpar to blame, accuse
culto educated
cumpleaños *m. sing.* birthday
cumplir to fulfill
cúpula dome, vault
cura *m.* priest
curación healing
curar to heal
curtir to tan (*leather*)
custodiar to keep guard; to watch over
cutis skin
cuyo *adj.* whose

CH

chambergo type of hat
chaqueta jacket
charol patent leather
chasquido crackle, sizzle
chato glass of wine
chica girl
chico boy, youth

china half-breed
chino n. and adj. Chinese
chiripá m. cloth used by
gauchos to cover the legs
chispa spark
chiste joke
chocar* to collide; to shock
chofer chauffeur
choque collision; shock,
blow
chorro stream
chubasquero raincoat
chupar to suck

D

dactilógrafo typist
dador donor, giver
dama lady
dañino harmful
daño damage; **hacer daño** to
harm
dar* to give; **dar la mano** to
shake hands; **dar por
muerto** to give up for
dead; **dar saltos** to jump;
dar voces (gritos) to
shout; **dar vueltas** to go
around in circles; **darse
cuenta (de)** to realize
dato fact
debajo under, beneath
deber v. ought to, should; n.
duty
debido a due to
débil weak
debilidad weakness
decir (i, i)* to say; to tell; n.
saying
decrecer* to die down
dedo finger
defraudar to cheat
dejar to leave (behind);
dejar + inf. to permit;
dejar de + inf. to stop
delantal apron
delante in front of, before
deletrear to spell
delgadez thinness,
slenderness
delgado thin
delicadeza delicacy
delirante delirious
delito crime
demás remaining, other
demasiado adj. too much;
adv. too, too much
demonio devil
demorar to delay
demostrar (ue) to show

denegar (ie)* to deny
denigrante reviling,
subjecting to verbal abuse
dentado perforation (on a
stamp)
dentro (de) within, inside
departamento apartment
(Latin America)
deporte sport
deportista sports, sporting;
n. sportsman
deportivo sports, sporting
derecha n. right (direction)
derecho n. right (legal),
privilege; adj. straight
derretir(se) (i, i) to melt
derrochado wasted,
destroyed
desabotonar to unbutton
desabrochar to unfasten,
unbutton
desacuerdo disagreement
desafiante defiant
desafiar* to defy
desafío challenge
desaforado wild
desahogado comfortable
desahogo comfortable
circumstances
desalentado discouraged
desaliento discouragement
desamparar to abandon,
leave without protection
desaparecer* to disappear
desaparecido missing person
desaprobar (ue) to
disapprove
desarmado unarmed
desarrollar to develop
desarrollo development
desatavío uncleanliness,
disarray
desayuno breakfast
descabalado incomplete
descalzarse* to pull off one's
shoes
descalzo shoeless, barefoot
descansar to rest
descarga firing (of weapon)
descargar* to empty; to
unburden; to release
descoger* to unfold
descolgar (ue)* to take
down, unhook
desconcertado baffled
desconcertar (ie) to bewilder
desconocer* to be ignorant
of, not to know
descortés discourteous
descubierto p.p. discovered

descubrimiento discovery
descubrir* to discover
descuidarse to be careless
desde since
desdeñoso disdainful
desdicha misfortune
desdichado unfortunate
desear to desire
desembarcar* to land
desembocar* to flow out (of)
desempeñar to fill (a role)
desenrollar to unroll,
unwind
desenvainar to expose to
view; to unsheathe
deseo desire
desesperado hopeless
desfachatez boldness,
audacity
desfallecer* to weaken
desgajar to tear off (the
branches of trees)
desgano disinterest
desgarrar to tear, rip
desgarrador ripping
desgaste wear and tear
desgracia misfortune
desigualdad inequality
desleal disloyal
deslizar(se)* to slip, slide;
evade
desmayarse to faint
desnudar(se) to disrobe
desnudez nudity, nakedness
desnudo naked
desobedecer* to disobey
despacio adv. slowly
despachador m. dispatcher
despachar to complete (a
task); to eat up (rapidly)
despacho office
despavorido terrified
despectivo contemptuous,
demeaning
despecho: a despecho de in
spite of
despedazado cut, mangled
despedida n. farewell
despedir (i, i) to fire,
dismiss; **despedirse
de** to say good-bye to
despegar* to unglue
despeinado unkempt
despertar(se) (ie) to wake up
despiadado pitiless, cruel
desplegarse (ie) to unfold
despreciado scorned
desprenderse to fall away
despreocupado carefree
después after
destacamento detachment

destacar* to stand out clearly
destello sparkle, flash
destrozado shattered
destruir* to destroy
desvestir(se) (i, i) to undress
desviar(se)* to divert, swerve
detalle detail
detener (ie)* to detain, stop
detrás *adv.* behind
devengar* to earn
devolver (ue)* to return
día *m.* day
diablo devil
diario *n.* journal, diary; *adj.* daily
dibujo drawing
dictador dictator
dictadura dictatorship
dicha happiness
dicho *p.p.* said
diente tooth
diferencia: a diferencia de unlike
diferenciarse to differ
diferir (ie, i) to differ
difícil difficult
dificultad difficulty
difunto *n.* deceased (person)
digno worthy
dilatar to enlarge, dilate
Dios God
dirección address
dirigir* to direct; **dirigirse* a** to go toward; to speak to
disco record
disculpar to forgive
discurso lecture; speech
discutir to discuss; to argue
diseñar to design
disfraz *m.* disguise
disimular to overlook, forgive; to hide
disminuir* to diminish, decrease
disparar to shoot (*a weapon*)
disparate foolishness, silliness
displicencia disagreeableness
disponer* to dispose
dispuesto willing
distraer* to distract
divertido enjoyable, fun
divertirse (ie, i) to enjoy oneself
doblar to turn (*a corner*)
docena dozen
doler (ue) to hurt, ache
dolor pain

doloroso painful
don (doña) courtesy titles used before Christian names
dorado golden
dormir (ue, u) to sleep; **dormirse** to fall asleep
dorso *n.* back
dosificar* to measure in doses
dramaturgo dramatist, playwright
ducha shower
duda doubt
dudoso doubtful
duelo duel; suffering, grief
dueño owner
dulce *adj.* sweet
durante during
durar to last
duro hard

E

ebrio tipsy, intoxicated
echar to throw, cast; **echar a** + *inf.* to begin to; **echar de menos** to miss (*the presence of*); **echar una mano** to lend a hand
edad age
edificación building, construction
edificio building
efectuar* to effect, accomplish
eficaz effective
ejemplar copy
ejemplo example
ejercicio exercise
ejército army
elegir (i, i)* to elect
elenco index, list
embajada embassy
embarazada pregnant
embargo: sin embargo however
embellecerse* to make oneself beautiful
embobado fascinated
emborracharse to get drunk
embriagarse* to become inebriated, intoxicated
embriaguez intoxication
embustero fraud, cheater
emisor transmitter
empapado soaked, drenched
empeñarse to persist
empezar (ie)* to begin
empinada elevated, high
empleado employee

emplear to use; to hire
empleo job; use
emprender to undertake
empujar to push
empuñada clutch, grasp
empuñar to grasp
enaguas *pl.* skirt, petticoat
enajenamiento alienation
enajenar to alienate
enamorado in love
enamorarse (de) to fall in love (with)
enanito dwarf
enardecer* to fire with passion
encantar to enchant
encanto delight
encarcelado imprisoned
encargar* to entrust; **encargarse* (de)** to take charge (of)
encender (ie) to light
encerrar (ie) to enclose, lock up
encima (de) on top (of)
encinta pregnant
enclenque weak, sickly
encogerse* de hombros to shrug one's shoulders
encontrar (ue) to find, meet
encorvado stooped
encuentro meeting
enchufar to plug in
enderezarse* to straighten up
endulzar* to sweeten
enemigo enemy
enfadarse to become angry
enfermizo sickly
enfermo sick
enfilado placed in a row or line
enfocarse* to focus
enfoque approach, focus
enfrentarse to confront
enganchado caught, hooked
engañar to deceive, trick
engaño deception
enguantado with gloves on
engullir* to gorge, devour
enjabonar to wash up; to lather
enjaulado caged
enlace coherence, connection
enmarañado entangled
enmascarado masked
enmendarse (ie) to reform
enojarse to get angry
enojo anger
enrojecido reddened

enronquecer* to grow hoarse

ensayo essay

enseñar to teach

ensimismamiento self-absorption, withdrawal

ensombrecer(se)* to darken

ensueño dream

entablar to strike up (*conversation*)

entender (ie) to understand

enterarse to find out

enternecerse* to be moved to pity; to be affected

enterrar (ie) to bury

entonces then

entornar to close halfway

entrada entrance

entrar to enter

entre between, among

entreabrir* to open halfway

entregar* to hand in or over

entrenamiento training

entrenar to train

entretanto meanwhile

entretejido woven

entretener (ie) to entertain

entrevistar to interview

entumecido numb; swollen

entusiasmarse to get excited

enviar* to send

envidia envy

envidioso envious

envolver (ue)* to wrap, tie up; to surround

envuelto wrapped

enyesado plastered, in a cast

época epoch, period

equipo team

equivaler* to be equal

equivocarse* to be wrong

erguido erect

erigir* to erect

erizar* to bristle, stand on end

esbozar* to sketch

escabiosa scabious (*plant*)

escafandra diving suit

escalera stairway

escandalizarse* to become scandalized

escaño bench

escaparate store window

escarda weeding or grubbing hoe

escarzar* to remove damaged honeycombs

esclavo slave

escoger* to choose

esconder to hide

escribir* to write

escritor writer

escrutar to scrutinize

escuchar to listen

escuela school

escueto unadorned

escultórico sculptural

esfuerzo effort

esgrima (art of) fencing

esmerarse to take great care in

espada sword

espalda *n.* back; **de espaldas** with one's back turned

espaldar back of seat

espantar to frighten

espanto fright, terror

espantoso frightful

esparcir* to spread

especie *f.* species

espejo mirror

esperanza hope

esperar to wait for; to expect; to hope

espíritu *m.* spirit

espliego lavender (*plant*)

esposo spouse

espuma foam

esquina corner (*of a street*)

establecer* to establish

estadio stadium

estado state

estadounidense of or pertaining to the United States

estafar to swindle, defraud

estafador swindler, impostor

estallar to explode, burst

estallido outburst

estancado stagnant

estancia rural estate; stay, sojourn

estar* to be; **estar de acuerdo (con)** to be in agreement (with); **estar de pie** to be standing; **estar listo** to be ready; **estar para** to be on the verge of

estercolar to fertilize

estilo style

estirar to stretch

estoicismo stoicism

estómago stomach

estorbar to get in the way

estrafalario odd, extravagant

estrambótico eccentric

estrechez narrowness

estrecho narrow

estrella star

estrépito crash, deafening noise

estrofa stanza

estropajo mop

estropajoso stuttering, stammering

estuche box

estudio study

estufa stove

estupidez stupidity

estupor surprise

etapa epoch, period

evitar to avoid

evocar* to call forth, remember

exactitud precision

éxito success; **tener éxito** to be successful

expectativa expectation

expediente order, ruling; file

experimentar to experience

explicación explanation

explicar* to explain

explotar to exploit; to explode

exponer* to expose

extirpar to destroy

extraer* to extract

extramuros *adv.* area outside the walls of a town

extranjero strange, foreign

extrañar to miss

extraño strange

extravío disorder, frenzy

F

fábrica factory

facciones features (*of the face*)

fácil easy

fachada façade

faja sash, band

falda skirt

falta lack

faltar to be lacking

fallecer* to die, expire

fama reputation

familiares family members

fantasma *m.* ghost

fariña coarse flour

fatigante tiresome

fatigarse* to get tired

fatuo conceited

fe *f.* faith

febrero February

fecha date

felicidad happiness

¡felicitaciones! congratulations!

feliz happy

feo ugly

feroz ferocious

férrea: vía férrea railway

ferrocarril railway, railroad
fiebre *f.* fever
fiera beast
fiesta party
figurar to appear, seem
fijarse (en) to notice
fijo fixed, unwavering
fila row, line
filatelia stamp collecting
filatélico stamp collector
filo edge, blade
fin *m.* end; **al fin y al cabo** when all is said and done; **fin de semana** weekend; **en (por) fin** finally
finado deceased
fingir* to pretend
firmar to sign
firme stable, steady
firmeza firmness
físico *adj.* physical
flaco thin
flecha arrow
flor *f.* flower
florero flowerpot, flower vase
foca seal (*animal*)
fogón hearth, fireside
fomentar to promote, encourage
fonda restaurant
fondo bottom, back part (*of a room*); end; **en el fondo** in the background; (*figurative*) in reality
forcejear to struggle, strive
foro: a foro in the background
forrar to cover, line
forzar (ue)* to force
fracasar to fail
fracaso failure
francés *n.* and *adj.* French
franela flannel
frasco flask
frase *f.* sentence, phrase
fregar (ie)* to scrub
freír (i, i)* to fry
frente *n. f.* forehead; **frente a** *adv.* facing, in front of
fresco fresh
frescura freshness
frialdad coldness
frío *n.* and *adj.* cold
frontera border
frotar to rub
fruncido puckered
fruta fruit
fuego fire
fuente *f.* fountain; source

fuera (de) outside (of)
fuerte strong
fuerza strength
fumar to smoke
fundar to start, found
fusilar to shoot dead

G

gabinete office
gafas (eye)glasses
galleta cookie
gallina hen
gallinero henhouse
ganado cattle
ganador winner
ganar to win; to earn; **ganarse la vida** to make a living
ganas: tener ganas de + *inf.* to feel like (*doing something*)
gancho hook
garabatear to scribble
garantía guarantee
garantizar* to guarantee
garganta throat
garra claw
garrido handsome
gasa muslin
gastar to spend
gasto expense
gatillo trigger
gato cat
gaucho cowboy
gemido moan, groan
género gender; genre
gente *f.* people
gerente manager
gesto gesture
gimotear to whine
girar to turn
glauco light green
gobernador governor
gobernar (ie) to govern
gobierno government
goce pleasure
golpe blow
golpear to hit
goma rubber
gordo fat
gorro cap
gota drop
gozar* (de) to enjoy
gozo enjoyment
grabar to engrave
gracia grace
gracias thanks
gracioso funny, entertaining
gradería bleacher
grado degree, level

gran (grande) great; big, large
grandeza grandeur, greatness
grano grain
granuja rogue
grasa grease
griego *n.* and *adj.* Greek
grifo faucet, tap
grillete shackle
gringo foreigner; North American (*pejorative*)
gris gray
gritar to scream
grito scream
grosería rudeness
grosero rude, discourteous
grúa crane (*mechanical*)
grueso broad, thick
gruñir* to grunt, moan
guapo handsome
guardar to keep
guerra war
guerrero fighter, warrior
guía guide
guiñar to wink; to blink
gula gluttony
gusto taste

H

haber* (*auxiliary*) to have
habilidad cleverness, skill
habitación room
habitante *m./f.* resident, inhabitant
habitar to inhabit
hablador talkative
hablante *m./f.* speaker
hablar to speak; to talk
hace: hace ___ días ___ days ago
hacer* to make; to do; **hacer calor** to be hot; **hacer caso** to pay attention; **hacer daño** to hurt, damage; **hacer falta** to be necessary; **hacer señas** to signal
hacia toward; **hacia atrás** backward
hacienda ranch; treasury (*of a government*)
hada fairy
halagado flattered
hallar to find
hallazgo discovery
hambre *f.* hunger; **tener hambre** to be hungry
hambriento hungry
hartarse to stuff oneself

harto very, quite
hecho *n.* deed, fact;
  p.p. made, done
helado ice cream
helarse (ie) to freeze
hembra female
heredado inherited
herida wound, injury
herir (ie, i) to harm, wound
hermana sister
hermanastra stepsister
hermandad brotherhood
hermano brother;
  pl. brothers and sisters
hermoso pretty
herreruelo wagtail (*kind of
  bird*)
hervir (ie, i) to boil
hielo ice
hierba grass; herb
hierro iron
hígado liver
hija daughter
hijo son; *pl.* children
hipo hiccough
historia story, history
historieta short story or
  novel; anecdote
hogar home
hoja leaf; page
hojalata tinplate
hojear to skim, glance
hombre man
hombro shoulder
honda wave
hondo deep
hora hour; (*specific*) time
horario timetable
hormiga ant
horno oven
horquilla phone rest
hortaliza produce,
  vegetables
hosco sullen, arrogant
huebra ploughed land
hueco hollow, gap
huele (*from* **oler**) (it) smells
huelga labor strike
huella trace, vestige
huérfano orphan
hueso bone
huevo egg
huir* to flee
humareda cloud of smoke
humilde humble
humo smoke
hundirse to sink

I

idioma *m.* language

iglesia church
ignoto unknown
igual equal
igualdad equality
imán magnet
impedir (i, i) to prevent,
  impede
imperio empire
impermeable raincoat
imponer* to impose
imprevisible unforeseeable
inclinarse to bend down
incluir* to include
incluso included; even
incómodo uncomfortable
indefenso defenseless,
  unprotected
índice rate, index
indicio sign, evidence
índole *f.* nature, character
indultar to pardon (*legal*)
indulto pardon
inesperado unexpected
infame odious, vile
infeliz unhappy
infiel unfaithful
infierno hell
informe report
infundir to inspire; to instill
ingeniería engineering
ingeniero engineer
ingeniosidad cleverness,
  ingenuity
ingerir (ie, i) to ingest
inglés *n.* and *adj.* English
iniciar to begin
injuriar to insult
inquietarse to become
  restless
inquieto restless
inquilino tenant
insatisfecho dissatisfied
inseguro insecure
insoportable intolerable
intempestivo unseasonable,
  inopportune
intentar to attempt
intento intention; attempt
interponer* to interpose,
  come between
intruso intruder
inundar to flood
inútil useless
inverosímil unlikely
invierno winter
invitado guest
ir* to go
isla island
izquierda *n.* left
  (*direction*)
izquierdo *adj.* left

J

jabón soap
jadear to pant
jamás *adv.* never
jaraíz *m.* pit for pressing
  grapes
jardín garden
jardinera two-wheeled horse
  cart
jardinero gardener
jaula cage
jefe boss, chief
jerarquía hierarchy
jinete horseman
jocoso humorous, comical
joven young
joya jewel
jubilación retirement
jubilado *n.* retiree; *adj.*
  retired; useless
juego game
juez *m.* judge
jugador player
jugar (ue)* (a) to play
jugoso juicy, succulent
juguete toy
juguetón playful
juntar to join
juntos *adj.* together; **junto a**
  adv. near
jurar to swear (*as in court*)
jurisperito professor of
  jurisprudence
justo fair
juventud youth
juzgar* to judge

L

labio lip
labrantín small farmer
labrar to work, cultivate
ladear to tilt, tip
ladera slope, hillside
lado *n.* side; **al lado de**
  adv. next to
ladrar to bark
ladrillo brick
ladrón thief
lágrima tear (*as in crying*)
lamer to lick, lap
lámpara lamp
lanzar* to hurl
lapicero pencil holder
lápiz *m.* pencil
largo long; **a lo largo
  de** during, throughout
lástima shame
latir to beat, throb
latigazo lash, whipping
látigo whip

latón tin (Argentina)
lavadero washing place
lavar to wash
leal loyal
lector reader
lectura reading selection
lecho bed
leer* to read
legumbre f. vegetable
lejano distant
lejos far
lengua language
lenguaje language, dialect
lentes glasses; lenses
lentitud slowness
lento slow
letrero sign
levantar to raise;
　levantarse to get up
leve slight, light
ley f. law
leyenda legend
librar to free
libre free
librería bookstore
librero bookseller
libreta notebook
libro book
ligero adj. light
limosna alms
limpiar to clean
limpieza cleanliness;
　cleaning
limpio clean
linaje lineage
lindo pretty
lío bundle, parcel
lirio iris; lily
listo clever; ready
liviano light, frivolous,
　trivial
loco crazy
locura insanity
locutor radio announcer
lograr to achieve; **lograr**
　+ inf. to manage to
lomo loin, back
lucha fight, struggle
luchar to fight, struggle
luego later, then
lugar place
lujo luxury
luna moon
lunes sing. Monday
luto mourning
luz light

LL

llamar to call; **llamarse** to
　be called, named

llano plane, prairie
llanto crying, weeping
llanura plain, prairie
llave f. key
llegada arrival
llegar* to arrive; **llegar a**
　+ inf. to reach the point of
llenar to fill
lleno full
llevar to take, carry; to
　wear; **llevarse** to take
　away, carry off
llorar to cry
llover (ue) to rain
llovizna drizzle
lluvia rain

M

macana fib; joke (Argentina)
maceta flowerpot
madera wood
madrastra stepmother
madre f. mother
madrina godmother
madrugada daybreak
madrugador early riser
madurar to mature
madurez maturity
maduro mature
maestro teacher
mago wizard
maíz m. corn
majuelo newly planted vine
mal (malo) adj. bad; **mal**
　adv. badly; **menos mal** it's
　a good thing
maldición curse
maldito damned
maleta suitcase
maltratado mistreated
malvado malicious, wicked
mamar to suckle
mandar to order
mandato order, injunction
mandíbula jaw
manejar to manage, use
manicomio asylum,
　madhouse
manifestación public
　demonstration
mano f. hand
manojo bundle
mantel tablecloth
manzana apple
manzano apple tree
mañana n. morning; adv.
　tomorrow
maquillaje makeup
maquillarse to put on
　makeup

máquina machine
mar sea
maraña thicket, jungle
maravillar to marvel
maravilloso marvellous
marcharse to go away
marchito faded
marear to get seasick
mareo seasickness
marido husband
mariposa butterfly
mármol marble
martes sing. Tuesday
marzo March
mas but
más more; **el mas allá** the
　beyond, the hereafter
mascar* to chew
masticar* to chew
mastranzo round-leaved
　mint
matachín killer; butcher
matar to kill
mate m. herbal tea
　(Argentina)
matiz m. shade of color
mayor greater, larger;
　older
mayoría majority
mazo bundle
medianoche f. midnight
mediante through, by
　means of
medias stockings
médico doctor
medida measure; **a medida**
　que as, while
medio n. half, middle; pl.
　means; **por medio**
　de through; adj. half; low;
　adv. half
mediodía m. noon
mejilla cheek
mejor better, best
mejorana marjoram
mendigo beggar
menor adj. younger; smaller;
　least
menos less; **al menos** at
　least; **echar de menos** to
　miss; **por lo menos** at
　least
mensaje message
mente f. mind
mentir (ie, i) to lie
mentira lie, deception
mentiroso lying, deceitful
menudear to occur
　frequently
menudo small; trifling; **a**
　menudo frequently

meñique little finger, "pinky"
mercader dealer, shopkeeper
mercado market
merecer* to deserve
mes month
mesa table
meter to put into
metódico methodical
método method
metro meter (*measurement*); subway
mezcla mixture
mezclar to mix
miedo fear; **tener miedo** to be afraid
miembro member
mientras while, meanwhile
miga crumb
mil thousand
milagro miracle
mimado spoiled
minúsculo tiny
mirada look, glance
mirador balcony
mirar to look at
miseria misery; pittance
mismo same; oneself
mitad half
mito myth
moda style, fashion
modo way, manner; mood
mojar to wet
molestar to bother
molestia injury; hardship; annoyance
monedero coin purse
monje monk
montaña mountain
montar to cock (*a gun*); to mount; to set up; **montar a caballo** to ride horseback
monte mountain
morada dwelling
moreno dark-haired, dark skinned
morir (ue, u)* to die
mosca fly
mostrador counter
mostrar (ue) to show
motín mutiny
movedizo lively
mover (ue) to move
móvil *n.* motive; *adj.* mobile
mozo young man
muchacho boy
mudanza alteration, change
mudarse to move (*residence*)
mudo mute
muebles *pl.* furniture
muela molar, tooth

muelle *n.* dock; *adj.* soft, luxurious
muerte *f.* death
muerto *p.p.* dead
mugriento dirty, filthy
mujer *f.* woman; wife
multa fine, penalty
mundial worldwide
mundo world
muñeca wrist; doll
murciélago bat
murmullo murmur
murmurar to murmur; to gossip
muro wall
mutis exit (*of an actor*)

N

nacer* to be born
nacimiento birth
nada nothing, not anything
nadar to swim
nadie no one, not anyone
naranjo orange tree
nariz nose
naturaleza nature
naufragar* to be stranded, shipwrecked
náufrago shipwrecked person; survivor of a shipwreck
navaja razor; knife
Navidad Christmas
neblina mist, drizzle
necesitar to need
necio stupid, foolish
negar (ie)* to deny; **negarse a** to refuse
negocio business
negro black
nene baby, child
nido nest
nieto grandchild
nieve *f.* snow
niñez childhood, infancy
niño small boy, child
nivel level
noche *f.* night
nodriza wet nurse
nombrar to name
nombre name
norte north
nota grade
noticia news
novillo young bull
novia girlfriend; fiancée
novio boyfriend; fiancé
nube *f.* cloud
nuera daughter-in-law
nueva (*piece of*) news

nuevo new
nuez *m.* walnut; nut (*general*)
nunca *adv.* never, not ever

O

obedecer* to obey
oblicuo oblique, indirect
obra work (*of art, literature*)
obrero worker
obstante: no obstante nevertheless
obtener (ie)* to obtain
ocio leisure; pastime
ocurrir to occur, happen
odiar to hate
oeste west
oficina office
oficio trade; job
ofrecer* to offer
oído inner ear; sense of hearing
oír* to hear
ojalá would that, God grant that
ojo eye; ¡ojo! careful!
ola wave
oler (ue)* to smell
olor smell
olvidar to forget
ondular to wave, undulate
opinar to feel, think
opuesto *p.p.* opposed; opposite
oración prayer; sentence
orden order, system; *f.* order, command
ordenar to order, command
orgullo pride
orgulloso proud
orilla bank, shore
oro gold
oscuridad darkness
oscuro dark; **a oscuras** in the dark
otoñal *adj.* autumn
otoño *n.* autumn
oveja sheep
óxido rust

P

paco-ladrón "cops and robbers"
padre father; *pl.* parents
pagar* to pay (for)
página page
país country
paisaje landscape
pájaro bird

pajizo made of straw; straw-colored
palabra word
paladear to taste
paladinamente openly, publicly
palanca influence
palenque enclosure
palidez paleness, pallour
pálido pale
paliza beating, thrashing
palmada slap, clap
palmear to slap, clap
palmera palm tree
palo stick; wood; *sing.* gallows
paloma pigeon, dove
pan bread
panadería bakery
pantalla lampshade
pantorrilla calf (*of the leg*)
pañuelo handkerchief
papa potato
papel paper; role
paquete package
par pair
para for, in order to; **estar para** to be about to; **para que** so that
páramo desert, wilderness
parar(se) to stop
pardillo type of grape
parecer* to seem; **parecerse a** to resemble
parecido *n.* similarity; *adj.* similar
pared wall
paredón thick wall
pareja pair
pariente relative
parir to give birth
párpado eyelid
partes: por todas partes everywhere
partido game; party (*political*)
partir to divide, break
parto birth
párvulo child
párroco parish priest
parroquiano parishioner
pasado *n.* past; *adj.* last
pasajero *n.* passenger; *adj.* passing, transitory
pasar to happen; to pass
pasear to walk, take a walk
paseo walk
pasillo corredor
paso step; pace
pastel pastry

pastelería bakery, pastry shop
patada kick
patear to kick
patria country, homeland
pava tea kettle
pavor fear, terror, dread
paz peace
pecado sin
pecho chest; breast
pedazo piece
pedir (i, i) to ask for
pedrisco hailstone
pegar* to hit, beat; to stick on
peinar(se) to comb
peineta large curved comb
pelaje hair; coat of fur
pelea fight
peleador fighter; *adj.* aggressive
pelear to fight
película film
peligro danger
peligroso dangerous
pelo hair
pelota ball
pelotero ball player
pena pain, suffering
pendiente *n.* earring; *adj.* hanging
pensamiento thought
pensar (ie) to think; **pensar de** to think of (*opinion*); **pensar en** to think about, focus on
pensión boardinghouse, small hotel
penúltimo next-to-last
peón *m.* farmhand; unskilled worker
peor worse
pequeño *adj.* little
percibir to perceive
perdedor loser
perder (ie) to lose
perdón pardon, forgiveness
perdonar to forgive
perecer* to die, perish
peregrino *n.* pilgrim; *adj.* migratory (*bird*); rare, exotic, beautiful (*figurative*)
perezoso lazy
perfil contour, section
pergamino parchment
periódico newspaper
permanecer* to stay, remain
perro dog
perseguir* (i, i) to follow
persiana shade, blind

personaje literary character
pertenecer* to belong
pesadilla nightmare
pesado heavy
pesar: a pesar de in spite of
pesca fishing
pestaña eyelash
peso weight, load
pez *m.* fish
pezón nipple
piadoso pious
picar* to itch; to burn (*figurative*)
picaza magpie
pico beak
pie foot
piedra stone
piel *f.* skin
pierna leg
pieza piece; room
pila pile; battery
pincelada brush-stroke
pintado painted
pío *n.* chirping
pisar to step on
piscina pool
piso floor (*of building*); apartment
pista clue; track
pitar to whistle
pitillo cigarette (*slang*)
pito whistle
plagiar to plagiarize
plancha iron
plano *adj.* flat
plañidero plaintive
plata *n.* silver; money (*slang*)
plateado silver-colored
plato plate; dish
playa beach
pleito lawsuit; legal case
pleno full
plomo lead (*metal*)
pluma feather
plumaje plumage, feathers
pluvial rainy; pertaining to rain
población population
pobre poor; unfortunate
pobreza poverty
pocilga pigsty; dirty place
poco little, few; **poco a poco** little by little
poder (ue)* *v.* to be able to; *n.* power
poderío power, authority
poderoso powerful
poema *m.* poem
poesía poetry

poetisa woman poet
policíaco *adj.* police
polvo dust
polvoriento dusty
polluelo chick
pómulo cheekbone
ponderar to weigh, consider
poner* to put, place; **poner la mesa** to set the table; **ponerse a** + *inf.* to begin to (*do something*); **ponerse de pie** to stand up
por because of; for; during; by; in exchange for; **por ciento** percent; **por cierto** certainly; **por completo** completely; **por consiguiente** consequently; **por debajo de** below; **por dentro** inside; **por ejemplo** for example; **por encima de** on top of; **por eso** therefore; **por favor** please; **por fin** finally; **por igual** the same; **por lo menos** at least; **por lo tanto** so, therefore; **por medio de** through; **por otra parte** on the other hand; **por supuesto** of course; **por todas partes** everywhere; **por último** finally
porrazo blow, knock; fall
portal entrance
portarse to behave, conduct oneself
portón inner door of a house
porvenir future
posada lodging house, inn
posarse to land; perch, sit
poseer* to possess
postal *f.* postcard
postrado flat on one's back
postura pose, posture
potranca filly, young mare
potro colt
pozo *n.* well
prefijo prefix
pregunta question; **hacer una pregunta** to ask a question
preguntar to ask a question
premio prize
prenda pledge, guarantee
prensa press
preocuparse to worry
presa prisoner
presenciar to witness

presidiario convict, prisoner
presidio prison
preso prisoner; **poner preso** to take prisoner; to arrest
prestamista *m./f.* lender
prestar to lend
pretender to claim; to try
prevenir (ie, i)* to prevent
previsto foreseen
prieto blackish, dark
primavera spring (*season*)
primer, primero first
primo cousin
príncipe prince
principio beginning; **al principio** at (in) the beginning
prisa speed; **tener prisa** to be in a hurry
privación want; deprivation
probar (ue) to try; to prove
procedimiento procedure
procurar to try, attempt
profundo deep, profound
prometer to promise
pronombre pronoun
prontitud promptness
pronto soon; **de pronto** suddenly
pronunciar to pronounce
propiedad property
propio own, of one's own; characteristic
proponer* to propose
propósito *n.* purpose; *adv.* **a propósito** on purpose; by the way
proseguir* (i, i) to pursue, follow
proteger* to protect
proveer* to provide
provisorio provisional, temporary
próximo next
proyecto project, plan
prueba proof
psicoanálisis psychoanalysis
psiquiatra *m./f.* psychiatrist
puchero stew
pudridero rubbish heap
pueblo town; people
puente bridge
puerta door
pues well; then
puesta de sol sunset
puesto job; **puesto que** since
pulgar thumb
pulido polished
puntillas: en puntillas on

tiptoe
punto point; **estar a punto de** to be on the brink of
punzó very bright scarlet-red color
puñal dagger
puño fist

Q

quedarse to stay, remain
quehacer duty, task
queja complaint
quejarse to complain
quemar to burn
querer (ie)* to want, desire; to like, love
querido beloved
queso cheese
quicio doorjamb
quienquiera whosoever
quieto still, quiet
quietud quietness, tranquillity
quinta country house
quitar to take away; **quitarse** to take off (*clothing*)
quizá perhaps

R

rabia rage, fury
rabieta temper tantrum
racimo bunch (*of fruit*)
raíz root
ramo branch; bouquet
ranchón group of apartments
raptar to abduct
raro strange, odd
rascacielos *sing.* skyscraper
rasgar* to tear, rip
rasgo characteristic, trait; *pl.* features
raspar to scrape, scratch
rastro trace
rato brief period of time
ratón mouse
raya line, stripe
rayo ray
raza (*biological*) race
razón *f.* reason; **tener razón** to be right
real royal; real
realizar* to finish; to accomplish
rebelde rebellious
recado message
recetar to prescribe

recibir to receive
recién (+ *p.p.*) recently, newly (+ *p.p.*)
recio strong; severe
reclamo claim
reclutamiento recruitment
recobrar to recover
recoger* to pick up, gather
recolector gatherer
reconocer* to recognize
reconstruir* to reconstruct
recordar (ue) to remember
recorrer to pass through
recostar (ue) to recline, lean back or against
recreo: sala de recreo recreation room
recto straight
recuerdo memory
rechazar* to reject
red grate; net
redactar to write
redondo round
reescribir* to rewrite
reflejar to reflect
reflejo reflection
refregar* to rub; to scrub
regadera watering can
regalar to give as a gift
regalo present
regazo lap
regio royal
registrar to record, file
regla rule; ruler
reglamento rule, regulation
regordete chubby, plump
regresar to return
regreso return
reír(se) (i, i)* to laugh
reina queen
reino kingdom
reja grate
relato narrative, report, account
relinchar to whinny, neigh
reloj *m.* watch; clock
relucir* to shine
remedio: no haber remedio to be no way out
rememorar to remember
remolino whirlwind
remolque: camión remolque tow truck
rendir (i, i) to yield
reparar en to notice
repartir to divide up
repente: de repente suddenly
repetir (i, i) to repeat
repisa mantelpiece
replegarse* (ie) to fall back, retreat

réplica reply
replicar* to reply
reponerse* to recover
reposar to rest
requerir (ie, i) to require
rescatado ransomed
reseco very dry
resolverse (ue)* to solve
resonar (ue) to echo
respaldar to support, back up
respaldo backing, support
respecto: (con) respecto a with respect to
respetar to respect
respirar to breathe
resplandecer* to shine
responder to answer
respuesta answer
restos remains
resuelto *p.p.* resolved
resultado result
resultar to turn out, result
resumen: en resumen in sum
resumir to summarize
retirar to retire; to withdraw
retiro retirement; withdrawal
retrasarse to be behind (*time*)
retrato portrait
retroceder to step back
reunirse to join; to come together
revelar to reveal
reventar (ie) to explode
revista magazine
revolver (ue)* to turn, twist
rey *m.* king
rezar* to pray
rico rich, wealthy
riego irrigation
riesgo risk
rigor: ser de rigor to be essential
rincón corner (*of a room*)
riña quarrel, fight
río river
riqueza wealth
risa laughter
risueño smiling; agreeable
rizar* to ruffle, ripple; to curl
robo robbery
roca rock
roce grazing, brushing against
rodear to surround
rodilla knee
rodrigar* to prop up (*vines*)
rogar (ue)* to pray, beg
rojo red

romero rosemary
romper* to break
ronco hoarse, husky
ropa clothes
ropero closet
rosal rosebush
rosquilla sweet fritter
rostro face
roto *p.p.* broken; *n.* loser, down and out person
rozagante great-looking
rozar* to graze, brush against
rubio blond
ruborizar* to redden, blush
rueda wheel
rugido roar
ruido noise
rumbo direction
rumor murmur
ruso *n.* and *adj.* Russian

S

sábado Saturday
saber* to know; **saber** + *inf.* to know how
sabio *n.* sage, wise person; *adj.* wise, learned
sabor taste (*food*)
sabroso tasty
sacar* (de) to take out (of)
sacerdote priest
sacudir to shake
sagrado sacred
sala living room
salero saltshaker
salir* to go out
salón room
salpicadura spattering, splash
salpicar* to splash
saltar to jump
salto jump
salud health
saludar to greet, welcome
salvaje savage
salvar to save
salvo except, saving
san (santo) *n.* saint; **santo;** *adj.* holy
sanar to heal
sanatorio hospital
sangre *f.* blood
sangriento bloody
sanguinoso bloody
sano healthy
secarse* to dry
seco dry
secuestrar to kidnap, abduct
sed thirst; **tener sed** to be thirsty

seguir (i, i)* to follow, continue
según according to
segundo *n.* and *adj.* second
seguridad security
seguro sure; safe; **de seguro** certainly
selva jungle
sellado sealed
semáforo traffic light
semana week
semblante face
sembrar (ie) to plant
semejante similar
semejanza similarity
semilla seed
sencillo simple
senda path, way
seno bosom, breast
sensatez good sense
sensible sensitive
sentarse (ie) to sit down
sentido sense
sentirse (ie, i) to feel
señal *f.* sign
señalar to indicate, point out
señas: hacer señas to signal
sepultar to bury
sequedad dryness
ser* *v.* to be; *n.* being
serie *f.* series
serio serious
servidumbre *f.* servants, staff
sesos brains
sicoanalista *m./f.* psychoanalyst
siesta nap
siglo century
siguiente *adj.* following
silbar to whistle
silbido whistle
silencioso silent
silvestre wild, savage
silla chair
simpático nice, kind
simpatizar* (con) to feel for
sin without; **sin embargo** however
sino but, but rather
siquiera: ni siquiera not even
sitio place, site
sobrar to exceed; to be too much
sobre over, on, above; about
sobresaltar to surprise; to startle
sobrevivir to survive
sobrina niece
sobrio frugal; sober
socorro help
sofocante suffocating

soga rope, cord
sol sun
solapa lapel
soldado soldier
soledad loneliness; solitude
soler (ue) + *inf.* to be accustomed to (*doing something*)
solo alone
sólo only
sollozar* to sob
sollozo sob
soltar (ue) to release, let go
soltero unmarried, single
sombra shade, shadow
sombrilla parasol
someter to submit (*something*); to subject (*someone*)
sonar (ue) to sound
sonido sound
sonreír (i, i)* to smile
sonrisa smile
soñador dreamy
soñar (ue) to dream
soñoliento sleepy
sopa soup
soplar to blow
sopor heat
soportar to tolerate, put up with
sorber to swallow; to sniff
sordo deaf
sorprendente surprising
sorprender to surprise
sorpresa surprise
sosiego tranquility, peacefulness
sospechar to suspect
sostener (ie)* to sustain, support
sotana cassock
suavemente softly
suavizar* to soften
subdesarrollado under-developed
subir to rise, go up
subrayar to underline
suceder to happen, occur
suceso event
sucio dirty, filthy
sudar to sweat
sudor sweat
suegra mother-in-law
sueldo salary
suelo floor
suelto *p.p.* free, detached; loose, flowing
sueño sleep; dream; **tener sueño** to be sleepy
suerte *f.* luck
sufrimiento suffering

sufrir to suffer
sugerir (ie, i) to suggest
sujetar to pin down
suma: en suma in sum
supeditar to overpower, subdue
superficie *f.* surface
supervivencia survival
suplicar* to beg
suponer* to suppose
supuesto* *p.p.* supposed; **por supuesto** of course
sur south
surcado marked
surgir* to appear, emerge
surtido assortment
surtidor waterspout
suspirar to breathe, sigh
suspiro sigh
sustantivo noun
susto scare, fright
susurrar to whisper
susurro whisper
sutil subtle

T

taberna tavern
tabla table, chart
taimado sullen
tal such; **con tal que** provided that; **tal vez** maybe
talón heel; heelpiece
tapa lid
taller workshop; factory
tamaño size
tambalear to stagger, sway
tambor drum
tan so, as
tanto so much; as much
tapar to cover
tapizado covered
tararear to hum (*a tune*)
tardar to delay
tarde *f.* afternoon
tarea task, chore
tartajoso *adj.* stuttering, stammering
tartamudeo *n.* stuttering, stammering
taza cup
techo roof
tejer to weave
telenovela soap opera
telón curtain
tema *m.* theme
temblar (ie) to tremble
temer to fear
temor fear
temeroso fearful
temible to be feared

tempestad storm
templado temperate, moderate
temporada season
temprano early
tender(se) (ie) to lie down, stretch out
tener (ie)* to have; **tener ____ años** to be ____ years old; **tener la culpa** to be guilty; **tener en contra** to find difficulties with, to be against; **tener éxito** to be successful; **tener frío** to be cold; **tener ganas de** to feel like; **tener hambre** to be hungry; **tener lugar** to take place; **tener miedo** to be afraid; **(no) tener (nada) que ver con** to have (nothing) to do with; **tener prisa** to be in a hurry; **tener puesto** to have on; **tener que** + *inf.* to have to + *inf.*; **tener razón** to be right; **tener sueño** to be sleepy
teniente lieutenant
teoría theory
tercer (tercero) third
terminar to end
término term
ternera veal
ternura affection, tenderness
terradillo flat roof
tesoro treasure
testigo *m./f.* witness
tez complexion, skin
tibieza tepidity, lukewarmness
tiburón shark
tiempo time; verb tense
tienda store
tientas: a tientas gropingly, blindly
tierra earth, land
timbre stamp
tintero inkwell
tinto: vino tinto red wine
tío uncle; old man (*slang*)
tipo type; fellow (*slang*)
tirador sharpshooter, marksman
tirar to throw
título title
toalla towel
tocar* to play (*musical instrument*); to touch, knock; **tocarle a uno** to be one's turn

todas: en (por) todas partes everywhere
todavía *adv.* still
todo all, every; **todo el mundo** everyone
tomar to take; to drink
tomiza type of rope
tontería foolishness
tonto silly, stupid
tope obstacle
torcer (ue)* to twist
tormenta storm
torno: en torno around, about
toro bull
torpe clumsy
tos *f. sing.* cough
tosco coarse, rough
toser to cough
trabajador *n.* worker; *adj.* hardworking
trabajar to work
trabajo work, job
traducir* to translate
traer* to bring
tragar* to swallow
trago swallow (*of a drink*)
traicionero treacherous
traidor traitor
traje suit; **traje de baño** bathing suit
tranco long stride
tranquilizante tranquilizer
transcurrir to take place
tranvía *m.* tramway
trapense *n.* and *adj.* trappist
trapo rag, tatter
traquetear to move to and fro; to jolt
tras behind, after
trasegar* (ie) to upset, turn upside down
trasladarse to move, transfer
trasnochado worn out, stale
traste rubbish; lumber
trastorno disturbance
tratamiento treatment
tratar to treat; **tratar de** + *inf.* to try; **se trata de** it's a question of
trato treatment
través: a través de through
trebejos implements
trébol clover; shamrock
tren train
trepar to climb
trillar to thresh
trino trill
triste sad
tristeza sadness
tronchado cut or snipped off

trozo chunk, fragment
truco trick
trujal winepress
tumulto turmoil
turbar to disturb, upset
turbio muddy, dirty
tutear to address familiarly

U

último last; recent
umbral *m.* doorway, threshold
único only
uña nail (*of fingers or toes*)
usina power plant
útil useful
uva grape

V

vaca cow
vacío empty
vagar* to wander, rove
vago vague
vagón wagon
valedero correct, valid
valentía courage, bravery
valer* to be worth; **más vale que** it's better that
valiente brave
valor value
vals *sing.* waltz
valla fence
valle valley
vanagloriar(se) to be proud, boast
vano: en vano in vain
vapor steam
vaquero cowboy
variar* to vary
varón male
vaso glass
vástago offspring
vecindad neighborhood
vecindario neighborhood
vecino neighbor
vedado forbidden
vejez old age
vela candle
velada social party
vena vein
vencer* to conquer
vendedor seller, vendor
vender to sell
vengador revengeful
vengar* to revenge, avenge
venir (ie, i)* to come
venta sale
ventaja advantage
ventana window

ver* to see; **(no) tener nada que ver con** to have (nothing) to do with; **a ver** let's see
veranear to spend the summer
veraneo *adj.* summer
verano summer
veras: de veras really
verdad truth; **¿verdad?** right?
verdadero true
verde green
verderón greenfinch
vergüenza shame
vericueto rough and roadless place
verso line of poetry
vértigo dizziness; fit of madness
vestido dress
vestir (i, i) to dress; **vestirse** to get dressed
vez time; **a veces** at times; **tal vez** perhaps; **en vez de** instead of; **de vez en cuando** from time to time, every once in a while; **otra vez** again
vía way

viajar to travel
viaje trip
viajero traveler
vida life
vidrio pane of glass
viejo old
viento wind
vientre stomach; womb
viernes *sing.* Friday
vigilar to watch out; to watch over
vinculado (a) connected (with)
vino wine
virtud virtue
víspera eve, day before; **en víspera de** on the eve of
vista sight; **punto de vista** point of view
visto *p.p.* seen
viuda widow
vivienda housing
vivir to live
vivo alive; lively
volar (ue) to fly; to explode
voltear to turn
voluntad will
volver (ue) to return; **volver a + inf.** to do (*something again*)

voz voice; **a voces** in a loud voice
vuelta return; **dar vueltas** to go around in circles
vuelto *p.p.* turned
vulgar common

Y

ya already; **no ya... sino** not only . . . but also; **ya no** no longer; **ya que** since
yacimiento bed or deposit of mineral
yelmo helmet
yerto stiff; motionless

Z

zafio awkward; ignorant
zaguán hallway
zanja ditch, trench
zapatilla slipper
zapato shoe
zorzal thrush
zozobrar to sink, capsize
zumbar to buzz

About the Authors

Mary Lee Bretz is Associate Professor of Spanish at Rutgers University, where she teaches undergraduate and graduate courses in Spanish language and literature. Professor Bretz received her Ph.D. in Spanish from the University of Maryland in 1973. She has published several books and numerous articles on Spanish literature.

Trisha Dvorak is Director of the Language Laboratory at the University of Michigan. She has coordinated elementary language programs in Spanish and taught courses in Spanish language and foreign language methodology. Professor Dvorak received her Ph.D. in Applied Linguistics from the University of Texas at Austin in 1977. She has published articles on aspects of foreign language learning and foreign language teaching.

Carl Kirschner is Associate Professor of Spanish at Rutgers University, where he teaches courses in linguistics, applied Spanish linguistics, and second language acquisition. Professor Kirschner received his Ph.D. in Spanish Linguistics from the University of Massachusetts in 1976. He has published a book on Spanish semantics and articles on Spanish linguistics.